아리스토텔레스의
창작예술론

아리스토텔레스의 창작예술론

초판 1쇄 인쇄 2014년 8월 10일

초판 1쇄 발행 2014년 8월 15일

-

지은이 사무엘 헨리 부처

옮긴이 김진성

펴낸이 이방원

편 집 조환열·김명희·안효희·강윤경

디자인 손경화·박선옥

마케팅 최성수

-

펴낸곳 세창출판사

신고번호 제300-1990-63호

주소 120-050 서울시 서대문구 경기대로 88 냉천빌딩 4층

전화 02-723-8660

팩스 02-720-4579

이메일 sc1992@empal.com

홈페이지 http://www.sechangpub.co.kr

-

ISBN 978-89-8411-479-1 93160

이 도서의 국립중앙도서관 출판시도서목록(CIP)은 서지정보유통지원시스템 홈페이지(http://seoji.nl.go.kr)와

국가자료공동목록시스템(http://www.nl.go.kr/kolisnet)에서 이용하실 수 있습니다. (CIP제어번호: CIP2014022708)

아리스토텔레스의
창작예술론

사무엘 헨리 부처 지음 | 김진성 옮김

ARISTOTLE'S THEORY OF POETRY AND FINE ART

세창출판사

옮긴이의 말

창작이란 무엇인가? 아리스토텔레스가 50세쯤에 쓴 것으로 추정되는 『창작술』에서 던지는 물음이다. 이 저술은 르네상스 이후로 서양의 문예비평사에서 그 영향력이 지대했다. 로스(W. D. Ross)가 그의 저술이 이것 말고 전혀 남아 있지 않았더라도 그를 위대한 사상가 중 한 명으로 손꼽을 수 있다고 평가할 정도다. 이 저술의 그리스어 제목은 peri poiētikēs이다. 라틴어 명칭은 De arte poetica인데, 그리스어 제목에서 생략된 technē를 오늘날 art(예술)의 어원이 되는 ars로 보충해 주고 있다. 이들 제목을 그대로 우리말로 옮기면 '창작술에 관하여' 또는 '창작론' 정도가 될 것이다. 옮긴이는, 전치사를 생략하고 제목을 다는 서양 번역서들의 관행에 맞춰, 앞의 제목을 약간 바꿔 '창작술'을 아리스토텔레스의 작품에 대한 제목으로 쓰고자 한다.

그리스어 poiētikē(포이에티케)는 원래 건축술, 의술 등의 실용 기술과 순수 기술, 즉 예술을 포괄한다. 앞의 기술은 '제작 기술'로, 뒤의 기술은 '창작 기술', 줄여서 '창작술'로 옮길 수 있을 것이다. 이와 관련된 행위, 즉 '만듦'을 뜻하는 poiēsis(포이에시스)도 그에 맞춰 '제작'과 '창작'으로 각각 옮기는 편이 낫다고 본다. 이렇게 하면 '시 창작', '드라마 창작', '음악 창작' 등의 조어(造語)가 쉬워진다. 마찬가지로, 창작에 종사하는 사람을 뜻하는 poiētēs(포이에테스)도 흔히 그렇듯 '시인'이라 옮기지 않고 넓게 '작가'로, poiēma(포이에마)는 '시'가 아니라 '작품'으로 옮겨야 할 것이다.

일본학자들이 번역한 '시학'(詩學)이란 말이 현재 통용되고 있지만, 여기에는 몇 가지 문제점이 있다고 개인적으로 생각한다. 첫째, '시학'에서 '시'(詩)란 말이 문제다. 아리스토텔레스가 우리가 흔히 이해하는 특정 문학 장르인 '시'만을 좁게 다루고 있지는 않기 때문이다. 그리스어는 앞서 말한 대로 그 의미의 범위가 제한적이지 않고 넓다. 그의 논의는 언어를 매체로 한 창작 예술, 그중에서도 서사시와 비극에 맞춰져 있지만 음악, 무용, 회화 등 다른 예술 장르에까지 확장된다. 둘째, '시학'에서 '학'(學)이란 말이 문제다. 창작은 여러 가지 언어적, 시청각적 수단을 매개로 인간 삶에 든 보편적 요소를 개연적·인과적인 연결로써 재현한다. 이 점에서 아리스토텔레스는 창작이 헤로도토스식의 단편적인 역사 서술보다 더 철학적일 수 있다고 본다. 그렇다고 창작이 곧 학문이 되는 것은 아니다. '학문'의 명칭을 얻기에는 그가 요구하는 엄밀한 논증의 요소가 그곳에 없다. '시'가 과연 무엇을 엄밀하게 증명하는 분야인지 의문이 든다. 따라서 '시'라는 말 대신에 '창작'을, '학'이란 말 대신에 '술'을 받아들여, '시학'이란 제목보다는 '창작술'이란 제목을 아리스토텔레스의 작품에 달아야 적절하다고 본다.

아울러 흔히 우리가 '시'라는 말과 연결 짓는 운율이 아리스토텔레스에서 창작의 절대적 조건인 것은 아니다. 창작의 본질은 운율에 있지 않고, 삶의 예술적 재현과 그 내용에 있기 때문이다. 이에 따르면, 철학자 엠페도클레스의 글은 육보의 운율로 되어 있지만, 창작이 될 수가 없다. 반대로, 호메로스의 서사시가 운문이 아닌 산문으로 쓰여 있더라도 아리스토텔레스는 아마도 창작이라고 부를 것이다. 운문은 언어의 양념에 지나지 않는다. 비극은 이것이 없으면 미적 쾌감을 완전히 산출하지는 못하겠지만, 제 기능을 수행할 수는 있다.

『창작술』은 서사시도 다루긴 하지만, 주로 비극을 다루고 있다. 희극에 관한 논의가 예고되긴 하지만, 현재 남아 있지 않다. 아리스토텔레스는 비극에 집중된 논의를 통해 창작 일반에 적용될 기본 원칙들을 몇 가지 제시한다. 여기에서 그가 보이는 통찰은 이미 고대 그리스에서 좁은 의미의 창작, 즉 문학의 경계를 넘어선다. 음악, 회화 등의 다른 장르에까지 확장될 뿐만 아니라 소설, 영화 등 오늘날의 새로운 장르에도 적용될 수 있을 만큼 보편성의 측면을 보인다. 그는 창작의 역량이 역사 기술과 달리 수많은 우연적 사건들로 이루어진 현실의 개별적인 측면들에 주목하지 않고, 보편적인 것, 개연적인 것, 필연적인 것에 관심을 갖는다는 점에 있다고 보았다. 창작은 경험 세계의 질서, 규칙, 비례, 조화에, 이를 통해 미에 관심을 갖는다. 작가는 보편적인 질서의 틀 속에서 경험 세계의 개별 사물들의 내적 근거를 통찰하고, 새로운 세계로 재구성함으로써 철학자의 면모를 띤다. 아리스토텔레스는 인간 본성을 다룬 당대 작가의 다양한 문학 작품으로부터 보편적인 요소를 뽑아내어 이를 예술의 원리로서 우리에게 제시해 준다.

아리스토텔레스의 『창작술』은 플라톤의 이데아론에 대한 비판을 담고 있다는 점에서도 중요한 텍스트이다. 창작과 예술에 관하여 그는 자신의 스승과 의견을 달리한다. 플라톤은 이데아론을 바탕으로 『국가』에서, 감각으로 경험되는 사물들은 진정한 존재 형태인 이데아의 모상(模像)이라고 설명한다. 그곳에서 예술 작품은 이데아의 모상에 대한 무가치한 모방으로 폄하된다. 나아가 플라톤은 창작이 교화의 목적에 이바지해야 한다는 원칙을 전제하며, 감정을 부추기는 비극과 희극을 비난하기도 한다. 아리스토텔레스는 이데아론이라는 형이상학을 배경에 둔 스승의 도덕주의적 입장에 반대하여 창작과 예술에 고차의 가치를 부여한다. 그에 따르면 예술 작품은 청중이나 관객을 교화하는 도덕적 임무를 수행하는 데 머물지 않고, 수준 높은 미적·지적 향유의 즐거움을 제공한다. 이러한 즐거움은 작품이 재현하는 현실이 개별성의 옷을 벗고 보편화될 때 이루어진다. 그것은 특히 비극에서 주인공이 저지른 치명적인 실수를 통해 환기된 동정과 두려움의 감정이 정화되는 형태로 구현된다.

본 역서는 스코틀랜드 출신의 고전학자 부처(S. H. Butcher)가 쓴 *Aristotle's Theory of Poetry and Fine Art*, London 1907(4판) 중 그리스 원문—영어 대역을 제외한 나머지 부분 113~421쪽을 우리말로 옮긴 것이다. 원저의 제목을 그대로 옮기자면, '창작과 예술에 관한 아리스토텔레스의 이론'이 될 것이다. 좁은 의미의 창작, 즉 문학도 예술의 한 분야이기에 축약해서 '아리스토텔레스의 창작예술론'으로 제목을 달았다. 부처는 네 차례(1895, ²1898, ³1902, ⁴1907)에 걸쳐 『창작술』의 원문을 편집하여 책의 앞부분에 실었다. 그는 팔렌(J. Vahlen)이 『창작술』의 원문을 편집하면서(1867, ²1874) 미신적으로 필사본 Parisinus 1741(10~11세기, 약칭 'A')에만 의존한다고 비판한다. 그는 저명한 편집자들이 필사본 A를 다른 필사본들의 유일한 출처(codex unicus)로 믿고, 나머지 필사본들을 싸잡아 '후예사본들'(apographa)로 통칭하는 것을 받아들이지 않는다. 몇몇 필사본들은 필사본 A가 생략한 단어들이 들어 있어, 원문의 의미를 완성시켜 주는 독립적인 가치가 있다는 것이다. 특히 2판(1898)에서 아랍어 번역본을 통해 원문을 많은 곳에서 보완함으로써 이후 원문 편집과 관련하여 아랍어 및 시리아어 번역본에 대한 연구를 적극 수용하는 전통을 만들어 놓았다.

부처는 아리스토텔레스의 저술들에 흩어져 있는 조각들을 추적하면, 아리스토텔레스의 미학 이론을 어느 정도 확실하게 제공할 수 있다는 점에서 출발한다. 그래서 그는 아리스토텔레스의 예술 이론과 철학 체계 전반을 이어주는 연결고리를 추적할 것을 권고하면서 넓은 해석의 틀을 추구한다. 그의 해석에 따르면, 아리스토텔레스는 미메시스 개념을 이전의 철학자들로부터 물려받아, 그것에 새로운 의미를 부여한다. 그것은 경험 세계를 그대로 베끼는 것만을 의미하지는 않는다. 창작은 보편적인 것, 즉 인간 삶의 보편적 요소의 재현 또는 표현이다. 그의 작가론을 잠시 들어 보자.

"작가는 실제 사건들과 인간 행위에 대한 우리의 이해를 방해하는 불합리의 요소들로부터 벗어난, 영속적이고도 영원한 사실들을 제시한다. 소재를 가공하면서 그는 자연을 초월할 수 있지만, 자연에 모순될 수는 없다. 그는 자연의 습관들과 원칙들에 불복해서는 안 된다. 그는 현실적인 것을 재창조할 수 있지만, 무법칙적인 것, 터무니없는 것, 불가능한 것은 피해야 한다. 창작적 진리는 현실의 경계를 넘지만, 현실 세계를 합리적인 것으로 만드는 법칙들을 제멋대로 위반하지는 않는다"(본문 92쪽에서 인용).

창작의 본질에 대한 아리스토텔레스의 통찰에 우리는 감탄하게 된다. 그는 이것을 그리스의 문학 작품에 대한 날카로운 분석을 통해 『창작술』에 구현했다. 후대에 아리스토텔레스의 권위는 철학뿐만 아니라 문학의 영역에서도 특히 프랑스 작가들과 비평가들에 의해 과도하게 인정되어 무오류의 이론으로 수용되기도 했다. 그러나 부처는 그의 논의가 교설이 아니라, 수정과 제한이 따라야 할 시론(試論)의 성격을 띤다고 선을 긋는다.

부처 자신이 헤겔의 언어를 아리스토텔레스의 입에 올리는 위험을 경고하지만, 역설적이게도 6장에서 '인간 운명이 지닌 모든 의미', '인류의 운명', '세계를 지배하는 보다 높은 법칙들', '세계의 보편적인 법칙과 신적인 계획' 등의 개념을 씀으로써 핼리웰(S. Halliwell)로부터 '헤겔적인 시각'을 가졌다고 비판받기도 한다. 하지만 그는 고전에 대한 문헌 연구의 틀에 머물지 않고, 한 걸음 더 나아가 『창작술』에서 굵직한 주제들을 찾아내어 이를 논함으로써 작품의 가치를 더욱 선명하게 드러내주고, 작품 해석과 관련된 여러 가지 문제들을 짚어 주었다.

부처가 원저의 본문과 각주에 장(章)과 단락으로 인용해 놓은 『창작술』의 출처를 번역문에서는 벡커(I. Bekker)판 쪽수와 행으로 바꿔 보다 정확하게 표시했다. 그리고 그가 각주에 인용한 다양한 언어의 원문은 모두 우리말로 옮겨 놓았다. 끝으로, 2012년 가을학기 때 〈아리스토텔레스의 창작예술론〉 강좌의 자리를 마련해 준 철학 아카데미에 깊은 감사를 드린다. 그때 번역문 초고를 함께 읽었던 수강생 여러분들(강성식, 문희자, 이현도, 최휘 등)과 출간의 기쁨을 나누고 싶다.

차 례

1

기술과 자연

꧁

완성된 미학이론은
아리스토텔레스에서 발견되지 않는다

우리는 먼저 아리스토텔레스가 예술을 단일 주제로 다루지 않았고, 예술에 관한 이론을 정형화하지 않았으며, 예술들의 유기적인 상호관계를 명시하지 않았다는 점을 전제해야 한다. 논리적인 구별을 좋아하고, 엄격한 경계를 설정하려는 경향은 『창작술』에서 그가 다룬 주제에 대한 상세한 구분들(다양한 방식의 인지, 플롯의 요소 등)을 계획하는 주의력에 의해서 문학 비평의 영역에서도 보이지만, 그는 어디에서도 창작의 다양한 종류를 분류하지 않는다. 예술들에 대한 정확한 분류를 제공하는 일이라든가 그것들의 종적인 차이성들을 제시하는 일은 말할 것도 없다. 그를 찬양하는 사람들은 분별없는 열성으로 거의 모든 미학적인 문제에 대한 정확한 대답들을 그의 저술들로부터 *끄집어내*왔지만, 우리는 이후 제기된 많은 미학적인 문제들이 그의 마음속에 들어오지도 않았다고 확실하게 주장할 수 있다. 하지만 그는 우리가 철저히 규명해 볼 몇 가지 주도적인 원칙을 남겼다.

오늘날 그의 단편적인 언급들을 모아서 그것들을 연결된 형태로 제시하려는 어떤 시도에도 특별한 위험이 따른다. 그의 철학이 그 안에 아주 많은 근대 사상의 싹을 지닌 결과, 우리는 은연중 아리스토텔레스의 입에다 그의 언어가 아닌 헤겔의 언어를 담고 있는 우리 자신의 모습을 발견한다. 그리고 그의 철학 체계에 함축되어 있지만 작가 자신이 꺼내지 않은 사상을 얼마나 그 체계의 절대 필요한 부분들로 볼 수 있는지를 일반적인 규칙들로써 결정하는 일도 불가능하다. 어쨌든 아리스토텔레스의 『창작술』은 그의 다른 저술들과 따로 떼어 읽을 수 없다. 단편적으로 연구되었을 때 그만큼 오해되기 쉬운 작가도 없을 것이다. 그가 수시로 부주의하게 내던지는 많은 제안은, 그의 언급들을 조절하고 이것들의 영역을 제한하는 일을 독자들의 지성이나 사전 지식에 남겨두면서도, 그 자체로 오해의 소지가 있을 수 있다. 괴테는, 아리스토텔레스가 드라마에 대해 말한 내용을 이해하기 위해서는 그의 철학 전반을 얼마간 통찰하는 것이 필요하다는 점, 그렇지 않으면 그는 우리의 연구를 혼란시킨다는 점, 그리고 창작에 관한 근대의 논문들은 그의 교설이 지닌 우연한 측면을 붙듦으로써 길을 잃었다는 점을 관찰했다. 아리스토텔레스를 그 자신에 의해 해석하는 일이 필요하다면, 그토록 일관적인 사상가를 다루면서, 원칙들로부터 따라 나오는 명백한 결론들을 그의 것으로 보는 일은 그가 그 결론들을 정식으로 진술하지 않았다고 하더라도 불공정하지 않을 것이다. 그의 체계를 이루는 상관 부분들 사이에 부착되어 있는 노선들을 내놓는 일은 씨앗의 형태이긴 해도 다른 토양, 다른 하늘 아래에서만 익었을 생각들을 그에게서 찾는 일과는 전혀 다르다.

예술과 실용 기술 간의 이론적 구별은
아리스토텔레스에 의해 처음 정립되었다

  순수 기술[이하 예술. 역자]과 실용 기술 간의 구별은 아리스토텔레스에 의해 처음으로 완전하게 이루어졌다. 그리스 기술의 역사에서 우리는 두 형태의 기술의 독립보다는 그것들의 결합과 대면한다. 실용의 영역과 미의 영역이 실제로 분리되었을 때, 실용적인 대상이 장식적이길 그만두고 실생활의 물건들이 더는 제작자와 사용자에게 기쁨을 주지 못했을 때, 그것은 기술에 손실이었다. 그러나 예술과 실용 기술을 이론적으로 구별하는 일은 필요했고, 아리스토텔레스는 예술을 자유롭고도 독립적인 정신 활동으로, 종교와 정치의 영역 밖에 있고 교육이나 도덕적인 개선의 목적과 구별된 목적을 지닌 것으로 처음으로 분명하게 파악했다. 그는 정말이지 우리에게 예술에 관한 연속된 논의를 남기지 않았다. 『창작술』은 창작에 대해서조차 완결된 이론을 제공하지 않고, 이는 그 논문이 우리에게 전해 내려온 불완전한 형태에 전적으로 기인할 여지도 없다. 그러나 아리스토텔레스는 체계적인 사상가이다. 그리고 그가 기술 중 어느 하나로부터 이끌어내는, 그의 저술들의 이곳저곳에 흩어져 있는 수많은 예증 및 유비는 그가 가장 넓은 의미에서 기술이 지닌 중요성에 특별히 주목했다는 점을 보여준다. 그리고 그가 자연, 학문, 도덕에 비해 기술이 차지했던 위치에 관한 일관된 생각을 형성했을 때 또한 자신의 마음속에 두 분야의 기술이 맺는 상호 관계를 생각해 냈다는 점을 보여준다.

⁓

'기술은 자연을 모방한다'는 말은
아리스토텔레스에서 자연의 방법들을 따르고
자연의 결점들을 보완하는 실용 기술에 특히 적용된다

'기술은 자연을 모방한다'(hē technē mimeitai tēn physin)고 아리스토텔레스는 말한다. 그리고 이 표현은 반복되었고 예술에 관한 아리스토텔레스의 교설을 요약하는 것으로 통용되었다. 그렇지만 원래의 말은 결코 예술과 실용 기술을 차별하도록 의도되지 않았다. 예술은 자연물의 복사물 또는 재생물이라는 의미를 지닐 가능성도 전혀 없었다. '자연'(nature)이란 용어가 사용된다는 점만 보더라도 그 문제는 논외일 것이다. 왜냐하면 아리스토텔레스에서 자연은 창조된 사물들로 된 외부 세계가 아니기 때문이다. 그것은 창조력, 우주의 생산 원리이다. 그 표현이 나오는 각 경우의 맥락이 그것의 정확한 적용을 결정한다. 『자연학』에서[01] 비교의 요점은 기술과 자연에서 모두 재료(hylē)와 본질적 형상(eidos)의 결합이 있다는 점, 그리고 이 두 가지 요소에 관한 앎은 의사와 건축가와 마찬가지로 자연 철학자에게도 필요하다는 점이다. 『기상학』에서[02] 요리는 자연

01 『자연학』 2권 2장 194a 21.
02 『기상학』 4권 3장 381b 6. '기술은 자연을 모방한다'는 표현은 『세계에 관하여』 5장 396b 12에도 나온다. 하지만 이 저술은 아리스토텔레스의 진짜 저술로 간

계에서 열의 우발적인 작용에 의해 산출된 결과들과 비슷한 결과들을 산출하는 인위적인 방식으로서 언급된다. 당시의 의학 이론에 따른다면 소화(pepsis)는 바로 자연에 의해 신체 안에서 수행되는 요리 과정(hepsēsis)의 사례로 주어진다. 앞에서 인용된 곳에서 '기술'은 문맥상 실용 기술에 국한된다. 그러나 유비는 그곳에 머물지 않는다. 넓은 의미로 받아들인 기술은 자연처럼 일정한 목적들을 기도하고, 수단들을 목적들에 적응시키면서 이미 어느 정도 부지중 기술자인 자연으로부터 암시를 얻는다.

기술 전반이 자연의 방법을 모방하지만, technē란 표현은 실용 기술을 특히 언급하는데, 이 기술은 겨눠야 할 정확한 목적을 자연으로부터 배운다. 목적을 선택할 때 자연은 틀림없는 본능으로써 행동하고, 그 목적을 얻고자 하는 노력은 전반적으로 성공적이다. 그러나 교사와 의사가 실수하듯 때로는 자연도 실수한다.[03] 그것은 실수라기보다는 실패라고 불러야 할 것이다. 왜냐하면 자연이 잘못한 것은 아니기 때문이다. 자연의 합리적인 의도는 자연이 부릴 수밖에 없는 물질에 내재한 결함에 의해 좌절되기 쉽다. 자연은 제한조건들에 종속되어 있고, 그것이 가진 물질로부터 최선의 것을 만들 수 있을 뿐이다.[04]

주될 수 없다. 그곳에서 우주의 질서는 대립되는 것들의 결합으로부터 결과하는 것으로 설명된다. 그리고 회화, 음악, 문법으로부터 끌어낸 세 개의 예증은 기술이 자연의 다양성을 모방하면서 조화로운 결과들을 산출하는 방식에 대한 예증으로서 추가된다.

03 『자연학』 2권 8장 199a 33.

04 다음 참조. 『동물의 몸에 관하여』 4권 10장 687a 15: "자연은 가능한 것들로부터

우리가 높은 단계의 존재로 올라갈수록, 자연은 계획을 수행할 때 더 많은 도움을 필요로 한다. 자연은 최고의 창조물인 인간을 다른 어떤 동물보다 더 무력한 상태로 ㅡ맨발로, 벌거숭이로, 맨손으로ㅡ 낳는다.[05] 그러나 표면적인 불완전함에 인간의 우월함이 놓여 있다. 왜냐하면 그가 완성된 기구들을 적게 갖출수록 그의 지적인 노력에 대한 필요는 더욱 크기 때문이다. 자연이 풍부하게 부여한 합리적인 기술 능력을 수단으로 인간은 자연을 원조할 수 있고, 자신의 필요들을 만족시키면서 자연의 미완성 목적들을 이행할 수 있다. 어떤 이유로 자연이 실패하는 곳에 기술이 개입한다. 자연은 건강을 산출하는 데 목적을 둔다. 자연의 재생 과정에서 우리는 본능적인 자기-치료 능력을 관찰한다.[06] 그러나 자연이 항상 성공하는 것은 아니고, 의사의 기술은 그 결함을 메꿔준다. 의사는 건강에서 끝나는 연쇄 고리 중 하나를 발견하고, 바라는 결과에 이를 일련의 움직임을 시작하기 위해 자연의 고유한 장치를 이용한다.[07]

최선의 것을 산출한다."

05 『동물의 몸에 관하여』 4권 10장 687a 24.

06 『자연학』 2권 8장 199b 30-32: "그러므로 어떤 것을 위함이 기술 안에 있다면, 그것은 자연 안에도 있다. 이 점은 어떤 사람이 스스로 자신을 치료하는 경우에 극명하게 드러난다. 왜냐하면 자연도 이와 비슷하기 때문이다."

07 『형이상학』 7권 7장 1032b 6-10: "건강한 신체는 다음과 같이 의사가 생각을 거듭한 끝에 생겨난다. 즉, 이것이 건강이기 때문에 어떤 신체가 건강해지려면, 이것이, 이를테면 균형이 그것에 들어 있어야 하고, 그러려면 온기가 들어 있어야 한다. 그리고 의사는 마침내 자신이 몸소 할 수 있는 일에 이르기까지 이런 식으로 계속해서 생각한다. 이때부터 시작되는 움직임(kinēsis), 즉 건강을 향한 움직임이 '산출'(poiēsis, 치료 행위)이라 불린다."

더 나아가, 자연은 인간을 '공동체를 이루는 동물'(political animal)이
도록 만들었다.[08] 가족과 부족 생활은 보다 복잡한 생존 형태로 가
는 길의 단계들이고, 인간이 국가라 불리는 보다 높은 단계의 공동
체에 들어갈 때 그 과정은 끝난다. 국가는 정말로 자연적인 기관이
지만, 그것을 조직하고 자연의 완전한 이상을 실현할 정치술을 필
요로 한다. 그렇다면 실용 기술들의 기능은 모든 경우에서 '자연의
결함들을 보완하는 것'이다.[09] 그리고 어떤 기술 분야에서 장인이
되려는 사람은 먼저 자연의 원리들에 대한 연구에 의해 진정한 목
적을 식별하고, 그다음에 그 목적에 이르도록 자연이 제시한 방법
을 사용해야 한다.

'자연은 기술을 가르쳤다'고 밀턴(J. Milton)은 말한다. 그리고 이
와 같은 아리스토텔레스적인 생각은, 베르길리우스로 하여금 고
리대금업을 자연으로부터의 이탈이라 비난하게 했을 때, 단테(A.
Dante)의 마음속에도 있었다. "철학은, 그것을 듣는 사람에게, 어떻

---

08 『정치학』 1권 2장 1253a 2: "인간은 본성적으로 공동체를 이루는 동물이다."

09 『정치학』 7권 17장 1337a 1-2: "모든 기술과 교육(paideia)은 자연의 결함을 보
완하고자 한다." 교육을 언급하고 있는 이곳의 맥락은 기술(technē)의 영역을
실용 기술에 한정시킨다. 『자연학』 2권 8장 199a 15("기술은 한편으로 자연이
완성할 수 없는 것들을 완성하고, 다른 한편으로는 자연을 모방한다")에서, 언
뜻 보아 그렇듯 실용 기술과 예술의 구별이 이루어지지 않고, 실용 기술의 두
측면이 구별되고 있는 것으로 보인다. 그 문장은 형식적으로 아주 논리적이지
는 않지만, 그 의미는 한편으로 실용 기술은 자연이 충분히 제공하지 못한 인간
의 욕구들을 충족시키고, 다른 한편으로 그 기술의 과정들은 자연의 과정이라
는 것이다(자연을 모방한다). 두 구절은 각각 실용 기술의 목적과 방법을 명시
한다. 그 장(章)의 주요 논증은 이런 견해를 지지한다.

게 자연이 신의 지성으로부터 그리고 그 지성의 기술로부터 강의를 받는지를 한곳에서만 지적하지는 않는다. 그리고 네가 자연학을[10] 잘 주목한다면, 몇 페이지 가지 않아 너의 기술이, 제자가 스승을 따르듯, 가능한 한 자연을 따른다는 사실을 발견할 것이다. … 그리고 고리대금업자는 다른 길을 택하기 때문에 그는 희망을 다른 곳에 두고서 자연 그 자체를, 그리고 그것의 추종자인 기술을 비난한다."[11] 우리가 해설하고 있는 표현은 이 구절에 대한 열쇠이다. 실용 기술은 자연을 보충하고, 이와 동시에 자연의 안내를 따른다.

---

10 『자연학』 2권 2장.
11 단테의 『신곡』, 「지옥」편 11곡 97-111행.

2

미학 용어로서 '모방'

예술에 공통된 특징으로서 '모방': 아리스토텔레스에 의해 새롭게 해석된 통용된 표현

'예술'(fine art)이란 용어는 그리스인으로부터 우리에게 전해 내려온 것이 아니다. 그들의 표현은 '모방 기술들'(mimētikai technai), '모방 양식들'(mimēseis),[01] 또는 때때로 '자유 기술들'(eleuterioi technai)이었다. 창작을 포함한 예술에 공통된 특징으로서 '모방'(imitation)은 아리스토텔레스에 기원을 두지 않았다. 어쩌면 예술과 산업적 생산 간의 대조를 두드러지게 하는 말로서 이미 대중 언어에 통용되었을 것이지만, 그 표현이 문학에서 그렇게 적용된 경우는 플라톤에서 처음 등장한다. 모방 개념은 우리 마음속에서 창조적 자유의 결핍과, 그대로의 또는 예속적인 복사와 연결되어 있다. 그리고 그 단어는 플라톤에서 아리스토텔레스로 전달되면서 이미 얼마간 그러한 비난의 연상들에 물들어 있었다. 현실 세계는 이상적인 원형의 약한 또는 불완전한 반복이라는 플라톤의 견해는 어떤 의미에서, 그리고 보다 더 낮은 차원에서, 현실 세계를 단순한 모방 세계로 간주하는 데에 이르렀다. 아리스토텔레스는, 그의 방식이 그랬듯이, 통용되는 표현을 수용하고 그것을 새롭게 해석했다. 사실,

---

01 그는 mimēseis란 용어를 창작과 음악에만 적용하지만(『창작술』 1장 1447a 13-16), 그가 동사 mimeisthai나 형용사 mimētikos를 앞에서 열거한 다른 기술들과 관련하여 계속해서 사용하고 있다는 점은 그 기술들이 모두 모방의 기술들로 간주된다는 점을 보여준다.

그는 때로는 그 표현에 의해 잘못 인도되었을지도 모르고, 드물지 않게 그의 의도는 그가 낡은 정형화된 표현을 고집함으로써 불분명해진다. 그러나 그는 그리스 예술과 문학의 걸작들에 비추어 여러 측면에서 그 표현에 주목함으로써 그 의미를 심화시켰고 풍부하게 만들었다.

이 점은 우리의 논의가 진행될수록 분명해질 것이다. 그런데 — 만일 우리가 따르게 될 것을 이 정도까지 미리 말해도 좋다면— 아리스토텔레스의 개념을 표현하기 위해 문자적으로 등가인 영어 'imitation'이란 말이 부적합하게 사용되는 핵심 사례는 『창작술』 25장의 구절에 의해 제공된다. 예술가는 "사물들을 그것들이 있어야 하는 대로 모방할 수 있다."[02] 그는 현실화되지 않은 어떤 이상을 자신 앞에 둘 수 있다. 우리는 즉시 여기에서 단순한 모방, 즉 현실 세계를 그대로 옮기는 것이 문제가 아니라는 점을 본다.

❧

미적 모방의 대상은
인간의 성격(ēthos), 감정(pathos), 행동(praxis)이다

'자연을 모방한다는 것'은, 그 말을 대중적인 의미에서 받아들

---

02 『창작술』 25장 1460b 8-11: "작가는 언제나 세 가지 것 중 어느 하나를, 즉 사물들이 있었던 대로나 있는 대로, 또는 사람들이 그것들을 말하거나 생각하는 대로, 또는 그것들이 있어야 하는 대로 모방해야 한다." 또한 이 책의 3장 75쪽 이하와 10장 303쪽을 보라.

일 때, 아리스토텔레스에서 예술의 기능이 아니라는 점이 이미 언급되었다. 미적 모방의 실제 대상들은 세 가지 —성격(ēthē), 감정(pathē), 행동(praxeis)— 이다.[03] ēthē는 특징적인 도덕적 성질, 지속적인 정신 성향을 의미하는데, 그것들은 일정한 의지 상태를 드러낸다. pathē는 보다 일시적인 감정, 지나가는 감정 양상들이다. praxeis는 고유한 내적인 의미에서의 행동이다. 외부 과정이나 결과, 즉 일련의 외부 현상들 중 하나로만 간주된 행위는 미적 모방의 진정한 대상이 아니다. 예술이 재생산하고자 하는 praxis는 주로 내부 과정, 즉 외부로 작용하는 심리적 에너지이다. 행위, 사고, 사건, 상황은, 내부의 의지 작용으로부터 나오거나 사유나 감정의 어떤 활동을 꾀어내는 한, 그것 아래에 포함된다.[04]

'행동하는 인간'은 예술에 의해 —극 창작이나 서사시 창작뿐만 아니라 행동이 보다 분명하게 재현되는 모든 창작에 의해— 모방되는 대상들이라는, 『창작술』 2장에[05] 사용된 다소 놀라운 표현에 대한 설명이 여기에 놓여 있다. 정신적 삶을 표현하는 모든 것, 이성적 개성을 드러내는 모든 것은 그러한 넓은 의미의 '행동'에 포함될 것이다. 그러한 행동들이 반드시 일정 기간에 걸쳐 일어나는 과정들인 것은 아니다. 그것들은 한순간에 실현될 수도 있다. 그것들

---

03 『창작술』 1장 1447a 26-28 참조.

04 『니코마코스 윤리학』 1권 8장 1098b 15 참조: "우리는 심리적인 행위와 활동을 혼에 관련된 것들로 놓는다." 이 책의 9장 261쪽도 보라.

05 『창작술』 2장 1447b 30: "모방하는 사람들은 행동하는 사람들을 모방한다. …" 다음 참조. 플라톤의 『국가』 10권 603c: "모방술은 강제적으로나 자발적으로 행동하는 인간을 모방한다고 우리는 말하네."

은 특정한 분위기, 주어진 상황에서 집약될 수 있다. 그 표현은 실제로 앞에서 열거된 ēthē, pathē, praxeis와 등가이다.

모든 기술이 기대는 공통의 원본은 인간 삶 —그것의 정신적 과정들, 영적 움직임들, 보다 깊은 근원으로부터 나오는 외적 행위들 — 이다. 한마디로, 혼의 내적 본질적 활동을 구성하는 모든 것이다. 이 원칙에 따르면 풍경과 동물은 미적 모방의 대상에 속하지 않는다. 전 우주는 예술의 원료로 생각되지 않는다. 아리스토텔레스의 이론은 고전기 그리스 작가들 및 예술가들의 관행과 일치한다. 그들은, 외부 세계가 행위의 배경을 이루고 인간 삶에 감정적 요소로서 들어가고 인간의 관심을 고양시키는 한에서, 그 세계를 끌어들인다.

이제 보다 가까이 '모방'의 의미를 결정하는 데로 나아가 보자.

❧

예술 작품은 원본의 유사물(homoiōma)이지
그것의 상징적 재현물(sēmeion)이 아니다

예술 작품은 원본의 유사물(homoiōma)이나 재생물이지, 그것의 상징적 재현물이 아니다.[06] 그리고 이 말은, 예술가가 실제 세계의 모델에 기대든, 아니면 마음속의 실현되지 않은 이상에 기대든, 유효하

---

[06] 이 점에 관한 상세한 연구는 G. Teichmüller, *Aristotelische Forschungen. II. Aristoteles' Philosophie der Kunst*, Halle 1869, 145-54쪽 참조.

다. 그 구분은 아리스토텔레스 자신의 예증들에 의해 보일 수 있다. 기호나 상징은 표현된 사물과 어떠한 본질적인 유사성도 자연적인 연관도 갖지 않는다. 말한 단어들은 정신 상태들의 상징들이고, 쓰인 단어들은 말한 단어들의 상징들이다. 이것들의 관계는 합의적이다.[07] 다른 한편으로, 정신적 인상들은 기호들이나 상징들이 아니라, 외부 존재의 복사물들, 사물들 자체의 유사물들이다. 감각적 지각 행위에서 대상들은 정신에다 도장 반지처럼 자신들의 각인(刻印)을 찍고, 그렇게 기억에 새겨진 그림(phantasma)은 초상(zōgraphēma, eikōn)에 비유된다.[08] 그래서 예술 창작품들은 말하자면 '상상'(phantasy)을 위해 존재하는 그림들이다.

❧

예술 작품은 원본을 그 자체로 있는 대로 재생산하지 않고, 그것이 감각적인 형태로 '상상력'(phantasia)에 제시되는 대로 재생산한다

하지만 아리스토텔레스는 이 능력에 대해 아주 분명하거나 일관된 설명을 제공하지 않는다. 그는 그것을 "실제 감각으로부터 유래하는 움직임으로 정의한다. 보다 간단하게 우리는 그것을 감각

---

07 『명제에 관하여』 1장 16a 3-4: "그런데 목소리에 담긴 것(즉, 말)들은 혼 안에서 겪은 것들의 상징들이고, 글들은 말들의 상징들(symbola)이다." 2장 16a 27에서 이 관계는 합의에 따른(kata synthēkēn) 것이라고 말해진다.

08 『기억과 기억해냄에 관하여』 1장 450a 27-451a 17. 정신적 인상들(pathēmata)을 존재의 유사물(homōimata)이라고 말하는 『명제에 관하여』 1장 16a 7 참조.

의 여파로 정의할 수 있다. 그것은 먼저 감각을 자극했던 대상이 실제 경험으로부터 물러난 후에 인상이 계속해서 남음이다."[09] 그러한 것으로서 상상력은 꿈의 환영들 및 여타 유사 현상들을 설명하기 위해 소개된다. 그러나 그것은 감각의 수용 이상의 것이다.[10] 그것은 감각과 사유의 경계선에 있다. 그것은 이미지를 형성하는 능력으로 간주된다. 이 능력에 의해 우리는 이전에 정신에 제시된 그림들을 마음대로 불러낼 수 있고,[11] 심지어는 사유 과정을 얼마간 해낼 수도 있다.[12] 그것은 외부 감각에 의해 지각된 모든 특수한 구체적인 대상을 주관적으로 재현한다. 이러한 상상력의 '그림들'(phantasms) 또는 재현들로부터 지성은 자신의 관념들 또는 보편적인 개념들을 추출한다. 상상력 없는 지성은 재료가 없어 일할 수 없다. 따라서 순수하게 지성적인 관념은 감각 대상 안에 있는 보편적인 것, 즉 지성적인 것을 자신 안에 함축하고 포함한다. 보다 가까운 등가적 표현이 없어 '상상력'(imagination) —즉, 이미지를 만드는 능력— 이란 말을 사용할 때, 우리는 아리스토텔레스의 심리학이 창조적 상상력 같은 능력을 허용하지 않는다는 점을 명심해야 한다. 창조적 상상력은 수동적으로 지각된 대상들을 재생산하는

09 E. Wallace, *Aristotle's Psychology*, Cambridge 1882, Intr. lxxxvii쪽. 이 주제와 관련된 부분 전체(lxxxvi-xcvii쪽)를 보라. 그 정의(定義)는 『혼에 관하여』 3권 3장 429a 1-2에 있다("상상은 현실태의 감각에 의해 일어나는 움직임일 것이다"). 『꿈에 관하여』 1장 459a 17에도 같은 정의가 나온다.

10 『혼에 관하여』 3권 3장 428a 5-16.

11 『혼에 관하여』 3권 3장 427b 17-20.

12 『혼에 관하여』 3권 10장 433a 10.

데 그치지 않고, 사유와 감각의 사물들을 함께 융합하고, 경험의 자료들을 재결합하고 변형시킴으로써 그 자신만의 새로운 세계를 형성한다.[13] 이 작업은 아리스토텔레스에서 지성과 감각의 자발적이고도 필연적인 결합의 결과이다.

이렇게 해서 우리는 논증에서 한 단계 더 나아갔다. 예술 작품은 원본을, 그 자체로 있는 대로 재생산하지 않고, 그것이 감각에 나타나는 대로 재생산한다. 예술 자체는 추상적인 이성에 말을 걸지 않고, 감각능력과 이미지를 만드는 능력에 말을 건다. 그것은 외부 현상들에 관계한다. 그것은 환영들을 사용한다. 그것의 세계는 순수 사유에 의해 들춰지는 세계가 아니다. 그것은 진리를 보지만, 추상적인 관념으로서가 아니라 그것이 구체적으로 표현된 것들에서 본다.

❧

이러한 미적 유사성의 교설은 중요한 결론들을 갖는다

미적 유사성의 교설로부터 중요한 결론들이 따른다. 이것들을

---

13 경험 세계에 의해 제공된 자료들을 변형시키는 인간의 창조력 개념은 플라톤이나 아리스토텔레스에게 미지의 것이 아니지만, 그것은 독립된 능력이거나 별도의 이름으로 지정되는 것이 아니다. 필로스트라토스(Philostratos, 기원후 210년쯤)에서 phantasia는 mimēsis 능력과 대립된 능동적인 상상력이다. "그는 말했다. 상상력은 제작자로서 이것들을(즉, 피디아스나 프락시텔레스가 조각한 신상들)을 모방력보다 더 현명하게 만들어냈다. 왜냐하면 모방력은 아는 것을 제작할 것이지만, 상상력은 모르는 것도 제작할 것이기 때문이다"(*Vita Apollonii*, K. L. Kaiser, ed., Leipzig 1870, vi. 19).

플라톤은[14] 처음으로 —예술을 경시하면서이긴 하지만— 주목했고, 아리스토텔레스는 확고하게 파악했다. 예술은 사물들의 객관적 실재가 아니라, 단지 그것들의 감각적 현상들만을 구현하려고 시도한다. 정말로 아리스토텔레스 철학의 진정한 원리들에 의하면 예술은 유사성만을 제시할 수 있다. 왜냐하면 그것은 예술적 형상을 그 형상에 고유하지 않은 재료에 찍기 때문이다. 그래서 그것은 물질적인 현실과 이에 상응하는 결함들로부터 따로 떨어져 있다. 여기에 예술이 지닌 해방력의 비밀이 놓여 있다. 실제의 감정, 생활의 확고한 필요들은 항상 그 안에 불안의 요소를 얼마간 지닌다. 형상을, 경험의 세계에서 그것에 낯선 재료와 결합시킴으로써 마술의 효과가 산출된다. 일상 현실의 압박은 제거되고, 미적 감정이 독립적인 활동으로서 방출된다. 그래서 예술은, 이미지들과 현상들로 된 세계 안에서 움직일 때, 그리고 마음속에 존재하는 형태에 따라 창조 활동을 할 때, 환영을 능숙하게 사용할 줄 알아야 한다. 이것만으로도 그것은 창작품들에 응집력을 부여하고, 가공물들에 현실의 기미를 부여할 수 있다. 미적 유사성과 이에 의존하는 믿을 만한 것(to pithanon)에 관한 교설은 환영들로써 작업하는 작가는 "가능하나 믿어지지 않는 것들보다는 불가능하나 믿어지는 것들을 선호해야 한다"는 말이[15] 나올 정도까지 관철된다.

---

14 『국가』 10권 598b에서 그림은 다른 모방 예술들처럼 현상의 모방(mimēsis phantasmatos)이다. 『소피스트』 264c-267a에서 이 예술들은 환영술(phantastikē)의 항목에 속한다. 이것이 미학 이론에 기여한 중요성에 대해서는 B. Bosanquet, *A History of Aesthetic*, London 1892, 28-30쪽을 보라.

모든 예술 작품이 원본과 비슷한 것들이고, 그것과 독립적으로 알려지는 어떤 세계와 관계가 있는 반면, 다양한 예술은 외부로부터 다양한 수단으로써, 그리고 직접성과 생생함의 정도차를 두고 그 세계의 이미지를 반영한다.

ꕤ

예술의 '모방성'이 지닌 다양한 의미: 음악

일반적으로 그리스인들이 그렇듯이, 아리스토텔레스는 음악(mousikē)을 가장 '모방적인' 또는 재현적인 예술이라고 생각했다. 음악은 직접적인 이미지, 성격의 복사물이다. 현대인은 일반적으로 그것을 다른 방식으로 생각한다. 그러나 그것이 암시하는 감정, 그것이 전달하는 메시지는 외부의 현실 자체에, 이미 알려진 감정 세계에 거의 상응하지 않는다. 우리는 그것의 진리를 그것이 어떤 원본과 일치하는지에 의해 시험할 수 없다. 그것은 감정의 일반적인 기초적인 양상들을 표현할 수 있는데, 이를 청자(聽者)들은 저마다 다양하게 해석할 것이다. 그것은 음악외적인 감정이 지닌 보다 섬세한 차이들을 확실하고 엄밀한 정도로 표현할 수 없다. 그것이 산출하는 인상이 생생하고 뚜렷할수록 그것의 표현력은, 독립적인 실재들을 재생산하는 능력은 미약하다. 그러나 여기에서 조국의 전통을 수용하는 아리스토텔레스에게는 바로 그 반대가 참인

---

15 『창작술』 24장 1460a 26-27, 25장 1461b 11-12. 이 책의 3장 81쪽 이하를 보라.

것 같다. 음악은 도덕적 성격에 대한 명확한 이미지이자 반영이다. "리듬과 선율에서 우리는 분노, 온화, 용기, 절제, 그리고 이것들에 반대되는 감정들에 대한 가장 실재적인 모방물들을 갖는다."[16] 감정 상태뿐만 아니라 엄밀하게 말해 정신의 도덕적 성질과 성향도 음악적 모방에 의해 재생산된다. 그리고 복사물과 원본 간의 밀접한 대응에 성격 형성에서 음악이 지니는 중요성이 달려 있다. 음악은 성격을 반영하면서 그것을 형성하고 그것에 영향을 미친다.

그러한 견해가 유효하다는 설명은 음악이 그리스인에게서 차지하는 종속적인 지위에서 부분적으로 찾아볼 수 있다. 그것은 창작의 부속물 중 하나로서, 창작에 엄격하게 종속되어 있었고, 상대적으로 단순한 선율로 이루어져 있었다. 그것의 많은 의미는 그것이 불러내는 연상들로부터, 그리고 그것을 둘러싼 감정적인 분위기로부터 도출되었다. 그것은 특정한 때와 제전과 관련이 있었고, 일정한 춤이 동반되고 잘 알려진 말들을 따라다녔다. 플라톤은 "말이 없을 때에는, 화성이나 리듬의 의미를 인지하기란, 또는 어떤 가치 있는 대상이 그것들에 의해 모방된다는 사실을 알아보기란 아주 어렵다"고 말한다.[17] 그러나 해석하는 말과 따로 떨어져서도 음

---

16 『정치학』 8권 5장 1340a 18-21: "가장 많이 리듬(rhythmos)과 선율(melos) 안에 분노, 온화, 용기, 절제, 그리고 이것들에 반대되는 모든 감정의 유사물(homoiōma)들이 진정한 본성들에 가깝게 들어 있다."

17 『법률』 2권 669e. 그리스 음악 전반에 관해서는 D. B. Monro, *The Modes of Ancient Greek Music*, Oxford 1894를 보라. 먼로 씨는 말과 선율 간의 밀접한 연결을 주장한 후 나아가 말한다. "목소리의 미, 심지어는 그것의 설득적인 효과는, 우리가 다소간에 알고 있듯이, 첫째, 목소리의 높이나 조(調)에 달려 있고,

악의 도덕적 중요성은 아리스토텔레스와 그의 학파에 의해 지지된 것처럼 보일 것이다. 『자연학적인 문제들』에서 우리는 다음과 같은 말을 발견한다. "선율은 말과 따로 떨어져서도 도덕적인 성질을 띤다."[18] 음악의 도덕적 의미에 관한 그리스의 관점을 완전히 파악할 수는 없지만, 우리는 그리스 음악에서 주도적인 요소가 리듬이었다는 점을 명심해야 한다. 주어진 어떤 작품의 기질과 의미가 특히

둘째, 강조나 명암을 주는 음높이의 미세한 변화에 달려 있다. 이러한 요소들 중 첫 번째 것에 상응하여, 고대 음악은, 이 저술의 주요 취지가 맞는다면, 선법이나 조의 체계를 갖는다. 두 번째 요소에 상응하여, 그것은 여전히 우리에게 놀라움을 심어주는 미묘하고도 다양한 음정이 있는 일련의 음계를 갖는다. 이 두 가지 점에서 현대 음악은 줄어든 자원을 보인다. 우리는 조들에서 고대 음악과 같은 단계, 심지어는 그보다 더 큰 단계의 음높이를 구사한다. 그러나 우리는 일찍이 얻었던 ⓐ 물리적 사실들의 결과로서의 음과 ⓑ 기질이나 감정의 지표로서의 음 간의 밀접한 관계를 잃은 것처럼 보인다. 조(調)의 변화는, 일반적으로 말해, 색채나 움직임의 변화처럼 우리에게 영향을 미친다. 그렇다고 감정 상태를 강화시키거나 달래는 것으로서는 아니다. 음성적 표현의 두 번째 요소, 즉 음높이의 상승과 하강에서, 그리스 음악은 다양한 음계에서 현대에는 그에 필적할 만한 것이 없을 표현의 범위를 지녔다. 그것에 가장 근접한 것은 장조에서 단조로 또는 그 반대로 조를 바꾸는 사례에서 찾을 수 있을 것이다. 그러나 고대 음악가가 소유한 선법과 '색채'의 변화는 음향적으로 더욱 인상적이었음이 틀림없다. 그리고 살아 있는 목소리의 어조와 억양을 이상적인 형태로 재생산하는 데에 보다 근접했음에 틀림없다. 화성(和聲)에 기초를 둔 음악은 목소리를 수많은 악기 중 하나로 여기는 것, 따라서 그것을 극적인 감정적인 효과의 큰 근원으로 사용하지 않는 경향을 보인다. 그 결과는 두 가지이다. 한편으로, 우리는 일정 단계의 음높이의 소리에 의해 인간의 감성에, 궁극적으로는 성격에 미친 직접적인 영향력을 시야에서 놓친다. 다른 한편으로, 음악은 독립적인 창작이 된다. 그것은 여전히 심오한 감정의 전달 수단일 수 있다. 그러나 그것은 더는 언어의 도움을 구하지 않는다. 또는 언어가 인간의 마음에 영향을 주는 통로들을 통해 자신의 목적에 도달하지 않는다."

[18] 『자연학적인 문제들』 19권 27절 919b 26: "왜냐하면 말이 없다고 하더라도 선율은 성격을 지니기 때문이다."

거기에 있다고 느껴졌다. 그리고 음악의 독특한 모방 능력을 주장
했던 이론은 아리스토텔레스에서 그 이론적 토대를, 리듬감 있는
소리의 외적 움직임들은 혼의 움직임들에 밀접한 유사성을 띤다는
점에 두었다. 각각의 음은 내적 동요로서 느껴진다. 음악적 소리들
의 규칙적인 연속은, 선율과 리듬의 법칙에 의해 지배되어, 정신 상
태의 표현인 praxeis 또는 외적 행동에 연합된다.[19]

❧

회화와 조각

청각에 두드러지게 속하는 그러한 힘은 다른 감각에 의해서는 미

---

19 『자연학적인 문제들』 19권 29절 920a 3에 "왜 목소리를 통한 리듬(rhythmos)과
선율(melos)이 성격들을 닮는가?"라는 물음이 제기된다. 그리고 제시된 답은 다
음과 같다. "그것들이 행동들처럼 움직임들이기 때문이 아닌가? 그런데, 활동은
성격을 드러내는 것이고 성격을 산출하지만, 맛과 색은 그와 같은 방식으로 그
것을 산출하지 않는다." 『자연학적인 문제들』 19권 27절 919b 26에도 비슷하게
"왜 들릴 수 있는 것이 감각 대상들 중 유일하게 성격을 띠는가?"라는 물음이 제
기된다. 그리고 그에 대한 대답은 "소리만이 움직임을 갖기 때문이 아닌가? 물
론 그것은 소리가 우리들 안에 일으키는 움직임이 아니다. … 그러나 우리는 그
러한 소리에 따르는 움직임을 지각한다"(919b 28-31)이다. 그리고 "그러한 움
직임들은 행위와 관련된 것들이고, 행위는 성격을 나타낸다"는 말이 덧붙는다.
더 나아가 시각에 의해 산출된 움직임들(kinēseis)과 청각에 의해 산출된 움직임
들 간의 구별이 이루어진다. 그러나 정확한 의미는 논쟁의 여지가 있고, 여기에
서 우리가 그것에 붙들릴 필요는 없다.
　　우리는 선율을 성격을 나타내는 것(ēthika), 열광케 하는 것(enthousiatika), 행
동을 촉구하는 것(praktika)으로 분류하는 것(『정치학』 8권 7장 1341b 33)이 모방
예술의 세 가지 대상인 성격(ēthē), 감정(pathē), 행동(praxeis)에 대응한다는 점
을 관찰할 수 있다.

약하게만 나타난다. 미각과 촉각은 도덕적인 성질들을 직접적으로 반영하지 않는다. 시각은 조금만 그것들을 반영한다. 왜냐하면 형태와 색채는 도덕적 성질들을 실제로 모방한 것이라기보다는 '오히려 그것들에 대한 기호(記號)'이기 때문이다.[20] 『정치학』의 이 구절은, 회화와 조각은 대상의 외적 물리적 특징들 정도를 직접적으로 표현한다는 점, 그리고 그것들은 도덕적·정신적 사실들을 거의 전적으로 기호나 상징에 의해 전한다는 점을 함축하는 것처럼 보일 것이다. 여기에서, 우리는 그리스의 정신에 낯선 유형의 예술을 소개 받고 있다고 생각할지도 모른다. 그 예술에서 내적 성질들은 그것들이 관례적으로 연결되어 있는 외부 형상들 속에 어렴풋이 나타나지만, 결코 분명하고도 직접적인 유사성을 제시하지는 않는다.

　그러나 여기에 사용된 표현은, 많은 아리스토텔레스의 부언(附言)처럼, 허용된 범위 내에서 다른 구절들과 연결해서 받아들여야 한다. 형태와 색채는 미미한 정도이긴 하지만 도덕적 성격을 반영한다고 인정된다는 점, 그리고 그것들이 '도덕적 성질들에 대한 기호들'이라는 진술에 '오히려'라는 제한하는 말이 붙는다는 점을 또

20　『정치학』 8권 5장 1340a 28-33: "다른 감각대상들에는, 예를 들어 촉각대상과 미각대상에는 성격들과 유사한 것들이 결코 들어 있지 않고, 시각대상에는 약간 들어 있다. 왜냐하면 형태들은 성격을 나타내는 것들이기 때문이다. 그러나 그것들은 그것을 조금 나타낸다. … 더 나아가 작품에 탄생한 형태와 색채는 성격들과 유사한 것들이 아니라, 오히려 성격들에 대한 기호(sēmeia)이다." 위에서 인용한 『자연학적인 문제들』의 두 구절은 더 나아가 소리만이 도덕적인 성질들을 직접 제시한다고 천명한다. 보이는 것, 맛, 냄새는 명시적으로 그로부터 배제된다. 이는 아마도 아리스토텔레스 자신의 견해를 과장한 말일 것이다.

한 어느 정도 강조해야 한다. 그것들은 정말로 음악보다 그러한 성질들을 덜 완전하게 표현한다. 음악의 리듬감 있고 정돈된 움직임들은 혼의 본성에 특별히 친화력이 있고, 그 자체가 활동, 즉 움직임인 도덕적인 삶을 가장 직접적으로 재생산한다.[21] 더 나아가, 얼굴 표정, 몸짓, 태도는 자연 자체가 가르쳤고, 그것을 설명할 능숙한 해석자가 필요 없는 방언이다. 그것들은 가장 진정한 의미에서 인위적이 아닌 자연적인 매체이고, 의식적인 추리과정 없이 직접적인 제시력에 의해 그 의미를 전달한다. 그것들은 상징이라 불릴 수 있지만, 합의에 의한 상징이 아니라 살아 있는 기호들이고, 이것들을 통해 외부적 틀은 정신의 움직임들을 따르고 반영한다. 그것들은 신체와 혼의 내적 통일성에 대한 가시적인 표시이다.

  몸짓과 표정에 의해 성격을 읽는 일은, 아리스토텔레스학파에 의해 설명되었듯이, 내부의 움직임들과 외부의 움직임들 간에 조화가 있다는 가정에 의거한다. 이는 청각뿐만 아니라 다른 감각기관들의 경우에서도 마찬가지이다.[22] 더욱이 다른 곳에서, 성격

---

21 『정치학』 8권 5장 1340b 17: "그리고 혼에는 조화(선법) 및 리듬과 일정한 친화성이 있는 듯하다"의 의미는, 문맥이 보여주듯, 조화(harmonia)와 리듬(rhythmos)은 혼과 일정한 친화성이 있다는 것이다. 그래서 어떤 사람들은 혼 자체가 조화라고 잘못 추리했다고 아리스토텔레스는 나아가 말한다. 다음 참조. 『자연학적인 문제들』 19권 38절 920b 33-36: "우리는 리듬이 인지적이고 질서 있는 수적 배열을 갖고 우리를 질서 있게 움직이기 때문에 리듬을 즐긴다. 왜냐하면 질서 있는 움직임(kinēsis)은 본성상 무질서한 것보다 더 친근하고, 그 결과 또한 더 자연스럽기 때문이다"와 플라톤의 『티마이오스』 47d: "우리 안에 있는 혼의 회전들과 동류인 움직임들을 갖는 이 조화는 …."

22 『관상술』 2장 806a 28-30: "관상가는 움직임(kinēsis), 형태(schēma), 색채

을 나타내는 것으로서 회화와 창작을 비교한 부분은, 우리가 형태와 색채가 정신 현상들을 표현하는 데 어떠한 자연적인 의미를 ― 합의에 따른 의미와 구별되는 것으로서 ― 갖지 않는다고 생각한다면, 더는 적절한 것이 못 된다. 확실히 아리스토텔레스는 소리가 직접적인 표현력의 면에서 그에 필적할 만한 것이 없다고 주장한다. 그러나 그는 색채와 형태도 그보다 못한 정도이긴 해도 비슷한 능력을 갖는다는 점을 부정하지 않는다. 손발의 본능적 움직임, 신체의 피부에 산출된 색 변화는 자의적인 상징 이상의 것이다. 그것들은 가시적인 신체기관에 흔적을 남기는, 생기를 주는 혼에 신체가 자연스럽게 반응한다는 것을 의미한다.

　활기 없는 재료를 가지고 작업하는 회화와 조각은 정말이지 다양하고도 연속적으로 나타나는 혼의 삶을 모두 재생산할 수 없다. 그것들은 동결되고 사로잡힌 움직임 속에서 그것들이 묘사하는 감정을 영원히 고정시킨다. 한 가지 유형적인 순간이 포착되고 그것은 앞서거나 뒤따르는 모든 것을 대표하는 것이 된다. 하지만 형태와 선과 색채는 여기에서도 그 의미를 얼마간 보유한다. 그것들은 나름의 정도로 정신의 자연적인 이미지이다. 그리고 그것들의 의미는 균형의 도움을 받는데, 정지의 예술들에 보이는 이 균형은 움직임의 예술들에서 주요 표현 매체인 리듬에 상응한다. 아리스토텔레스 자신은 이후 작가들이 내놓는 춤과 건축 간의 유비를 주목

(chrōma), 얼굴(prosōpon)에 나타나는 성격을 읽는다." 806b 28-30: "형태들, 그리고 얼굴에 나타나는 성질들은 감정과의 유사성에 비추어 판단된다."

하지 않지만, "고전기 예술가들의 조각품들은 고대 무용의 유물들이다"라는 말을[23] 연상시켰던 느낌을 완벽하게 이해했을 것이다. 그 대응관계는 리듬을 가진 형상이라는 공통 요소에 놓여 있다. 그리스 음악과 춤의 혼이었던 이 요소는, 조형 예술들의 재료에 전이될 때, 전이되면서 변형될지 몰라도, 아리스토텔레스의 일반적인 원칙들에서 그것이 지닌 모든 표현력을 잃지 않을 것이다.

춤도 성격, 감정, 행동을 모방한다고 우리는 『창작술』에서 읽는다.[24] 아리스토텔레스에 의해, 그리고 모든 그리스적 전통에 의해 인정된 춤의 표현력은 그 주제에 관한 루키아노스의 소책자에 유익하게 설명되어 있다. 그것은 과장과 그 작가에 특징적인 쾌활한 진지함이 적당히 허용된다면, 옛 그리스적 정서에 여전히 고무된 것이다. 수사학자들과 음악가들은 이미 예술에 관한 논문들을 썼고, 루키아노스는 동일한 주제를 다루면서 그들의 반(半)-철학적인 방식을 모방한다. 춤은 예술 중 맨 앞에 자리 잡고, 모든 학문은 그것에 이바지하는 것으로 된다. 춤꾼은 뛰어난 재능, 창작에 관한 정밀한 판단, 즉각적이고도 광범위한 기억을 가져야 한다. 호메로스의 예언자 칼카스처럼 그는 과거, 현재, 미래를 알아야 한다. 무

---

23 Athenaios, xiv. 26, 629쪽: "고전기 제작자들의 조각들은 고대 무용(orchēsis)의 유물들이다."

24 『창작술』 1장 1447a 28: "성격들과 감정들과 행동들." (합창가무단의 춤과 노래에 관한) 플라톤의 『법률』 2권 655d의 구절: "춤은 성격들의 모방이고, 온갖 행위들과 우연들과 관계하고, 성격과 모방으로서 각각의 것들이 관통하므로, …"도 그와 비슷한데, 여기에서는 '우연들'(tychai)이 '감정들'(pathē) 대신 자리 잡고 있다.

엇보다도 그는 카오스와 우주의 기원에서 이집트의 여왕 클레오파트라에 이르기까지 모든 신화에 정통할 필요가 있다. 그리고 전설들의 정신을 상세하게 재생하는 능력을 갖출 필요가 있다. 그는 일부 무지한 공연자들의 '끔찍한 결례'를 피해야 한다. 연설가처럼 그의 목적은 항상 명료함에 있어야 한다. 그는 무언이지만 관중이 그를 이해해야 하고, 아무 말도 하지 않지만 관중이 그의 말을 들어야 한다. 춤 자체는 표현력에서 비극에 뒤지지 않는다. 그것은 성격과 감정의 모든 색조를 기술한다. 게다가, 그것은 관중의 혼을 조화시키고, 도덕적 공감을 훈련시키고, 격정을 치료하고 잠재우는 영향력으로서 활동한다.

창작은 음악과 춤과 단일한 집단을 형성한다

창작은 다른 예술들과 달리 (운율에 의존하는 효과를 제외한다면) 그 효과를 오로지 상징을 통해서 산출한다. 그것은 형상과 색채를 눈에 직접 제공할 수 없다. 그것은 재현되어야 할 대상들의 이미지들을 불러내기 위해 단어를 사용할 뿐이다. 이 낱말들이 들릴 수 있을 필요도 없다. 그것들은 그저 쓰인 상징들일 수 있다. 또한 기호와 지시된 사물은 여기에서 그것들의 의미가 즉각적으로 모든 곳에서 이해될 정도로 명백한 연상에 의해 서로 연결이 되지 않는다. 그것들은 인종과 나라에 따라 변하고, 그것들을 보편적인 언어라고 주장할 수 없다. 하지만 창작은, 정신에 의해 해석되어야 할 상징들을 사용하긴 해도, 예술은 상징들의 집합이 아니라는 아리스토텔레스의 원칙에는 예외가 아니다. 그것이 재현하는 이미지는 인위적인 수단이나 희미한 연상을 통해 우리에게 기지(既知)의 실재를 기억시켜주는 이미지가 아니다. 기호들은 표현의 매체이지만, 그 재현은 순수하게 상징적이지는 않다. 왜냐하면 기호들은 삶에서 사유와 감정을 드러내는 자연적이고도 친순한 매체인 유의미한 단어들이기 때문이다. 아리스토텔레스는 창작이 만들어 내는 세계가 원본의 유사물 또는 homoiōma라고 명시하지는 않지만, 이는 『창작술』의 모든 곳에 함축되어 있다. 그것이 반영하는 원본은 다양한 방식으로 나타나는 인간의 모든 행위와 성격이다. 다른 어떤 예술도 같은 범위의 주제를 갖지 않는다. 또는 원본에 대한 이미지를 그토록 완전하고 만족스럽게 제시할 수 없다. 드라마에서 삶에 대한 창작적 모방은 완전한 형태에 도달한다. 그러나 또한 여기에서 보다 근본적인 의미의 모방 개념이 곧바로 분명해진다. 말은 말을 짝으로 갖고, 만일 연극이 무대에 오른다면, 행동은 행동에 의해 표현된다. 실제로, 창작에 널리 적용되는 '모방'이란 용어는 행동이나 음송이 그곳에서 흉내가 주는 것과 동류의 인상을 산출했던 드라마 형태의 창작에 의해 아마도 그리스인들에게 제안되었을 것이다.

창작, 음악, 춤은 아리스토텔레스에서 독자적인 그룹을 구성하고, 그것들의 공통 요소는 리듬 —말, 소리, 몸동작에 적용될 여지가 있는 리듬— 에 의한 모방이다.[25] 이 예술들의 역사는 그리스 작가들이 음악 이론에 관해 표명했던 것으로 우리가 발견하는 견해들을 뒷받침한다. 그것은 음악과 창작이 원초적으로 하나임을 증언하고, 그 둘이 춤과 밀접하게 관련되어 있음을 증언한다. 그것들 셋은 함께 자연스럽게 한 짝을 이루고, 기술이나 학문의 분야들을 불가분의 전체로서 보유하려는 고대 세계의 특징을 예시한다. 이런 특징을 분리의 경향을 띤 근대적 사유 정신은 요소들로 해체한다. 나중에 '뮤지컬' 예술로 알려진 세 가지 예술의 친밀한 융합은 —아니, 창작의 주도 아래 음악과 춤이 결합되었다고 말해야 할 것이다— 바로 예술가 자신에서 보이기도 했다. 합창가무단 선생으로서 작가가 지닌 임무는 스텝, 몸짓, 태도, 다양한 수단의 율동을 포함하여 '춤'이라는 용어 아래 통하는 모든 것에 대한 실천적인 지식을 요구했다. 아이스퀼로스(Aischylos)는 "많은 무도법의 창시자였다"고 전한다.[26] 이에 덧붙여, 고대의 작가들은 무도(舞蹈)적이라 불렸다. 이는 그들이 합창가무단을 훈련시켰기 때문만 아니라, 그들이 배우길 원했던 사람들에게 극장 밖에서 합창가무를 가르쳤기 때문이다. 아테나이오스(Athenaios)는 말한다. "핀다로스가 아폴론을 춤꾼이라 부를 정도로 춤은 분별 있고 명예로운 것이었다."[27] 그리고 그는 다음과 같이 핀다로스의 말을 인용한다. "춤꾼이자 찬란함의 지배자, 넓은 화살 통을 지닌 아폴론."

음악 기법이나 악기 제작의 개선은 창작의 역사에서 잘 알려진

---

25 『창작술』1장 1447a 13-28. 이 그룹의 단일성에 대해서는 A. O. Prickard, *Aristotle on the Art of Poetry*, London 1891, 19-21쪽 참조.
26 Athenaios, i. 40.
27 Athenaios, xiv. 26.

많은 인물들과 연결되어 있다. 작가는, 서정시 작가든 극작가든, 운문을 썼을 뿐만 아니라 반주를 작곡했다. 그리고 정착된 관행에서 처음으로 이탈했던 에우리피데스에 대해, 자신이 쓴 드라마의 음악 장치에서 소포클레스의 아들 이오폰에게 도움을 구했다는 비난이 가해졌다. 고전기에서 poiētēs(작가)란 말 자체는 종종 작가와 음악가라는 이중적인 성격을 띠고, 이후의 저자들에서 때로는 오늘날의 '작곡자'처럼 엄밀하게 음악과 관련하여 제한적으로 사용된다.

⚜

창작의 요소로서 운문

아리스토텔레스는 음악 및 무용 예술에서 리듬감 있는 형상과 움직임이 지닌 힘의 진가를 전적으로 올바르게 인정한다. 다른 한편, 선율과 리듬에 대한 본능적인 사랑은 그가 창작의 기원을 더듬어 올라가 발견하는 두 가지 원인 중 하나이지만,[28] 그는 창작

---

28 나는 창작의 두 가지 자연적인 원인(aitiai physikai)이(『창작술』4장 1448b 4-5) ① 원초적인 학습 방식으로 간주되는 모방(mimēsis) 본능(4장 1448b 5-19), 그리고 ② 선율(harmonia)과 리듬(rhythmos)에 대한 본능(4장 1448b 20-24)이라고 생각한다. 이런 해석은 그 구절 전체에 많은 득을 가져온다. 이에 대한 반론은 조화와 리듬에 대한 본능이 갑자기 1448b 20-24에서 소개되어, 선율과 리듬이 두 번째 원인으로 언급되어 있었던 원문에서 1448b 19 다음에 텍스트 훼손이 있지 않느냐는 의심이 들 정도라는 점이다. 하디 씨는 (The *Poetics* of Aristotle, in: *Mind* 4, 1895, 350-64쪽에서) 1448b 20-24의 갑작스러운 부분을 다음처럼 다른 식으로 설명하고자 한다. "나는 두 번째 원인으로 옮겨가는 부분

예술의 완성된 산물을 평가하는 데에서 이 요소를 강조하지 않는다. 『연설술』에서[29] 그는 어떤 문장이 운율을 가지면 그것은 창작이 될 것이라고 관찰한다. 그러나 그것은 대중적인 방식으로 말한 것이다. 그것은 의심할 여지없이 인정된 견해였지만,[30] 그것은 아리스토텔레스가 『창작술』에서 두 번 대결하는 견해이다. 그는 운율의 형태 때문에 작품이 되는 것은 아니라고 주장한다.[31] 그 구절

을 이전 문장에서 찾아야 한다고 주장하고 싶다. 그 문장의 요지는 모방된 대상을 이전에 보지 않았더라도, 그래서 다시 발견하는 즐거움이 있을 수 없더라도, 여전히 '모방 자체가 아닌 솜씨(apergasia)라든가 색채(chroia) 등의 원인으로 즐거움이 있을 수 있다'는 점이다. 여기에 분명히 독립적일 수밖에 없는 두 종류의 즐거움이 언급되어 있다. 그리고 아리스토텔레스가 회화술의 솜씨와 색채를 대략 창작술의 선율과 리듬에 상응하는 것으로 의도한다고 상정하는 데 어떠한 어려움도 없다."

　　보통의 해석은 두 가지 원인을 모방 본능, 그리고 모방으로부터 유래하는 즐거움으로 택한다. 이 해석은 우리에게 두 가지 독립적인 원인이 아니라 두 가지 경향을 제공하고, 이 둘은 같은 원인 ―즉, 앎에 대한 자연스런 사랑― 을 가리킨다는 반론에 부딪힌다.

29 　『연설술』 3권 8장 1408b 30-31: "그렇기 때문에 연설문(산문)은 리듬(rhythmos)을 가져야지 운율(metron)을 가져서는 안 된다. 운율을 가지면 그것은 작품(poiēma)이 될 것이기 때문이다."

30 　플라톤의 『파이드로스』 258e: "운율에 맞춰 작가로서, 아니면 운율 없이 문외한으로서"와 『국가』 10권 601b의 선율과 리듬의 마력(kēlēsis)에 관한 언급(이러한 장식들을 작품들에서 벗겨내면 그것은 젊음의 꽃다움이 사라진 얼굴과도 같다), 그리고 『고르기아스』 502c 참조: "만일 누군가가 창작에서 가락과 리듬과 운율을 제거한다면, 남은 것은 말뿐이 되지 않겠나?"

31 　『창작술』 1장 1447a 28-b 24, 9장 1451a 39-b 5. 9장 1451b 27-32 참조. Athenaios, xi. 112에 아리스토텔레스를 인용해 남긴 다음의 부분을 보라(그러나 그곳에 남겨진 텍스트의 상태는 온전하지 않다). "아리스토텔레스는 작가들에 관한 논의에서 다음과 같이 쓴다. '따라서 우리는 소프론의 이른바 소극(笑劇, mimos)(이 이름 자체가 그것이 모방이나 흉내와 관련된 것이라는 점을 보여준다)이, 그리고 테오스 출신의 알렉사메노스가 최초로(prōtous? 또는 이전

들 중 하나(1장 1447b 9-24)에서 그는 한 걸음 더 나아가 자신이 애당초 가졌던 것으로 보이는 견해를 제시한다. 그는 창작은 예술적 mimēsis(모방)의 한 형태이고, 그것의 본질은 단지 운문화에 놓여 있기보다는 이념의 '모방'에 놓여 있다고 설명한다. 문학의 영역 내에서 그는 그러한 예술적 '모방'의 실례들을 산문의 저술들에서도 불러낸다. 그리고 언어를 표현 매체로 사용하는, 상상력에 의한 인생에 관한 모든 묘사를 포괄할 공통된 용어가 없다는 점에 주목한다. 요지를 예시하면서 그는 다양한 종류의 문학 작품들을 언급하는데, 이것들은 그때까지 단일한 이름으로 차별화되어 지명되지 못했다. 그것들은 (1) 소프론과 크세나르코스의 소극(笑劇), 그리고 플라톤의 대화편들인데, 모두 드라마적인, 반(半)드라마적인 성격의 산문 작품이다. 그리고 그것들은 (2) 단일한 운율로 쓰인 또는 여러 가지 운율이 섞인 운문 작품이다. 이 구절은 명백하게, '시인'이라는 말의 의미가, '모방'이란 말이 지닌 미학적 의미 내에서 '모방'의 작업을 수행하는 어떠한 작가라도 ─그가 산문을 쓰든 운문을 쓰든─ 포괄할 정도로 넓혀져야 한다는 점을 제시한다.[32] 운

에) 쓴 소크라테스 대화편들이, 결코 운율이 있는 것(emmetrous?)은 아니지만 산문이자 모방물(따라서, 작품)이라고 말해야 하지 않는가?" 이 구절에 대해서는 J. Bernays, *Zwei Abhandlungen über die Aristotelische Theorie des Drama*, Berlin 1880, 83쪽을 보라. Diogenes Laertios, iii. 37 참조: "그러나 아리스토텔레스는 플라톤의 대화편들이 운문과 산문의 중간 형태라고 말한다."

32 텍스트의 세부항목에 몇 가지 난점들이 있긴 해도, 그 구절(『창작술』 1장 1447a 28-b 24)의 전반적인 의미는 분명하다. 1447a 29에서 위버벡이 '서사시 창작'(epopoiia)을 삭제한 것과 베르나이스가 '이름이 없는'(anonymos)을 감탄할 정도로 추정한 것은 모두 아랍어 본에 의해 확인되고, 주저 없이 수용될 수 있

율이 창작적인 표현에 필수적이냐는 일반적 물음은 많은 비평가

다. 또한 나는 1447a 29에서 monon tois logois가 '(음악 없이) 언어에 의해서만'을, psylois가 '운율 없이'를 뜻하는 것으로 이해한다. 예를 들어, 『연설술』 3권 2장 1404b 14에서 '산문에서'(en de tois psylois logois)는 '운문의 경우'(epi tōn metrōn)에 대립된다. psylos는 문맥이 가리키듯이 보통 어떤 것이 동반되거나 부가되지 않음을 의미한다. 『창작술』에서 단어의 순서가 tois psylois logois 대신 tois logois psylois로 되어 있는 까닭은 monon tois logois에서 의미상으로 한숨 돌리기 때문이다. 그다음에 psylois가, 마치 선체 구절이 '운율이 없든 운율이 있든'(psylois ē emmetrois)인 것처럼, 술어의 효력을 발휘하며 들어선다. 그러나 실제로는 emmetrois란 말은 tois metrois란 말로 대체되어 있다.

1447b 20-23(homoiōs de kan ei tis k.t.l.)에서 나는 사본의 독법(讀法) kai touton(kai Aᶜ) poiētēn prosagoreuteon을 수용하여 다음과 같이 해석한다. "그리고 어떤 사람이 온갖 운율을 섞어 쓴다(따라서 그는 특정한 운율을 쓰는 상태의 사람으로 불릴 수 없을 것이다) 해도 같은 원칙이 적용될 것이다. 우리는 그를 또한 작가라는 일반적인 명칭 아래에 포함시켜야 한다." 다시 말해, 관점을 변경함으로써, 그리고 우리의 정신을 운율의 형태에 고정시키지 않고 mimēsis에 고정시킴으로써, 우리가 poiētēs라는 이름에 대한 자격을 특정 종류의 운율로 된 작문에 부여한다면 엄밀한 의미에서 배제되어야 할 또 다른 작가를 우리는 거기에 포함시킨다.

내가 그 구절 전체를 읽듯이, 그곳에 부정적 표현 형태에서 긍정적 표현 형태로의 전이가 있다. 1447a 28-b 13에서 표현 형태는 부정적이다. "그 예술은 … 현재 이름이 없다. … 우리가 산문으로 된, 단일한 운율로 된(이에 덧붙여 '여러 가지 운율을 섞은'을 계속해서 말할 수 있을 것이다) 예술적 '모방'에 적용할 수 있는 공통된 명칭은 없다." 그러나 1447b 13-20에서는 poiētēs를 만드는 것은 운문을 쓰는 모방이 아니라는 긍정적인 생각이 출현하고, 이에 따라 1447b 20-23은 마치 전체의 구절이 "우리는 poiētēs라는 포괄적인 이름을 예술적 모방자들에게 ―이들이 산문을 쓰든, 한 가지 운율을 또는 여러 운율을 섞어 쓰든― 부여해야 한다"로 되기라도 하듯 새로운 틀로 들어간다. 1447b 18-20의 부가적인 언급("그렇기 때문에 호메로스는 작가라고 부르는 것이 옳지만, …")은 그 긍정적 표현 형태를 통해 20-23행의 "마찬가지로 … 작가라고 불러야 한다"의 형태를 결정하는 데 어느 정도 영향을 미친다.

다른 한편으로, 우리는 팔렌처럼 '우리는 어떤 공통된 명칭도 붙일 수 없을 것이다'(ouden an echoimen onomasai koinon)를 종속절 "마찬가지로 어떤 사람이 … 온갖 운율들을 섞어 쓴다면"의 주절로서 보충한다면, 그다음 구절 "그리고 우

와 작가에 의해 제기되어 왔고, 때로는 부정적으로, 예를 들어 시드니, 셸리, 워즈워스에 의해 답변되었다.[33] 그러나 주로 관찰의 관점이었던 아리스토텔레스의 관점에서는 결정되어야 할 문제가 오히려 문학적인 mimēsis의 매개물 또는 매체에 관한 것이었다는 점을 주목할 가치가 있다. 그리고 mimēsis 이론이 관련되는 한, 상상

리가 그를 작가라고 불러야 한다면"을 주절이 생략된 채 그것에 부가된 것으로 받아들인다면 구문이 견딜 수 없을 만큼 조잡하게 될 것이다. 그 구절을 '하지만 작가라고 불러야 한다'(kaitoi poiētēn prosagoreuteon)로 고치는 것(라소브, 첼러)이 그러한 반론을 비켜가고, 맞는 독법일지도 모른다. 그러나 우리가 '그리고 이 사람을'(kai touton)으로 읽든 '하지만'(kaitoi)으로 읽든, 이로써 우리는 주제밀처럼 구절들 전체의 전반적인 순서에 대한 변경을 가정하고 몇몇 표현들에 괄호를 쳐야 할 의무로부터 벗어난다.

33 다음 작가들의 말을 참조. Sir Philip Sidney, *An Apology for Poetrie*, London 1580: "대부분의 작가는 운문이라 불리는 수많은 종류의 쓰기 형태로 자신들의 창작적 허구들을 치장했다. 정말로 치장된 것으로서 운문은 장식일 뿐이지 창작의 원인이 못 된다. 왜냐하면 결코 운문으로 쓰지 않았던 아주 탁월한 작가들이 많이 있어 왔고, 운문을 쓰지만 작가라는 이름에 결코 걸맞지 않은 사람들이 지금도 무더기로 많이 있기 때문이다. (키케로가 그에 대해 말했듯이) 퀴로스의 이름 아래 올바른 제국의 초상(effigiem iusti imperii)을 우리에게 남길 정도로 탁월하게 모방했던 크세노폰은 그 점에서 독보적인 영웅시를 지었다."

그리고: "운문을 쓰지 않고서도 작가일 수 있고, 운문을 쓰는 사람에게도 창작이 없을 수 있다."

M. de Cervantes, *Don Quixote*: "서사시는 운문으로 쓰일 수도 있고 산문으로도 쓰일 수 있다."

P. B. Shelly, *A Defense of Poetry*: "하지만 작가가 그의 언어를 이러한 전통적인 형태에 맞춰서 그것의 정수인 선율이 유지되도록 할 필요는 전혀 없다. 관행은 정말로 편하고 인기 있고, 특히 많은 행동을 포함하는 작문에서 선호되어야 한다. 그러나 모든 위대한 작가는 자신에 특이한 운문화의 정확한 구조에서 선배들의 사례를 불가피하게 혁신하지 않으면 안 된다. 시인과 산문작가의 구별은 저속한 과오이다. … 플라톤은 본질적으로 작가였다. 그의 상상의 진실과 광채, 그리고 그의 언어의 선율은 아주 강렬해서, … 베이컨 경이 작가였다고 생각할

적인 주제에서도 어떤 것들은 산문으로 표현되는 것이 낫고, 어떤 것들은 운문으로 표현되는 것이 낫다는 점, 그리고 정신에서는 창작적이지만, 형태상으로는 운율적이지 않은 실험적인 작품 사례들을 자신 앞에 두고 있었던 아리스토텔레스가 poiētēs라는 말의 의미를 넓히는 것을 옹호할 충분한 근거를 가졌다는 점을 부인할 수 없다. 그러나 창작 예술에 관한 한, 그의 추리는 산문의 대화편들이나 로맨스들을 쓰는 사람들을 엄밀한 의미의 작가들, 즉 시인들 속에 포함시켰을 것이라는 결론을 내리는 쪽으로 우리를 인도하지 못한다. 커트호프 씨가 맞게 말하듯,[34] "그는 운율이 보다 높은 개념의 창작에 반드시 필요한 동반물이라는 점을 입증하려고 하지 않는다. 따라서 그는 그런 극단적인 견해를 지지하는 사람들의 대열에 낄 수 없다."

여전히 그가 운율의 위치와 중요성에 대해 취하는 입장에 다소 확고함이 없는 것처럼 보일 것이다. 비극에 대한 정의(6장 1449b 24-28)에서 '윤색된 언어'(hēdysmenos logos)는 비극의 구성 요소에 포함

수 있다. 그의 철학이 지닌 거의 초인적인 지혜가 지성을 만족시키는 것 못지않게 그의 언어는 감각을 만족시키는 달콤하고 장엄한 리듬을 지닌다."

워즈워스도 자신의 서문에서 또한 운율이 창작에 본질적이지 않다는 교설을 강화한다.

창작이 산문으로 쓰일 수 있는지에 관한 르네상스 시기의 논의에 대해서는 J. E. Spingarn, *A History of Literary Criticism in the Renaissance*, New York 1899, 35쪽 이하를 보라. 그는 '창작적 산문'이라는 표현이 A. Minturno, *L'Arte Poetica*, Venice 1564에 처음으로 나오는 것으로 추정한다.

[34] W. J. Courthope, *Life in Poetry: Law in Taste*, London 1901, 70쪽. (창작적 표현에 관한) 강의 전체는 아주 읽을 만한 가치가 있다.

된다. 그다음에 그 표현은 운율과 —이것은 리듬의 일종이다— 선율이라는 이중 매력을 지닌 언어를 의미하는 것으로 설명된다. 그러나 이 요소들은 하위에 놓이고, 본질적인 요소들로 취급되지 않는다. 그것들은 이 점에서 시각적 효과(opsis)나 마찬가지이다. 이것은 아리스토텔레스에 의해 그 정의로부터 도출되지만, 명시적으로 그 안에 언급되어 있지는 않다. 창작의 본질은 '모방'이다. 선율과 운문은 언어의 '양념'이다.[35] 그것들은 타이히뮐러가 주목하듯이,[36] '외적인 선(善)들'이 행복에 대한 아리스토텔레스의 정의에서 차지하는 것과 비슷한 위치를 차지한다. 그것들이 없어도 비극은 제 기능을 수행할 수 있지만, 완전한 매력을 결여할 것이고, 즐거운 감정의 완전한 효과를 산출하지 못할 것이다.

아리스토텔레스는 음악을 다루면서 청각의 미적 능력을 높이 사면서, 그가 리듬감 있는 소리의 능력을 그 고유한 가치에서 창작의 요인으로서 평가한다는 점을 보여주는 말을 전혀 하지 않는다. 그리고 이것은 눈보다는 귀를 통해 창작을 즐겨왔고 그토록 광범위

---

35 그것들은 양념(hēdysmata)이다. 『창작술』 6장 1450b 17: "노래는 비극의 매력을 더하는 양념 중 가장 효과가 큰 것이다." 다음 참조. 『연설술』 3권 3장 1406a 18-19(알키다마스가 수식어를 사용하는 방식과 관련하여): "그는 수식어를 양념처럼 사용하지 않고 음식물(edesma) 자체처럼 사용한다." 『정치학』 8권 5장 1340b 16-17: "음악은 본성적으로 달콤한 것(hēdysmenon)에 속한다." 이것은 달콤하지 않은 것(anhēdynton)에 반대된다. 플라톤의 『국가』 10권 607a: "자네가 달콤한 뮤즈 여신을 서정시로든 서사시로든 받아들인다면, …." Plutarchos, *Symp. Qu.* vii. 8. 4: "선율과 리듬은 말에서 맛있는 음식과도 같다."

36 G. Teichmüller, *Aristotelische Forschungen. II. Aristoteles' Philosophie der Kunst*, Halle 1869, 364쪽.

하게 창작을 음악과 연결하였던 그리스인에게는 더욱 놀라운 점이다. 결국, 하나는 운문으로 다른 하나는 산문으로 말해진다는 점 이상으로 같은 것을 말하는 두 가지 방식 간에 더 큰 차이가 있을 수는 없다. 음악적인 매력으로, 그리고 단어의 자리를 정하는 데 있는 이상한 마력으로 살았고 앞으로도 항상 그렇게 살 서정시들이 얼마간 있다. 우리는 모든 창작에서 창작적 사유를 비우고 그것이 음악의 선율로 녹을 때까지 에테르화시킬 어떤 근대의 학파에 동의할 필요는 없다. 그들은 무엇인지 모를 정도로, 실제 세계의 반향들, 그곳의 남녀, 그곳의 실제 혼란과 갈등이 희미하고 분간될 수 없을 방식으로 우리에게 노래한다. 우리는 창작이 전달된 생각들에, 혼과 감각의 혼합에 살고 있지 않고, 소리 자체에, 운문의 박자에 살고 있다는 말을 듣는다.

그런 견해는 틀릴 수 있지만, 음악적인 소리의 효과를 전적으로 무시하고 전달된 사유에만 주목하는 견해보다 더 틀리지는 않을 것이다. 아리스토텔레스는 위험하게도 뒤의 견해에 가까이 간다. 만일 정말로 그가 이 견해로부터 구출되었다고 한다면, 그는 그리스의 전통적인 정서를 무시하기를 본능적으로 주저함으로써만 그것으로부터 구출되었다고 우리는 추정할 수 있을 것이다.

모방 예술에 포함되지 않은 건축

그가 예술의 목록에서 건축을 빠뜨리는 것도 현대의 독자들에게 놀라움을 불러일으킬 수 있다. 왜냐하면 여기에서, 조각에서처럼, 그리스의 예술적 위대함은 확고부동하기 때문이다. 하지만 그 점에서 그는 건축을 실용 기술에 포함시켰던 자국민들을 따르고 있을 뿐이다. 건축은 실용 세계로 연결되었다. 그것은 시민적 종교적 삶의 요구로부터 솟아났고, 그 기술의 가장 위대한 업적들은 공공의 신앙과 숭배와 연결되어 있었다. 그리스인에게, 건축 기술의 정점이었던 신전은 신의 집, 신상(神像)의 거처였고, 신의 가호에 대한 가시적인 증거였다. 이와 동시에 ―그리고 이것은 결정적인 점이었다― 건축은 예술에 본질적인 것으로 여겨졌던 '모방' 성질을 지니지 않았다. 현대의 저술가들은 건축의 형태들이 그 기원을 자연계 ―자연의 동굴이나 숲이나 아치― 의 직접적인 암시들에 빚지고 있다고 우리에게 말할지 모른다. 그리고 궁륭지붕에서 그들은 나무들이 교착되어 선 가로수 길과의 현저한 유사성을 찾아낼지 모른다. 그러나 그러한 유사성은 그리스양식의 건축에서는 고딕양식의 건축에서보다 훨씬 더 희미하다. 그와 별도로, 근원에 관한 논증은 여기에서 부적절할 것이다. 이는 음악과 관련하여 사람들이 지금 베토벤을 즐기는 이유를, 숲에 사는 습관을 지닌 그들의 먼 조상들이 선율이 구애에 부속된 말이라고 생각했다는 점에서 찾을 수 있다는 주장이 부적절한 것과 마찬가지이다.

건축의 근원이 무엇이든, 그리스인들이 그것의 원초적 형태와 유형을 외부 세계에서 찾지 않았다는 점은 확실하다. 건축의 방법이 아리스토텔레스에게 자연의 구조적 방법을 일러 준다고 하더라도, 건축물은 유기적 전체로서 그것 바깥에 있는 세계의 어떠한 이미지도 불러내지 않았다. 건축이 그에게 물리적인 우주의 외관들을 재생산하는 것처럼 보였더라도, 그것은 예술적 모방에 관한 그의 생각을 만족시키지 못했을 것이다. 왜냐하면 모든 예술은 인간의 삶이 나타나는 어떤 곳에서 그것을 모방하고, 물질적 대상들이 영적 정신적 과정들을 해석하는 데 기여하는 한에서만 그것들을 모방하기 때문이다. 그리스 건축에 보이는 장식적 요소만이 정말로 조각의 한 형태일 뿐이기에 아리스토텔레스적인 의미에서 '모방적'이다. 그러나 조각은 건축물을 구성하지 않고, 그것은 고딕 양식의 건축에서처럼 전체를 이루는 유기적 부분도 아니다. 그리스 신전의 메토프(metopes)는 말하자면 그림을 끼울 곳이다. 이것은 조각으로 재현된 것들이 짜 맞춰질 수 있는 틀이지만, 이 틀이 항상 채워지는 것은 아니다. 신전 자체는, 아름다움의 법칙들에 따라 건축되지만, 아름다움의 이념을 실현한다고 말할 수 있지만, '모방적'이지 않다. 그것은 그리스 관념에 따른다면, 예술로 자리 잡을 수 없다.

모방 기술 또는 예술은 그것이 최고로 드러난 형태,
즉 창작에서 인간 삶의 보편적인 요소(to katholou)에 대한 표현이다.
바꿔 말해, 그것은 감각에 드러난 형태 아래 인간 삶
―성격, 감정, 행동― 이 이상화된 이미지이다

앞의 논증 과정으로부터, 우리는 예술품은 예술가의 정신에다 독립적인 실재가 만든 인상들 또는 '영상들'(phantasy pictures)의 이미지이고, 이렇게 반영된 실재는 인간의 삶과 인간의 본성에 속하는 사실들이라는 점을 끌어낸다. 이것에 우리는 아리스토텔레스 이론의 중심 생각을 담고 있는 한 가지 점을 덧붙일 수 있다. 모방 예술은 그것의 최고 형태, 즉 창작에서 인간 삶의 보편적 요소에 대한 표현이다.[37] 만일 우리가 아리스토텔레스의 생각을 그 자신의 체계에 비추어 확장할 수 있다면, 예술은 일시적이고도 특수한 것을 제거하고, 원본의 영속적이고 본질적인 특징들을 드러낸다. 그것은 대상이 지향하는 '형상'(eidos)을, 자연이 도달하고자 노력하지만 드물게 도달하거나 결코 도달할 수 없는 결과를 찾아낸다. 개별자 아래에서 그것은 보편자를 발견한다. 그것은 자연에 의해 주어진 벌거벗은 실재를 넘어서고, 우연으로부터 풀려나고 발전을 방해하는 조건들로부터 벗어난 실재의 순화된 형태를 표현한다. 이런 관점에서는 실재적인 것과 이상적인 것은, 때때로 그렇다고 생각되듯, 대립된 것들이 아니다. 이상적인 것은 실재적인 것이지만, 모순들이 제거된 것이다. 그것은 그 자신의 존재 법칙들에 따라 스스로를 펼치고 외부의 영향과 우연의 방해로부터 떨어져 있다.

우리는 이제 『창작술』에서[38] 창작 및 예술의 작품들에 적용된 '더 나은 것'(to beltion)이란 표현이 지닌 힘을 볼 수 있다. 그것의 의미는 25장 1460b 11의 '사물들이 있어야 하는 대로'(hoia einai dei)와 1460b

---

37 『창작술』 9장 1451b 5-7.
38 『창작술』 25장 1461b 9-15. 1460b 36-1461a 4 참조.

35의 '사람들이 있어야 하는 대로'(hoious dei einai?)와[39] 같다. '더 나은' 과 '있어야 한다'는 도덕적인 의미가 아니라, 미적인 의미로 받아들여야 한다. '더 나은 것'이란 표현은 정말로 아리스토텔레스의 자연 철학 전반에서 거의 전문적인 표현이고, 그런 연관 속에서 그것의 의미와 연상은 예술의 영역에 전이되었을 때 그것이 지니는 의미를 밝혀 준다. 아리스토텔레스는 비유기적인 자연과 유기적인 자연의 작용들을 구별한다. 앞의 경우에서 지배적인 법칙은 필연의 법칙이고, 뒤의 경우에서 그것은 목적과 계획이다. 이 목적은 다시 '더 나은 것'이나[40] '최선의 것'과[41] 동일시된다. 자연은 그 의도가 가끔 좌절되고,[42] 질이 나쁜 재료에 의해 또는 인위적인 힘에 의해 위

---

[39] 이 책의 10장 296쪽을 보라.

[40] 『동물의 발생에 관하여』 1권 4장 717a 15: "자연은 모든 것을 필연을 통해 또는 더 나은 것을 통해 만든다"는 ① 필연을 토대로 산출하는 자연, 즉 자연의 비유기적인 과정들과 ② 어떤 목적을 위해(heneka tou) 산출하는 자연, 즉 자연의 유기적 과정들을 구별한다. 그래서 '필연을 토대로'는 『동물의 발생에 관하여』 2권 1장 731b 21에서 '더 나은 것과 어떤 것을 위한 원인을 통해'에, 『동물의 발생에 관하여』 3권 4장 755a 32에서 '더 나은 것 때문에'에, 그리고 『동물의 몸에 관하여』 4권 11장 692a 3에서 '더 나은 것을 위해'에 대립된다. 유기적으로 작용할 때 자연의 목적인 '더 나은 것'(to beltion)에 대해서는 다음의 구절들을 참조. 『생성과 소멸에 관하여』 2권 10장 336b 27: "우리는 모든 것에서 항상 자연은 더 나은 것을 욕구한다고 말한다." 『자연학』 8권 7장 260b 22-23: "우리는 가능하다면 자연에서 항상 더 나은 것이 주어져 있다고 생각한다." 8권 6장 259a 10-12: "왜냐하면 자연물들에서는 가능하다면 한정된 것과 더 나은 것이 더 현존해야 하기 때문이다."

[41] 『동물의 나아감에 관하여』 8장 708a 9-11: "자연은 아무것도 헛되이 만들지 않고, 각각에게 가능한 것 중 최선의 것에 주목하면서 모든 것을 만든다." 12장 711a 18-19: "자연은 아무것도 헛되이 제작하지 않고, … 모든 것은 가능한 것들로부터 최선의 것을 향해 있다" 등.

협받지만, 바람직한 목적으로 향해 있다. 자연은 종종 맹목적인 필연의 힘조차 자기편으로 편입하여, 필연의 결과물들에 새로운 방향을 제시한다.[42] 유기적 과정들이 작동하고 있는 곳에서, 질서와 비례는 다양한 정도로 눈에 띈다. 유기적 생명체의 전반적인 움직임은 '더 나은 것'으로 가는 과정의 일부이고, 몇몇 부분들은 전체의 선(善)을 위해 함께 작동한다. 예술가는 자신의 모방 세계에서 이 움직임을 보다 완벽하게 완성하는 쪽으로 이끌어간다. 그의 예술 작품들은 자연이 그었던 이상적인 선들 위에 짜 맞춰진다. 그것은 자연의 암시와 자연의 인도를 따른다. 또한 그것은 현실의 것보다 더 나은 어떤 것을 목표로 삼는다. 그것은 새로운 것을 산출한다. 경험의 실제 사물, 실재의 복사물이 아니라, 더 나은 것(beltion) 또는 더 높은 수준의 실재를 산출한다. "왜냐하면 이상적인 유형은 현실적인 것을 넘어서야 하기 때문이다."[44] 이상적인 것은 현실적인 것보다 '더 낫다.'

따라서 예술은 보편적인 것을 모방하면서 이상적인 것을 모방한

42 『정치학』 1권 6장 1255b 3-4: "자연은 이것을 산출하길 바라지만, 자주 해내지 못한다."

43 다음 참조. 『동물의 발생에 관하여』 2권 6장 744b 16-17: "왜냐하면 알뜰한 주부처럼 자연도 뭔가 쓸모 있는 것을 만들어 낼 수 있다면 어떤 것도 버리지 않는 버릇이 있기 때문이다."

44 『창작술』 25장 1461b 13-14: "그러나 불가능한 것이 더 낫다. 왜냐하면 이상적인 유형은 현실을 능가해야 하기 때문이다." 다음 참조. 플라톤의 『국가』 5권 472d: "자네는 가장 아름다운 사람일 법한 본(paradeigma)을 그린 화가가 … 그와 같은 사람이 또한 생겨날 수 있다는 점을 보여줄 수 없다고 덜 훌륭한 화가라고 생각하는가?" 또한 이 책의 3장 76쪽을 보라.

다. 이제 우리는 예술의 작품은 감각에 드러난 형태 아래 인간 삶 —성격, 감정, 행동— 이 이상화된 재현물이라고 기술할 수 있다.

'모방'은, 아리스토텔레스가 그 말을 창작에 적용해서 쓰는 의미로는, 그렇게 해서 '산출' 또는 '진정한 이념에 따른 창조'와 동의어인 것으로 보이고, 이것은 예술 전반에 대한 정의의 일부를 이룬다.[45] 예술의 '진정한 이념'은 형상(eidos)으로부터, 즉 지성이 감각의 상세한 점들로부터 자동적으로 추상하는 일반적인 개념으로부터 획득된다. 개별 현상 각각에 주어져 있지만, 불완전하게 드러나 있는 이상적인 형상이 있다. 이 형상은 예술가의 마음에 감각적인 외형으로서 인상을 남긴다. 그는 그것을 보다 완전한 표현으로 제시하고자 한다. 현실 세계에 절반만 드러난 이상을 밝히고자 한다. 예술가로서 그에게 고유한 작업은 주어진 재료에다 보편적인 형상의 인상을 찍는 일이다. 이 과정은 단순히, 소크라테스가 파라시오스의 화실에서 가졌던 것으로 전하는 대화에서 기술한 과정, 즉 시키는 대로 복사하는 사람이 아닌 그 예술가가 자연에 흩어져 있는 많은 미의 요소들을 한데 모으는 과정만은 아니다.[46] 선택하고, 결

---

[45] 『니코마코스 윤리학』 6권 4장 1140a 10: "기술(예술, technē)은 참된 이성을 갖춘 창작적 성향이다."

[46] 크세노폰의 『소크라테스 회상』 3권 10절. 다음 참조. 아리스토텔레스의 『정치학』 3권 6장 1281b 12-15: "훌륭한 사람들이 개인적으로 대중보다 우월한 까닭은 그 때문이다. 이는 아름다운 사람들이 아름답지 못한 사람들보다 우월하고, 화가의 기술을 통해 그린 그림들이 실물들보다 우월한 까닭은 따로 흩어져 있던 것들이 하나로 모였기 때문이라고 말하는 것과도 같다. 따로 떼어놓고 보면 이 사람의 눈이, 저 사람의 신체 일부가 그림 속의 것보다 더 아름답기 때문이다."

합하고, 치장하는 것만으로 ―여기에서 보태고 저기에서 잘라내는 것만으로― 충분하지 못하다. 요소들은 하나의 이상적인 유형으로 조화되어야 한다.

'모방'은 그렇게 이해될 때 창조 행위이다. 그것은 구체적인 사물의 진정한 이념에 상응하는 이미지 아래에 그 사물을 표현함을 뜻한다. 보편자를 포착하는 일, 그리고 그것을 단순하고도 감각적인 형태로 재생산하는 일은 감각 지각을 통해 이미 친숙한 현실을 반영하는 일이 아니다. 오히려 그것은 자연과 경쟁하는 일, 자연이 다하지 못한 목적을 완성하는 일, 자연의 실패를 시정하는 일이다.

예술과 실용 기술은
각기 다른 방식으로 자연의 목적을 완성한다

하지만, 예술의 원리인 '모방'이 궁극적으로, 어떤 의미에서 자연의 일을 완성하려는 노력으로 귀결된다면, 어떻게 예술이 결국 실용 기술과 다른지 물을 수 있을 것이다. 우리는 실용 기술들이 자연과 공조하고, 자연이 수행할 수 없었던 계획들을 완성하는 특징을 갖는다는 점을 보았다. 그렇다면, 아리스토텔레스가 두 가지 형태의 기술 간에 내린 구별은 사라지는가? 이렇게 제기된 물음에 대해 아리스토텔레스는 즉답을 제공하지 않는다. 아마도 그는 그 물음을 그런 형태로 스스로에게 제기하지 않았을 것이다. 그러나 우리가 그의 사유를 추종한다면, 그의 대답은 다음과 같은 종류의 것으로 보일 것이다. 자연은 살아 있는 창조적인 에너지이다. 이 에너지는 일종의 본능적인 이유에 의해 모든 개별 대상에서 특정 목적을 향해 작동한다. 어떤 영역에서 그 목적은 다른 영역에서보다 더 분명하게 보일 수 있다. 우리가 존재의 단계에서 관찰을 더 높이 수행할수록 더 확실하게 목적을 식별할 수 있다. 하지만 모든 곳에, 끊임없는 상승 과정, 새로운 생명이 다양하게 전개되는 과정이 있다. 개별 사물은 각기 그것이 지향하는 이상적인 형상을 갖는다. 그리고 그 대상의 본질(ousia)과 하나인 그 형상을 실현할 때 그것의 목적이 달성된다.[47] 자연은 그야말로 실수를 저지를 수 있는 예술가이지만, 느리게 진보함으로써 그리고 많은 실패를 거치면서 자신의 고유한 이념을 실현한다.[48] 자연의 조직력과 조형력은 그것의 움직임들을 지배하는 명백한 목적에 나타난다. 자연의 왕국에 속한 보다 비천한 구성원들 중 몇몇은, 따로 놓고 보면, 그것들이 감각들에 만드는 인상들로 판단할 때, 보잘것없는 것으로 나타

---

[47] 한 대상의 목적(telos)은 생성(genesis)이나 운동 과정의 끝이다. 한 사물의 진정한 본질(ousia)이나 본성(physis)은 그 목적의 달성에서 발견된다. 그것은 발전 과정이 재료(hylē) 또는 단순한 잠재적 존재(dynamis)로부터 형상(eidos)이나 현실태(entelecheia)로 완성될 때 그 사물이 되는 것이다. 『자연학』 2권 2장 194a 28-30: "자연(physis)은 목적이자 '어떤 것이 위하는 것'이다. 사물의 운동(kinēsis)이 연속적일 때 그 운동의 어떤 목적이 있게 되는데, 이것은 마지막의 것이자 '어떤 것이 위하는 것'이다." 『정치학』 1권 2장 1252b 32와 다음 참조. 『형이상학』 5권 4장 1015a 10: "자연은 … 형상이자 실체이다. 그리고 이것은 생성의 목적이다." 그래서 (비극의 발전에 관하여) 『창작술』 4장 1449a 14-15: "많은 변화를 거쳐 자신의 본성을 갖춘 뒤에 비극은 발전을 멈췄다."

[48] 『자연학』 2권 8장 199a 17 이하.

날지도 모른다. 그것들의 진정한 미와 의미는 이성의 눈에 보일 수 있는데, 이 눈은 물질적인 요소들이나 고립된 부분들을 주목하지 않고, 전체의 구조를 주목한다.[49] 자연의 구조적인 능력에 자연의 완벽함이 놓여 있다. 자연과 더불어 목적 달성은 "아름다움의 자리를 차지한다."[50]

그런데, 예술은 가장 넓은 의미에서, 그렇게 결정된 이상에 관한 정신적인 파악으로부터 출발한다.[51] 실용 기술은, 자연에 고유한

---

49 다음 참조. 『동물의 몸에 관하여』 1권 5장 645a 4-15: "천체 세계에 대해 우리가 추정할 수 있는 선에서 이미 다뤘으므로, 우리는 나아가 우리의 능력이 닿는 한, 아무리 비천할지라도 동물의 왕국에 속하는 어떤 구성원도 빠뜨리지 않고 동물들을 다룬다. 왜냐하면 어떤 동물들은 우리의 감각을 매혹시킬 우아함을 갖지 못하지만, 그것들조차도, 그것들을 설계했던 예술가적 정신을 지성적인 지각에 노출시킴으로써, 인과의 연쇄를 추적할 수 있고 철학으로 마음이 쏠린 모든 사람에게, 무한한 즐거움을 주기 때문이다. 만일 그것들에 대한 모방적 재현물들이 화가나 조각가의 제작 기술을 드러내기 때문에 매혹적인데도, 원래의 실물들 자체가 적어도 그것들의 형성을 관장한 이유를 분별할 눈을 갖춘 모든 사람에게 더는 흥미롭지 않다면, 놀라운 일일 것이다."

자연의 형성력과 조형력에 관한 사유는 이런저런 형태로 그리스 철학과 문학에서 지속된다. 플라톤(『소피스트』 265b 이하)에서 신은 신적인 예술가이다. 스토아학파에서 '예술가'(artifex)인, '예술적인'(artificiosa) 자연은 본능에 의해 인간의 기술이 필적할 수 없는 작품들을 만들어낸다(Cicero, *De natura deorum*, ii. 22). 플로티노스에서 신은 예술가이고 작가이다. 디온 크뤼소스토모스(*Olymp. Or.* xii. 416 R)에서 제우스는 최초의 완벽한 제작자(dēmiourgos)이다. 필로스트라토스에서 신은 화가이다.

50 『동물의 몸에 관하여』 1권 5장 645a 25: "자연의 작품들이 구성되거나 생성된 그 목적은 아름다움(to kalon)의 영역을 차지했다."

51 『형이상학』 7권 7장 1032a 32-b 1: "그러나 그 형상에 대한 앎이 기술자의 혼 안에 들어 있는 것들은 기술로부터 생겨난다." 『동물의 몸에 관하여』 1권 1장 640a 31: "기술은 작품에서 재료가 빠진 형상이다." 구체적인 형태로 형상(eidos)을 정신적으로 파악하는 일은 사유 행위(noēsis)라 불리고, 이런 파악이

조작을 사용하면서, 우리 주변의 세계에 있는 이상적인 것을 실현하려는 자연의 노력을 돕는데, 이는 인간의 실천적인 필요가 그 목적을 촉진함으로써 충족되는 한에서 그렇다. 예술은 실천적인 요구들을 제쳐놓는다. 그것은 실제 세계에 영향을 미치기를, 현실적인 것을 변경하기를 시도하지 않는다. 그것은 그저 이미지화에 의해, 자연이 유기적 존재의 최고 영역에서 —즉, 자연의 실패가 또한 가장 많지만 자연의 의도가 가장 분명한 곳인 인간 삶의 영역에서— 추구하는 이상적인 형태를 드러낸다. 본능적이지만 이성적인 일정한 능력에서 자연을 닮음으로써 예술은 자연 과정의 불완전한 경로를 추종하지 않는다. 예술가는 자연이 잠재적인 것과 현실적인 것 간의 간격을 메우려고 시도하는 중간 단계들, 완만한 과정들을 무시한다. 자연이 도달하고자 애써온, 그리고 도달하고자 헛되이 애써온 형상은 정신의 창조 속에 구현된 채 드러나 있다. 이상적인 것은 구체적인 형태를 취했고, 완성된 생산물은 우리 앞에 서 있다. 우리는 어떻게 그것이 지금 상태의 것이 되었는지 묻지 않는다. 자연 과정에 부수하는 결함들과 실패들은 제거되고, 미화된 외관 속에서 우리는 자연의 이상적인 의도를 식별한다. 그렇다면, 예술은 실용 기술에 적용될 수 없는 어떤 의미에서 자연의 완성이다. 그것은 우리에게 이미지만을 제공하지만, 그것은 자연의 원본에 대한 정화된 이미지이다.[52]

재료에 인상을 남기는 일은 창작 행위(poiēsis)라 불린다(『형이상학』 7권 7장 1032b 15). 기술에 관한 이런 이론 전체는 기술은 형상이라는 말에 요약되어 있다(『형이상학』 7권 9장 1034a 24).

『국가』의 플라톤은 예술에서
실재에 대립된 단순한 유사물, 환영을 보았다.
아리스토텔레스는 예술에서 더 높은 실재의 이미지를 보았다

그러한 것이 아리스토텔레스의 입장인 것으로 보일 것이다. 우리는 여기에서 그의 견해와 플라톤이 예술에 대해, 특히 『국가』에서 수용한 태도 간의 차이를 주목할 수 있다. 하지만 플라톤이 다른 경향에서 다른 분위기로 또한 글을 쓸 수 있었다는 점을 기억해야 한다.[53] 순수 존재의 관념으로부터 출발하여 그는 실재를 이데아들의 세계에서만 발견했고, 감각될 수 있는 현상들은 기껏해

---

52 몇몇 영역에서 자연은 예술의 모든 노력을 능가하는 방식으로 예술가적인 의도를 수행한다. 그리고 한 곳에서 아리스토텔레스는 실제로 말한다: "목적(to hou heneka)과 아름다움(to kalon)은 자연의 작품들 속에 또는 기술의 작품들 속에 있다"(『동물의 몸에 관하여』 1권 1장 639b 19). 하지만 이것은 적절하게 제한된 의미로 받아들여야 한다. 이와 비슷하게 자연의 연속성은 형편없는 비극에 보이는 연속성의 부족과 대조된다. 『형이상학』 13권 3장 1090b 19-20: "관찰된 사실들로 보건대, 자연은 형편없는 비극처럼 삽화(揷話)의 연속(epeisodiōdēs)은 아닌 듯하다." 아리스토텔레스가 취한 일반적인 입장은 괴테가 다음과 같이 말할 때 취한 입장과 실질적으로 다르지 않다. "자연의 많은 작품들에서 자연은 인간의 어떠한 기술도 도달하고자 희망할 수 없는 미의 매력을 드러낸다. 그러나 결코 자연이 그 모든 측면에서 아름답다는 생각은 아니다. 자연의 의도들은 실제로 항상 좋지만, 자연으로 하여금 자신을 완전하게 드러내도록 하기 위해 요구되는 조건들은 그렇지가 못하다."

53 특히 『파이드로스』와 『향연』을 보고, 『법률』 2권과 3권에 인정된 점들을 주목하라. G. Finsler, *Platon und die Aristotelische Poetik*, Leipzig 1900, 7장은 이 맥락에서 읽을 만한 가치가 있다.

야 우리에게 천상의 원형을 기억시켜주는 수많은 이미지들일 뿐
이었다. 그에게 생성은 그저 존재에 대립되는 것일 뿐이었다. 그것
은 변화의 세계, 현상들의 영역, 개인의 삶이 한순간 나타나고 이내
사라지는 곳을 의미했다. 작가나 화가는 물질적인 대상들 ―흙, 식
물, 동물, 인간― 에 거울을 대고 주변 세계의 영상을 붙잡는데, 이
세계 자체는 이상적인 것의 영상일 뿐이다.[54] 현실 세계는 따라서
예술적 모방보다 이데아에 더 가까이 서 있고, 예술은 모상(模像)의
모상으로서 진리로부터 두 단계 떨어져 있다.[55] 그것은 사물들의
외관, 외양과 친밀하고, 감각을 속이는 형태와 색채의 환영에 의해
결과를 산출한다. 모방 예술가는 자신이 표현하는 대상에 대한 표
면적인 친숙함 이상의 것을 필요로 하지 않는다. 그는 지성적인 기
술을 가지고 이성적인 원칙들에 기초를 둔 숙련된 기술자보다 못
하다. 그리고 이 기술자만이 '제작자' 또는 창작자라고 불릴 자격이
있다. 화가는 탁자의 내적 구조에 대해 아무것도 모르면서 아주 감
탄할 정도로 탁자를 그릴 수 있다. 그러나 적합한 목적을 위해 탁
자를 만들 목수는 그런 지식을 소유해야 한다. 그리고 제한된 경험
에서 인간에 관한 개념들을 형성하는 작가들도[56] 그런 경험의 범위
를 넘어서지 못한다. 그들은 인간의 본성에 대해, 인간의 혼의 본
질적인 모습에 대해 통찰을 지니고 있지 않다. 이 통찰은 오직 철
학적인 연구에 의해서만 도달될 수 있다.

---

54 『국가』 10권 596e.
55 『국가』 10권 597e.
56 『티마이오스』 19d.

다른 한편으로, 아리스토텔레스 철학의 근본 생각은 존재가 아니라 생성이다. 그리고 그에서 생성은 나타남과 사라짐을 의미하지 않고, 발전의 과정, 이미 싹으로 있는 것의 전개, 지식의 최고 대상인 존재에서 끝나는 상승을 의미했다. 구체적인 개별적인 사물은 그림자 같은 현상이 아니라 제일의 실재이다. 외부의 물질세계, 자연의 생명이 다양하게 나타나는 유기체적인·비유기체적인 모습, 탄생과 쇠퇴의 과정, 감각적인 미의 다양한 형태들, 이 모든 것은 그의 철학에서 새롭게 무게를 얻었다. 플라톤에 의해 무시된 자연학은 아리스토텔레스에 의해 열정적으로 연구되었다. 예술은 더는 사물들에 관한 진리로부터 두 단계 떨어져 있지 않았다. 그것은 고차적인 진리를 드러내는 것이었다. 개별자 바깥에 있고 개별자로부터 떨어져 있는 것이 아니라 각 개별자에 전제되어 있는 보편자에 대한 표현이었다. 예술 작품은 실재에 대립된 유사물이 아니었다. 그것은 이념이 꿰뚫는 실재에 대한 이미지, 이념을 현실 세계에서보다 더 분명하게 보여주는 이미지였다. 플라톤이 "자연에 의해 가장 거대하고 가장 아름다운 것들이 이루어지고, 기술에 의해서는 덜 그렇다. 기술은 자연으로부터 더 위대하고 원초적인 창조물들을 받아서 그것들을 상세하게 고안한다"[57]고 규정한 반면, 아리스토텔레스는 예술에서 자연이 이루지 못한 의도들을 꿰뚫고 자연의 이상을 감각에 드러내주는 이성적인 능력을 보았다. 예술이 사용하는 환영들은 정신을 속이지 않는다. 그것들은 물질적인

---

[57] 『법률』 10권 889a.

존재의 형태 아래에서는 적합한 표현을 찾을 수 없는 내재적 이념을 이미지화한다.

어떤 비평가들이 아리스토텔레스가 예술의 근본 원칙들을 아름다움의 개념으로부터 도출한다는 사실을 보여주려고 시도했다는 점을 주목해 보자. 그런 시도는 현대 미학의 이론을 소급시켜, 우리가 그에게서 발견할 수 있는 공평한 해석 이상의 것을 아리스토텔레스에서 읽으려는 것이다. 그러한 견해는 억지 추론에 의하지 않고서는 지지될 수 없다. 그런 추론에서는 많은 논증의 고리들이 보충되어야 할 것이다. 그리고 그것은 널리 미치는 철학적인 의미들을 우연한 표현들로부터 뽑아내지 않고서는 지지될 수 없다. 예술에 관한 아리스토텔레스의 생각은, 그것이 전개되어 있는 한, 전적으로 아름다움에 관한 어떤 이론으로부터도 떨어져 있다. 이런 분리는 늦은 시기에 이르기까지 모든 고대의 미학 비평이 지닌 특징이다. 플로티노스는, 자신의 신비주의에 의해 요구된 변경과 더불어 플라톤의 개념들에 파고들면서, 아름다움의 개념을 예술의 근본적인 문제로 규정하려고 시도했다. 그리고 그와 더불어 소홀히 다뤄진 추함의 의미에 관한 난제를 해결하려고 시도했다. 그는 자신의 예술 이론의 바탕을 아름다움에 관한 특정한 생각에 두었다. 그러나 아리스토텔레스는 그런 관점으로부터 아주 동떨어져 있다. 미가 예술 작품에 반드시 필요하고 그 목적을 도달하기 위해 없어서는 안 된다는 점을 명백한 진리로 간주하다시피 하지만, 그리고 아름다움을 구성하는 요소들에 관해 몇 가지 단서를 내놓지만,[58] 그는 어디에서도 미 개념을 분석하지 않았다. 그리고 그는 아름다움이, 그것이 지닌 순수한 미학적 의미에서, 독립된 철학적 탐구 영역을 이룬다고 생각하지도 않았을 것이다. 아리스토텔레스가 우리에게 남긴 단편적인 관찰들로부터 아름다움에 관한 이론을 구축하려고 하는 것은 무익하다. 그는 미를 예술의 규제적 원리로 삼지만, 결코 아름다움의 현현(顯現)이 예술의 목적이라고 말하거나 이를 함축하지 않는다. 예술의 객관적인 법칙들은 아름다움에 대한 탐구로부터 도출되지 않고, 예술의 현재 모습과 예술이 생산하는 결과들에 대한 관찰로부터 도출된다.

58 『창작술』 7장 1450b 35-1451a 3, 『형이상학』 12권 3장 1078a 36, 『자연학적인 문제들』 17권 1절 915b 36과 플라톤의 『필레보스』 64e 참조.

3

/

창
작
적 　 진
리

『창작술』에서 창작과 역사의 대립

　예술에 대한 일반적인 사실은 명시적으로 아리스토텔레스에 의해 창작에 대해서만 독특한 방식으로 주장된다. 창작은 인간 본성과 삶에 있는 보편적인 요소를 가장 적합하게 표현한다. 보편자를 드러낼 때 그것은 인간 삶으로부터 우연적인 많은 부분을 추상한다. 그것은 우리를 물리적인 환경의 폭압으로부터 해방시킨다. 그것은 물질적인 필요와 동물적인 갈망을 무시할 수 있다. 사유는 감각으로부터 벗어나고 외부 사물들을 지배한다. 아리스토텔레스는 말한다. "작가의 역할은 일어났던 일을 이야기하는 것이 아니라, 일어날 법한 일 ―개연성 또는 필연성의 법칙에 따라 가능한 일― 을 이야기하는 것이다. 작가와 역사가는 운문이나 산문으로 글을 쓴다는 기준의 측면에서 다르지 않다. 헤로도토스의 작품이 운문으로 옮겨져 운율이 있더라도, 운율이 없을 때 못지않게 그것은 여전히 역사의 일종일 것이다. 진정한 차이는 하나는 일어났던 일을 이야기하고, 다른 하나는 일어날 법한 일을 말한다는 점이다."[01] 창작을 구별하는 점은, 첫째, 그것이 역사보다 더 고차적인 주제를 갖는다는 점이다. 그것은 특수한 것(ta kath' hekaston)이 아니라 보편적인 것(ta katholou), 인간 본성의 영속적인 가능성들(일어날 수 있는 것들, hoia an genoito)을 표현한다. 그것은 개인적인 삶, "알키비아데스가

---

01 『창작술』 9장 1451a 38-b 5.

했거나 겪었던 일"을[02] 이야기하는 데 그치지 않는다.

역사를 무미건조한 연대기에 제한하고, 투키디데스의 것과 같은 역사의 존재를 간과하는 것처럼 보이는 아리스토텔레스의 비판에 예외를 인정하는 쪽으로 기울 수 있지만,[03] 주된 생각은 여기에서 의문시될 수 없다. 역사는 사실에 의거하고, 일차적으로 그것에 관계한다. 창작은 사실을 진실로 변형한다. 헤로도토스의 역사는, 수많은 여담에 의해 흐려지긴 해도 지워지지 않는, 테마의 서사시적 장엄함과 구상의 통일성에도 불구하고, 운문으로 옮겨지더라도, 아리스토텔레스가 말하듯, 여전히 역사이지 창작이 아닐 것이다. 둘째, 창작은 보다 엄격한 사건들의 연결을 제시한다. 원인과 결과는 '개연적이거나 필연적인 연쇄 속에서'(kata to eikos ē to anankaion) 함께 연결된다. 역사의 저술은, 아리스토텔레스가 이후의 장(章)에서 주목하듯이, 실제 사실들, 특정 사건들이 뚜렷하게 인과적으로 연결되지 않은 채 시간의 순서로 함께 묶여 기록된 것이다.[04] 플롯의

---

02 『창작술』 9장 1451b 11. 창작에 관한 이런 생각에 대한 흥미로운 논평을 폴 씨의 논문 Art and Eccentricity, in: *The Nineteenth Century*, Feb. 1902에서 찾을 수 있을 것이다.

03 우리가 『창작술』 23장 1459a 21에서 synētheis[(우리에게) 익숙한 (역사들)]의 독법을 유지하여(아래 72-73쪽을 보라) 그곳에서 필연적인 제한을 발견하지 않는다는 조건에서 그렇다는 말이다.

04 『창작술』 23장 1459a 21-24: "서사시는 '그 구조에서' 역사의 저술과(historiais tas syntheseis) 비슷하지(homoias) 않다. 역사는 하나의 행위를 제시할 필요가 없고, 한 시기와 이 시기에 한 사람 또는 여러 사람에게 일어난 일들을, 이것들 각각이 서로 어떤 관계를 갖든, 제시할 필요가 있다." 필사본들의 독법(讀法) historias tas synētheis(우리에게 익숙한 역사들)는 허용할 수 없을 정도로 거친 뒤틀린 형태의 비교를 초래한다. 위에 제시된 다시에의 다음과 같은 추정이 옳

전개뿐만 아니라[05] 성격의 내적 작동에서도[06] 드라마는 현실의 경험이 갖는 질서보다 더 엄격하고 더 논리적인 질서를 준수한다. 아리스토텔레스가 명하는 개연성의 규칙은 많은 예전의 프랑스 비평가들이 의미하는 것으로 이해된 좁은 의미의 '진실인 듯함'이 아니다. 이런 의미는 작가를 더 고귀한 상상력의 영역으로부터 떼어 놓고, 그를 직접적인 현실의 사소한 틀에 가둘 것이다. 이름값을 하는 모든 비극의 사건들은 일상에서 발생할 가능성의 기준으로 잰다면 비개연적일 것이다. 그것은 위대한 행위와 위대한 정열의 능력이 있는 인물들이 희귀한 만큼 비개연적이다. '개연성'의 규칙은, 또한 '필연성'의 법칙처럼, 오히려 작품의 내적 구조를 지시한다. 그것은 부분들의 응집을 보장하는 내적 법칙이다.

을 것이다: "서사시의 구조는 역사를 닮아서는 안 된다 ···." 그러나 나는 브베이가 homoias를 hoias로 수정한 데로 강하게 마음이 쏠린다. 그가 하는 대로 하면 추가의 변경이 필요하지 않다. 아랍어본은, 내가 마르고리우트 교수로부터 배운 대로, synētheis에 상당하는 말이 없고, syntheseis를 가리키는 말이 있는 것으로 보이지만, 절대적으로 확실하진 않다.

05 『창작술』 9장 1451a 37-39.
06 『창작술』 15장 1454a 33-36: "플롯의 구성뿐만 아니라 성격 묘사에서도 작가는 항상 필연적인 것이나 개연적인 것을 추구해야 한다. 그래서 어떤 성격의 인물은 '필연성 또는 개연성의 법칙에 의해'(필사본: '필연적인 것이나 개연적인 것을') 주어진 방식대로 말하거나 행동해야 한다. 그리고 이 사건은 저 사건 뒤에 '필연적으로 또는 개연적으로'(필사본: '필연적인 것이나 개연적인 것이') 뒤따라야 한다."

꧁

창작은 경험적 사실의 재생산이 아니다.

경험의 '개연성'과 '가능성'과 대조된 창작의 '개연성'과 '가능성'

'개연성'은 사례들의 산술적인 평균에 의해 결정되지 않는다. 그
것은 우리가 사물들이 가는 보통의 경로에서 만나는 것을 압축한
표현이 아니다. 일상생활의 개연적인 것(eikos), 경험적으로 흔한 것
은 사실들에 대한 관찰된 결과로부터 나오고, 그 발생이 정상적이
고 규칙적인 것들을 가리키지, 예외를 가리키지는 않는다.[07] 그러
나 경험의 규칙은 예술을 지배하는 법칙일 수 없다. 더 높은 수준
의 창작물들은 다른 수준에서 움직인다. 드라마와 서사시의 사건
들은 일상생활의 사건들이 아니다. 여기에서 자기 역할을 맡는 인
물들은 평균적인 남녀가 아니다. 그들의 행동이 지닌 '개연적인' 법
칙은 평범한 경험으로부터 도출되거나 통계적인 평균 아래 포함
될 수 없다. 프로메테우스나 클뤼타임네스트라, 햄릿이나 오셀로
의 사유와 행위, 의지와 감정은 그들보다 열등한 인간 존재들의 방
식들을 요약하여 전달된 것이 아니다. 평범한 사람은 실제로 다소
간의 지성을 가진 채 그러한 인물들에 가득한 인간성 때문에 그들

---

07 『앞 분석론』 2권 27장 70a 4-5: "왜냐하면 사람들이 대체적으로 일어나거나 일
어나지 않는다고, 그렇거나 그렇지 않다고 알고 있는 것, 이것은 개연적인 것
이기 때문이다." 개연적인 것(eikos)과 여기에서 의미가 일치하는, 대체적인 것
(hōs epi to poly)의 사례로 『뒤 분석론』 2권 12장 96a 10-11에서 턱수염이 자라
는 경우가 나온다: "모든 사람에서 수염이 자라는 것이 아니라, 대체적으로 그
렇다."

속으로 들어갈 수 있다. 그의 본성은 당분간 그들 본성과의 공감에 의해 확장된다. 그것은 그것을 부르는 외침에 응하면서 확장된다. 그러한 인물들은 어떤 의미에서, 우리에게 일상적으로 친숙한 인물들보다 우리에게 더 잘 알려져 있다(gnōrimōteroi). 그러나 우리는 그들이 말하는 것이나 행하는 것의 내재적 개연성을 그것들을 현실 세계에서 만날 개연성에 의해 측정할 생각을 하지 않는다.

아리스토텔레스만큼 창작적 진리가 경험적 사실과 맺는 관계를 보다 확고하게 파악한 작가는 거의 없다. 『창작술』 25장의 대부분을 이른바 창작의 허위성과 불가능성에 대한 탐구에 바친다. 그는 창작 예술의 본질에 영향을 미치는 과오들과 다른 기술에 관련된 사실의 과오들 간의 구별을 지적한다.[08] 우리는 여기에서 사소한 간과, 불일치 또는 기술(技術)적인 부정확을 제쳐놓으며, 전체적인 인상을 손상하지 않는다면 그것들은 심각한 과오가 아니라고 그에 동의하여 주장할 수 있다. 그러나 그가 과감하게 대면하며 물리치는 보다 근본적인 반대주장이 있다. 이 주장에 따르면, 창작의 세계는 사실이 아니라 허구를 제시한다. 그 안의 일들은 결코 일어난 적이 없고, 그 안의 존재들은 결코 생존한 적이 없다. 아리스토텔레스의 시대에 창작을 비난하는 사람들은 창작의 '허위성'(ouk alēthē), '불가능성'(adynata)을 말했다. "이러한 창작물들은 현실적이지 않다. 삶에 들어맞지 않는다"고 말했다. 이에 대해 아리스토텔레스는 "그것들은 현실적이지 않지만, 보다 높은 수준의 실재

---

08 『창작술』 25장 1460b 13-23.

(alla beltion), 있는 것이 아니라 있어야 할 것(hōs dei)이다"라고 대답한다.[09] 창작은 사실에 관계하지 않고, 사실을 초월하는 것과 관계한다고 그는 말하고자 한다. 그것은 있지 않은, 결코 현실의 경험에 있을 수 없는 것들을 재현한다. 그것은 우리에게 '있어야 할' 것, 진정한 이념에 상응하는 형상을 제공한다.[10] 소포클레스의 인물들,[11] 제욱시스의 이상적인 형태들은[12] 그것들이 현실을 초월한다는 의미에서만 비실재적이다. 그것들은 자연의 원칙들 또는 자연의 이상적 경향들에 충실하지 않은 것이 아니다.

아리스토텔레스의 시대에는 '실제 사건들' ─여기에 사람들이 수용한 전설들이 포함되었다[13]─ 만이 비극에 고유한 주제였다는 주장이 여전히 일반적인 것으로 보일 것이다. 이름들과 사건들은 똑

---

09 『창작술』 25장 1460b 33-36과 1461b 9-15. 나는 1461b 9-15에 불가능한 것 (to adynaton)이 세 가지로 함축적으로 구분되어 있다고 본다. 이에 따라 세 가지 방어가 제공된다. (i) anagein pros tēn poiēsin: 불가능한 것이더라도 믿을 만한 것(pithanon)을 선호하는 창작적 모방의 일반적인 원칙 또는 예술의 목적 (telos)에 호소함. (ii) anagein pros to beltion: 이상적 진리 또는 더 높은 수준의 실재의 원칙에 호소함. (iii) anagein pros tēn doxan 또는 pros ha phasin: 현재의 전통이나 믿음에 호소함. (ii)와 (iii)에서 문제되는 '불가능한 것들'(adynata)은 1460b 33, 36의 '허위인 것들'(ouk alēthē)에 대응하고, 1461b 10의 '더 나은 것'(to beltion)은 1460b 33, 34의 '있어야 하는 대로'(hōs dei), '있어야 하는 사람들을' (hoious dei einai?), 1461a 1의 '더 나은'(beltion)과 등가이다. 반면, 1461b 10의 '믿음'(tēn doxan)은 1460b 35의 '사람들은 그렇게 말한다'(houtō phasin), 1461a 1 의 '아무튼 사람들은 그렇게 말한다'(all' oun phasi)에 상응한다. 팔렌과 주제밀은 문제가 되는 구절을 다르게 받아들인다.
10 이 책의 2장 56쪽 이하 참조.
11 『창작술』 25장 1460b 32-35.
12 『창작술』 25장 1461b 12-13.
13 이 책의 11장 333쪽을 보라.

같이 그러한 출처로부터 유래한다. 전통적인 관행은 다음과 같은 종류의 논변에 의해 결정적으로 옹호되었다. "일어났던 일은 가능하다. 가능한 것만이 pithanon, 즉 믿음을 얻을 법한 것이다."[14] 『창작술』 9장에서 아리스토텔레스는 '가능한 것'의 개념을 일어난 것들(ta genomena)에서 일어날 법한 것들(hoia an genoito)로, 역사의 가능한 것들(dynata)로부터 인과 법칙이 보다 연속적인 효력과 힘으로 나타나는 곳인 '보편적인' 가능한 것들(dynata)로 확대하는 것을 옹호한다. 그는 작가가 가진 선택의 자유를 제한하려 들지 않는다. 이와 동시에 그는 그가 역사적인 또는 실제적인 주제들을 전적으로 폐기처분한다는 판단을 경계한다. 실제로 많은 구절로부터 우리는 그가 과거의 신성화된 전설들을 창작의 가장 풍부한 소재 창고로 간주했다는 점을 추론할 수 있다. 물론 그의 생각에는 전래의 신화 중 소수만이 완전한 비극의 필요조건들을 충족시켰다. '일어날 법한 것'의 규칙은 '일어났던 것'을 배제하지 않는다는 점을 그는 주목한다. 어떤 실제 사건들은 창작의 취급에 적합한 내적 개연성 또는 필연성을 지닌다.[15] 마치 다행스럽게 드문 우연에 의해서 자신의 말이 보호되는 듯 그가 '어떤 실제 사건들'이란 말을 쓴다는 점을 주목하는 것은 흥미롭다.[16] 그리고 의심할 여지없이, 일반적

---

14 『창작술』 9장 1451b 15-19.

15 『창작술』 9장 1451b 30-32: "왜냐하면 일어났던 일들 중 몇몇은 얼마든지, 생겨날 개연성이나 가능성이 있는(=개연성에 따라 생겨날 수 있고, 생겨날 수 있는 것들인) 그런 것들일 수 있기 때문이다." 이것은 실질적으로 9장 1451a 38-39의 표현 "생겨날 수 있는 것들, 개연성이나 필연성의 법칙에 따라 가능한 것들"로 귀착된다.

으로 작가는 전설적이거나 역사적인 사실의 거친 덩어리로부터 금을 캐내야 한다. 그것을 우연적인 것, 사소한 것, 무관한 것으로부터 벗어나도록 해야 한다. 한마디로, 항상 경험적 실재와 섞여 있는 불순물로부터 그것을 정화해야 한다. 내재적으로 창작적 성질을 가진 사건들도, 이것들은 어떤 의미에서 극작가에게 이미 만들어져 있는 창작인데, 어떤 고립된 부분들과 사건들에서만 창작과 관련되고, 창작 자체에 관통되어 있지 않다. 드라마의 통일된 구조 속으로 결합될 수 있기 전에 그것들은 예술을 통한 이상화가 필요하다. 전통적인 전설들의 취급과 관련하여 뒷장(章)들에 제시된 암시들은 아주 유리한 소재를 다루고 있더라도 얼마나 예술가의 구체화 활동이 아리스토텔레스의 눈에 중요한지를 보여준다. 그리스 비극들은, 표현대로 '사실에 기초하고' 있지만, 그 사실을 상상적인 진리로 변형시킨다.

그렇다면 창작의 진리는 본질적으로 사실의 진리와 다르다. 우리 경험의 영역 바깥에 있고, 그것을 넘어서 있는 일들은 결코 일어나지 않았고 앞으로도 일어나지 않을 것이지만, 우리가 확신을 가지고 예언할 수 있는 일상적인 일들보다 더 진실일 수 있다. 문학적으로 말하자면, 보다 심원하게 진실이다. 그러한 이른바 adynata(불가능한 것들)는 예술에 속한 바로 그 가능한 것들(dynata),

---

16 플라톤이 연설에서 믿을 만한 것(to pithanon)에 관련하여 설정한 비슷한 규칙에 대해서는 다음 참조. 『파이드로스』 272e: "왜냐하면 개연성이 있거나 그 이전에 실행되었던 것들이 없다면, 때로는 실행된 것들을 말해서도 안 되기 때문이다."

즉 창작을 이루는 소재이자 바탕이다. "어느 때 어느 곳에서도 생겨나지 않은 것만이 늙지 않는다."[17]

창작에 또 다른 종류의 '불가능한 것들'이 있다. 이를 아리스토텔레스는 다소 다른 근거로써 옹호한다. '거짓을 능숙하게 말하는 것'(pseudē legein hōs dei)은 작가의 특권, 아니 의무이다. 그는 진정한 허구 기술을 배워야 한다.[18] 여기에서 뜻하는 허구는, 문맥이 보여주듯, 단순히 실제 사건들에 대한 모든 창작적 서술에서 사실과 혼합된 허구가 아니다.[19] 여기에서 언급되고 있는 것은 그보다는, 드라마 창작보다 서사시에 더 자유롭게 허용되는 이상하고 놀라운 인물에 관한 이야기이다.[20] 이러한 꾸며댐의 기술에서 호메로스가 최

---

[17] 인생에서는 모든 것이 반복될 뿐 (Alles wiederholt sich nur im Leben)
환상만이 영원히 젊도다. (Ewig jung ist nur Phantasie;)
어느 때 어느 곳에서도 생겨나지 않은 것 (Was sich nie und nirgends hat begeben,)
그것만이 결코 늙지 않는다. (Das allein veraltet nie, 실러)

[18] 『창작술』 24장 1460a 18-26. 플라톤은 일반적으로 호메로스, 헤시오도스 등의 작가들을 '거짓을 말한다'(pseudesthai)고, 심지어는 '좋게' 거짓을 말하지도 못한다고 비난한다. 『국가』 2권 377d: "특히 누군가 좋게 거짓을 말하지 못할 경우"와 377e: "가장 큰 거짓을, 그것도 가장 중대한 일들에 관해 말하는 사람은 좋게 거짓을 말하지 못했네." 아리스토텔레스는 '좋게'(kalōs)를 도덕성의 영역으로부터 예술의 영역으로 옮겨서, 비평의 측면에서 취할 점을 발견한다. 다음 참조. Dion Chrysostomos, *Or.* xi. 315R: "거짓과 관련하여 사람들 중 가장 용감한 사람은 호메로스였고, 누구 못지않게 거짓을 말하는 데에서나 진실을 말하는 데에서 자신감이 있었고 당당했다." 호메로스는 실제로 '화려한 거짓말쟁이'(splendide mendax)였다.

[19] Horatius, 『창작술』, 151행(호메로스에 대하여): "게다가 그는 진실에다 거짓을 뒤섞을 정도로 거짓을 말합니다."

[20] T. Twinning, *Aristotle's Treatise on Poetry*, London 1789, 2권 346쪽 이하를 보라.

고의 장인이었다는 말을 우리는 듣는다. 그리고 그 기술의 비밀은 일종의 오류추론(paralogismos)에 놓여 있다. 아리스토텔레스가 부가한 설명은, 다소 단조롭고도 추상적인 방식으로 주어진 것이긴 해도, 오류추론의 본성을 더할 나위 없이 분명하게 드러낸다.[21] 처음에 작가는 일정한 기본 가정들을 만들고 자신의 환경을 창조하도록 허용되어야 한다. 이러한 창작적 자료들 —상상력의 예비 전제들— 로부터 출발하여 그는 가고자 하는 쪽으로 가고, 산문적 사실기반에 거슬러 우리에게 돌진하지 않는 한, 자신과 더불어 우리를 데려갈 수 있다. 그는 일정한 상상 속의 인물들, 이상한 상황들, 믿

---

21 다시 말해, 주어진 것이 주어진 전건의 필연적인 후건이기 때문에, 후건은 필연적으로 전건을 함축한다고 추론하는 오류이다. 전건과 후건이 서로 자리를 바꿀 수 있다는 가정은 잘못이다. 『소피스트식 논박』 5장 167b 1 이하에 나오는 사례는 다음과 같다. "비가 내리면, 땅이 젖다. 땅이 젖다. 따라서 비가 내린다." 이와 비슷하게 연설술에서도 능숙한 연설자는 자신이 진술하는 사실들이 참이라고 추론하는 쪽으로 청중을 유도하는 데 적합한 특정 어조와 태도를 택한다. 『연설술』 3권 7장 1408a 20-22: "주제에 고유한 언어적 표현은 주제를 믿을 만한 것으로 만든다. 청중의 마음이 연설자의 말이 옳다고 잘못 추리하는 경우, 그 까닭은 그들이 그러한 것들과 관련하여 그러한 상태에 있기 때문이다. 그래서 그들은 연설자가 말하는 대로가 아닌데도 어떤 일들이 그렇다고 생각한다." 『연설술』 3권 12장 1414a 1 이하, 16장 1416a 36 이하 참조. 트위닝(T. Twining, ii, 350쪽)은 '개연적인 허구는 거짓 원리로부터 올바로 추리하는 것과도 같다'는 홉스의 관찰과 비교한다.

『창작술』 24장 1460a 26에 나오는 목욕 이야기(Niptra)에 대한 언급은 의심할 여지없이, 팔렌(J. Vahlen, *Beiträge zu Aristoteles' Poetik*, Vienna 1865, 296쪽)이 보여주듯이, 『오뒤세이아』 19권 164-260에 대한 언급이다. 변장한 오뒤세우스는 자신이 크레타에서 오뒤세우스를 대접했다고 말한다. 그가 주인공의 외양, 옷 등에 대해 상세히 기술하자 페넬로페는 그것이 참이라고 인정한다. 그가 그의 외양을 알고 있으므로, 이방인이 실제로 그를 대접했을 것이라고 그녀는 잘못 추론한다.

기 힘든 모험들을 꾸며낸다. 생생한 서술과 미세한 세부사항에 의해, 그리고 무엇보다도 사건과 동기의 자연스런 연속에 의해, 근본적인 허구가 사실이었더라면 그것들이 일어났을 모습대로 정확히 사건들을 일어나게 만든다. 그 결과들은 너무도 그럴듯하고 살아 있는 것 같아, 우리는 본능적으로 그 환상에 자신을 맡기고, 추정된 원인의 존재를 추론한다. 당분간 우리는 전체의 짜임새가 길러지는 바탕인 원래의 허위(prōton pseudos)를 의심하려고 머뭇거리지 않는다.

그러한 것이 다양한 형태로 『창작술』의 가르침을 꿰뚫어 흐르는 믿을 만한 것(to pithanon)의 본질이다. 실제 생활에서 믿기 어려운 사물들은 예술가의 취급에 의해 개연성의 모양을 띤다. 불가능한 것은 가능한 것이 될 뿐만 아니라, 자연스럽고 불가피하기까지 한다. 『창작술』의 표현에 따르자면, 불가능하거나 이성에게 개연적이지 못한 것들(aloga)은 변장하여 합리적인 것들(euloga)이 된다. 실제로 불가능한 것들(adynata)은 믿을 만한 것이 되고, 그래서 개연성과 필연성에 따라 가능한 것들(dynata kata to eikos ē to anankaion)이 된다. 창작의 내적 일관성이 희생되지만 않는다면, 자연 세계의 법칙들과 생존의 물질적 조건들조차도 상상적으로 무시될 수 있다. 파이아케스인들의 마법선과 오뒤세우스의 이타카 해변 상륙은, "열등한 작가에 의해 다뤄졌다면 참을 수 없는 것이었을지 모르지만", 호메로스에 의해 솜씨 있게 다루어져서 우리는 그것들에 내재한 불가능성을 잊는다.[22] 아리스토텔레스가 두 번 강조해서 선언하듯이, "개연적인 불가능한 일들이 개연적이지 못한 가능한 일들보다 선호되어야 한다."**23**

　논리적인 지성이 거부하는 '불합리한 요소들'(aloga)은 단순한 물질적 불가능성들보다 창작적 감각에 더 큰 장애물이다. 왜냐하면 불가능한 것은 불가능한 것이라고 생각되기를 그칠 수 있기 때문이다. 그러나 불합리한 것은 항상 논리적 능력을 비판적이거나 적대적인 태도로 조장하기 쉽다. 그것은 더 높은 수준의 창작이 지배를 받는 바로 그 인과 법칙에 모순되는 것으로 보인다. 그러므로 그것이 어떻게든 인정되려면, 특별한 정당화가 필요하다. 그리고 이 정당화를 아리스토텔레스는 그가 특별히 서사시 창작에 고유한 것으로 간주하는 고양된 놀람과 경탄에서 발견한다.**24** 『창작술』에 두 번 인용된 헥토르 추격의 사례는**25** 그가 이러한 파격을 허용할

---

22 『창작술』 24장 1460a 26-b 2, 『오뒤세이아』 13권 93행 이하.

23 『창작술』 24장 1460a 26-27: "가능하지만 믿기 힘든 것들보다는 불가능하지만 개연적인 것들을 선택해야 한다", 25장 1461b 11-12: "믿기 힘들고 가능한 것보다는 믿을 만하고 불가능한 것을 택해야 한다."

24 『창작술』 24장 1460a 12-14: "서사시 창작에서 불합리한 것은 더 허용된다. 그리고 이것을 통해 특히 놀랄 만한 일(to thaumaston)이 일어난다."

25 『창작술』 24장 1460a 14-17, 25장 1460b 27. 앞의 구절에서 그 사건은 극에 들어맞지 않는다고 선언된다. 뒤의 구절에서 그것은 본질적으로 결함(hamartēma)이지만, 그 효과에 의해 정당화된다. 그리고 그것은 서사시적 사건으로서만 정당화된다. 더 나아가, 24장에서 그것은 불합리한 것(alogon) ―이보다 덜 정확하게는 불가능한 것(adynaton)― 으로 언급된다. Dion Chrysostomos, *Or.* xi. 349R (그 장면을 언급하며): "그 싸움에 관련된 사항들은 특히 터무니없는 꿈들과도 비슷하다." 모든 불합리한 것이 불가능한 것은 아니다. 하지만 모든 불가능한 것은 그러한 것으로서 실현된다면 불합리한 것이다. 그러나 위에서 설명했듯이, 작가의 기술은 불가능한 것들이 불합리한 것들임을 그치고 믿을 만한 것들(pithana)이 되게 만들 수 있다.

일반적인 조건들을 예시한다. 여기에 언급된 장면은 아킬레우스가 트로이아의 성벽을 돌며 헥토르를 쫓는 장면이다. 아킬레우스가 꼼짝 말고 있으라고 신호를 보내자 그리스 군은 부동의 자세로 선다.[26] 이러한 사건은, 무대 위에서 재현된다면, 아주 비개연적인 것으로 보이고, 우습기조차 할 것이다. 창작적 환상은 곧바로 관객의 눈앞에 그 장면이 놓임으로써 파괴될 것이다. 반면에, 서사시적 서술에서 산출된 효과는 아주 상상력이 풍부한 것이다. 게다가, 서사시적 사건으로서도, 아리스토텔레스는 그것은 어느 정도 비난에 노출되어 있고, 두 가지 점을 고려함으로써만 정당화된다고 ─아주 이상할 정도로─ 생각하는 것으로 보인다. 첫째, 전체 효과가 인상에 남는다는 점이다. 우리는 놀람의 증가, 유쾌한 경악을 경험한다. 그리고 이것은 불일치의 느낌을 지우고 미적 목적을 충족시킨다.[27] 둘째, 비슷한 효과가 다른 수단들에 의해 산출될 수 없었을 것이라는 점이다.[28]

또 다른 형태의 '불가능한 것'이, 심지어는 '불합리한 것'이 있다.

---

26 『일리아스』 22권 205행: "그러나 고귀한 아킬레우스는 머리로 병사들에게 신호를 보냈다."

27 『창작술』 25장 1460b 23-26: "불가능한 것을 그린다면, 작가는 과오를 범한다. 그러나 그 과오도 창작의 목적(telos)에(이 목적은 앞에서 말했다) 맞아떨어진다면, 그렇게 함으로써 그것 자체나 다른 부분을 보다 놀라운 것으로 그린다면, 정당화된다."

28 『창작술』 25장 1460b 26-28: "하지만 그러한 점들에 관련하여 창작술에 따르더라도 그보다 더 또는 그에 못지않게 그 목적을 이룰 수 있다면, 과오는 정당화되지 않는다." 다음 참조. 25장 1461b 19-20: "전혀 사용할 필연성이 없는데도 불합리한 것을 사용한다면, 그런 불합리나 악한 성격에 대한 비난은 정당하다."

이것도 아리스토텔레스에 따르면 창작에 허용될 수 있다. 더 높은 수준의 실재에 대한 표현으로서 또는 우리가 수고스럽지 않게 빠질 정도로 응집력 있게 연결되어 하나의 전체를 이루는 것으로서 옹호될 수 없는 것들이 얼마간 있다. 그것들은 우주에 관한 우리의 틀에 적응되기를, 또는 우리 사유의 다른 요소들과 섞이기를 거부한다. 하지만 그것들은 전통적인 믿음의 일부이고, 대중적인 전설이나 미신에 간직되어 있을 수 있다. 참이 아니더라도, 그것들은 참인 것으로 믿어진다. 그것들은 합리적으로 설명될 수 없지만, "그것들 안에 뭔가가 있다"고 일반적으로 느껴진다. 그런 유의 통용되는 믿음들을 작가는 전적으로 무시하거나 무례하게 배척할 수 없다. 참이든 거짓이든, 실제를 넘어서든 실제 아래에 있든, "하지만 이야기는 그렇게 흘러간다"고[29] 말하는 것으로 충분한 신들에 관한 이야기가 있다. 여기에 규정된 원칙은 창작에서 다양한 형태로 불가사의하고 초자연적인 것을 소개하는 데에 적용될 것이다. 그러나 아마도 구별을 해야 할 것이다. 사람들, 예를 들어 그리스인의 상상력이 자신들의 신화에 오랫동안 작동해오고, 선명한 창작 형태로 그 민족의 바탕에 놓인 일정한 감정과 확신을 구현한

---

29 『창작술』 25장 1461a 1. 다음 참조. J. Dryden, *The Author's Apology for Heroic Poetry and Poetic Licence*: "실존하지 않는 것들을 기술할 유사한 자유가, 그것들이 대중의 믿음에 근거하고 있다면, 작가들에게도 허용될 것이다. 요정, 난쟁이, 기이한 마술 효과가 그러한 것들이다. 왜냐하면 그러한 기술은 타인들의 공상에 관한 것이긴 하지만, 여전히 모방이기 때문이다. 셰익스피어의 『폭풍우』와 『한여름 밤의 꿈』, 그리고 벤 존슨의 『마녀들의 가면』이 그런 방식으로 옹호될 수 있다."

경우를 들어 보자. 본질적으로 불가사의하고 초자연적인 사실들은 응집력 있는 형태를 띠었고, 민족적인 믿음의 실체 속으로 혼합되었다. 그렇게 해서 얻은 결과들은 경험적 사실과 다를 수 있겠지만, 그럼에도 그것들은 작가의 고유한 소재이다. 전설은 경험적으로 불가능한 것들(adynata)에 속할 수 있다. 그러나 그것들은 창작에서 불합리한 것들(aloga)에 속하지 않는다. 자연과 초자연 간에 그어진 선들을 지울 능력, 사물들의 단일한 질서에다 두 세계를 구현할 ─이성적이면서도 상상적인─ 능력까지 작가 안에 있을 수 있다.

한편, 그렇게 해명된 전설이나 전통 안에, 이성을 불쾌하게 하는 동화되지 않은 소재, 조화되지 않은 요소들이 얼마간 남아 있다고 우리는 생각할 것이다. 사물들의 진리에 대한 유아적인 직관으로부터 나온 신화는, 법칙과 사실에 관한 유아적인 무지와 결합되어 있을 때, 불합리한 것의 흔적을 보유할 수밖에 없다. 그리스의 창작에서도 수면에 떠오르는 그러한 보다 조야한 믿음에 우리가 지금 옹호하는 말 ─"참이 아니지만, 아니 불합리하지만, 사람들은 그렇다고 말한다"─ 이 특히나 더 적용될 것이다.

아리스토텔레스는 불합리한 것이 ─초자연적인 것을 가장하든, 아니면 동기 없는 인간 활동의 형태로든─ 서사시 창작보다는 드라마 창작에 덜 허용된다고 주장한다.[30] 그가 이유를 들지 않지만, 그것은 분명하다. 드라마는 인간 행동의 전형적인 재현이다. 그것

---

30 『창작술』 24장 1460a 11-18.

의 원천은 동기이다. 동기가 없거나 이유가 없는 것은 그것에 낯설다. 예술의 엄격한 규칙들을 따른다면 아리스토텔레스는 불합리한 것을 전적으로 배제할 것이다. 이렇게 하지 못하더라도, 그는 그것을 마지못해서만 인정하고 엄격한 제한조건들에 종속시킬 것이다. 그것은 플롯에 속한 가정된 전제들의 일부를 이룰 수 있다. 그것은 드라마적 행동 자체 내에는 설 자리가 없다.[31] 아리스토텔레스는 그것이 제외되면 플롯이 망가질 것이라는 변명을 간단하게 배척한다. "그러한 플롯은 처음부터 구성되어서는 안 된다"고 그는 말한다.[32] 그러나 그는 나아가 그 원인을 그답게 허약한 인간성에 돌림으로써 그 거친 문장을 완화한다. 문제가 되는 사건들이 어느 정도 개연적으로 보이도록 만들어진다면, 그는 그러한 결함을 관대하게 봐줄 것이다.[33]

앞에서 말한 것으로부터, 소재의 측면에서 불가능한 것은 예술가가 다룰 수 있지만, 도덕의 측면에서 비개연적인 것은 결코 그렇지 않다는 점이 분명할 것이다. 일단 우리가 작가가 보는 각도에 자리를 잡고 그의 눈을 통해 본다면, 소재 면의 비개연성은 극복하지 못할 어려움이 아니다. 원인과 결과의 사슬은 부서지지 않은 채 남는다. 모든 것은 기본적인 허구의 수용으로부터 적절한 순서

---

31 『창작술』 15장 1454b 6-7: "사건들 안에 어떠한 불합리한 것도 있어서는 안 된다. 그렇지 않을 경우 비극에서 벗어난다(exō tēs tragōdias)." 24장 1460a 28-29: "비극의 플롯은 불합리한 것을 전혀 포함하지 않아야 한다. 피할 수 없다면, 적어도 플롯 바깥에 있어야 한다."

32 『창작술』 24장 1460a 33-34.

33 『창작술』 24장 1460a 34-35.

로 따른다. 그러나 도덕의 측면에서 비개연적임은 보다 다루기 어려운 종류의 불합리한 것(alogon)이다. 상상적으로 굴복하는 어떠한 최초 행위도 동기가 없거나 이해할 수 없는 원칙에 의거한 행동의 경로에다 우리를 맞출 수 없다. 우리는 행위의 뿌리에 놓여 있는 법칙들의 위반보다 물리적인 자연의 변경된 사실들에 더 빨리 묵묵히 따를 수 있다. 아리스토텔레스가 비난하는 불합리한 것의 사례들은 정말이지 도덕의 측면에서 비개연적인 것들에 국한되지 않는다. 그러나 그는 마음속에 주로 그러한 것들 ―궁극적으로 성격에 달려 있고, 인간 본성의 영속적인 사실들을 또는 특정 상황에 고유한 감정들과 동기들을 해치는 비개연적인 것들― 을 두었던 것으로 보인다. 오이디푸스가 라이오스의 죽음 방식에 대해 무지한 점, 텔레포스가 테게아로부터 뮈시아로 말없이 여행한 점,[34] 헥토르 추격에 대해 이미 언급한 장면이 그러한 것이다. 더 나아가, 소재 면의 비개연성 자체는 도덕적인 종류의 비개연성으로 해체될 수 있다. 사건들이 본질적으로 또는 그 귀추에서 불합리한 것으로 보이는 곳에서, 자주 그것들은 내적으로 비논리적인 성격의 결과이다. 아리스토텔레스는 도덕적 측면의 비개연성 또는 불가능성을 소재 면의 비개연성 또는 불가능성과 구별하지 않지만, 그의 가르침에 따르면 후자에는 심각한 예술적 결함이 필연적으로 내재하지 않지만, 전자에서는 그것이 인정된다. 그가 드라마에 요청하는 깨어지지 않은 인과의 사슬에서 각각의 고리는 인간의 의지가 외부

---

34 『창작술』24장 1460a 32.

환경과 접촉함으로써 형성된다. 그의 비극 이론에 널리 퍼져 있는 필연성은 삶의 연속적인 계기들, 행동의 부분들을 의미 있는 하나로 묶어주는 논리적이고도 도덕적인 필연성이다.

❧

창작은 우연의 규칙을 배제한다

작가의 임무는 사실들의 핵심적인 의미를 얻는 일, 결정적인 연관과 인과적인 연결을 제공함으로써 그것들을 진실로 변형시키는 일, 예술품의 외적 유사성들에 이성의 각인을 찍는 일이므로, 창작의 세계는 우연의 규칙을 거부한다는 점이 따른다. 그런데 우연한 것(to symbebēkos) 또는 우연의 존재는 아리스토텔레스에서, 항상 엄밀하게 구별되지는 않는 두 가지 형태의 모습을 띠는데,[35] 재료의 불확실성과 가변성에 기인한다.[36] 그것은 예술과 지성의 부정, 조직하는 힘인 자연의 부정(sterēsis)이다.[37] 그것의 본질은 무질

---

[35] 즉, tychē(우연)와 to automaton(우발). 『창작술』 9장 1452a 5-6 참조. 이 둘은 『형이상학』 9권 8장 1065a 25 이하와 11권 3장 1070a 6 이하에 정식으로 구분되어 있다. 그러나 『자연학』 2권 6장 197a 36-37: "우연에 의한 것은 모두 우발에 의한 것이지만, 뒤의 것이 모두 우연에 의한 것은 아니다." 197b 20-22: "그러나 그런 일들이 의도할 수 있는 것들의 영역에서 의도를 가진 존재들에게 우발적으로 일어날 경우, 우리는 '우연히'라는 말을 쓴다." E. Zeller, *A History of Greek Philosophy*, 2권 2. 333-36쪽과 J. A. Stewart, *Notes on the Nicomachean Ethics of Aristotle*, Oxford 1892, 1권 259쪽을 보라.

[36] 『형이상학』 6권 2장 1027a 13-14: "재료가 대체로 있는 것(hōs epi to poly)과는 달리 있을 수 있는 경우, 그 재료는 우연한 것(to symbebēkos)의 원인일 것이다."

서(ataxia),[38] 목적(to heneka tou)의 부재,[39] 규칙성(to hōs epi to poly)의 결핍이다. 그것은 심지어 비존재라고까지 말할 수 있다.[40] 그것의 영역은 예측을 곤란케 하는,[41] 이성에 반항하는 뜻밖의 일로 가득 찬 인간 삶의 넓은 영역이다. 우리가 '계획의 원칙이 실패로 돌아간 것들'인 유산(流産)적인 노력, 실수, 이상하고도 기이한 성장을 만나는 자연의 영역도 그에 속한다.[42]

우연의 행위가 자연이나 기술의 목적들을 변함없이 좌절시키지는 않는다는 점은 사실이다. 자연의 과정 또는 기술의 과정에서 첫 단계가 우연의 결과일 수도 있다.[43] 창작의 역사에서, 궁극적으로

---

37 그것은, 우연(tychē)인 것으로 보면, 기술(technē)과 이성(nous)의 결여(sterēsis)이다. 우발(to automaton)인 것으로 보면, 자연(physis)의 결여이다.

38 『형이상학』 11권 8장 1065a 25-26: "내가 말하는 것은 우연에 따른 것인데, 이것의 원인은 무질서하고 무한하다." 『동물의 몸에 관하여』 1권 1장 641b 22-23: "우주는 우연히 우발적으로 현재의 것으로 구성되었지만, 그 안에 우연과 무질서는 전혀 보이지 않는다."

39 『뒤 분석론』 2권 11장 95a 8: "목적에 의한(heneka tou) 것은 우연히 생겨나지 않는다."

40 『형이상학』 6권 2장 1026b 21: "우연한 것은 있지 않은 것에 가까운 것으로 보인다."

41 『형이상학』 11권 8장 1065a 33: "우연히 일어난 일은 인간의 계산에는 불분명하다."

42 『자연학』 2권 8장 199b 3-4: "(기술에서 목적에 도달하고자 하는 노력에 실패작들이 있듯이) 자연물들에서도 그와 마찬가지일 텐데, 괴물들은 저 목적에서 벗어난 실패작들일 것이다." 괴물들(terata)에 관해서는 다음 참조. 『동물의 발생에 관하여』 4권 4장 770b 9-11: "괴물은 자연에 어긋난 것에 속한다. 그러나 그것은 자연에 전적으로 어긋나지 않고, 대체로 어긋난다." 비극에서 그저 괴상한 것들(teratōdes)일 뿐인 것들은 강한 비난을 받는다. 『창작술』 14장 1453b 8-10: "시각적 수단을 통해 두려운 것이 아닌 기괴한 것을 제공하는 사람들은 전혀 비극을 공유하지 않는다."

성공에 이르도록 예정된 초기의 몇몇 실험들은 우연에 기인한다.[44] 그러나 본질적으로 우연은 바로 기술에 대립된다. 그것은 불합리한 원인이다. 그것은 무질서와 혼란이다. 이상적인 통일성의 도달을 목표로 삼는 창작에서 그것이 들어설 적당한 자리는 없다. '개연성'의 법칙은 —'필연성'의 법칙과 마찬가지로— 우연을 배제한다.[45] 하지만 통속적인 의미에서는 어떠한 일도 우연이라 불리는 일의 발생보다 더 '개연적'이지 않다. 우리는 『창작술』로부터, 창작에서 이례적이고 비정상적인 사건들의 도입은 때때로 아가톤의 다음 말에 의해 옹호되었다는 점을 추정한다. "많은 일이 개연성에 어긋나게 일어난다는 점은 개연적이다."[46] 비슷한 말이 자연에서 기형물들의 출현을 완화하는 방식에 의해 유행되었던 것으로 보인다. "자연에 거스른 것도 이따금, 그리고 어떤 방식으로는 자연적이다."[47] 그러나 학자로서 아리스토텔레스는 자연으로부터의 이

---

43 『니코마코스 윤리학』 6권 4장 1140a 19-20: "아가톤도 말하듯이, 기술은 우연(tychē)을, 우연은 기술을 사랑했다."

44 『창작술』 14장 1454a 10-12: "작가들이 소재를 찾다가 그러한 종류의 비극적인 것을 발견해서 플롯에 넣게 된 것은 기술이 아닌 우연에 의한 것이었다."

45 『생성과 소멸에 관하여』 2권 6장 333b 8-9: "항상 그런 것과 대체로 그런 것이 아닌 것들은 우발적으로, 우연히 생겨난다." 『천체에 관하여』 1권 12장 282a 33 참조.

46 『창작술』 18장 1456a 23-25: "이것은 아가톤이 말한 방식으로 개연적이다. 다시 말해, 그는 '개연성에 어긋난 많은 일이 생기는 것은 개연적이다'라고 말한다." 25장 1461b 14-15: "그렇게, 그리고 불합리한 것이 때로는 불합리하지 않다고 말함으로써. 왜냐하면 어떤 것이 개연성에 어긋나게 일어나는 일도 개연적이기 때문이다."

47 『동물의 발생에 관하여』 4권 4장 770b 15-16: "그것은 덜 괴물인 것으로 보인다. 자연에 어긋나는 것도 어떤 점에서 자연에 따른 것이기 때문이다."

탈을 고유한 의미에서 자연적인 것으로 여기지 않는다. 기술에 대한 저술가로서도 그는 두 번 인용된 아가톤의 표현에 권위를 부여하지 않는다. 그 표현은 정말로 그가 드라마의 개연성에 대해 썼던 모든 것의 ─문자에 위배되지 않는다면─ 정신에 위배된다. 뉴먼은 말한다.[48] "에지워스 양은, 때때로 그녀의 이야기들에 나오는 특정 사건들을, 이것들은 '삶에서 발생하는, 하지만 글에서 마주치면 믿기 힘든 것으로 보이는 이상한 우연들 중 하나에 의해' 일어난다고 진술함으로써, 변호한다. 그러한 변명은 현실적인 것의 완성으로서 어떠한 그런 경험의 이례(異例)들을 도입하는 것을 금지하는 허구의 원리에 관한 오해를 나타낸다." 여기에서 말한 '이상한 우연들', '경험의 이례들'은 실제로 아리스토텔레스가 허용하지 않는 '비개연적인 가능성들'이다.[49] 왜냐하면 실제로 작가의 솜씨가 그것에다 계획된 것이라는 모습을 심을 수 있는 곳이 아니라면,[50] 내부에 비이성적인 면을 가진 우연은 가능한 한 멀리 그에 의해 창작의 영역으로부터 추방되기 때문이다. 이러한 배제가 보다 진지한 형태의 창작인 비극에서만 타당하는 것도 아니다. 몇몇 현대의 저술가들은 희극은 법칙이 정지되고, 개인의 의지가 최고로 지배하는 우연의 세계를 재현한다는 점에서 비극과 다르다고 주장했다. 그러나 이것은 『창작술』의 내용에 일치하지 않는다. 희극의 ─

---

48 J. H. Newman, *Essays, Critical and Historical*, London 1907.
49 『창작술』 24장 1460a 27.
50 『창작술』 9장 1452a 6-7: "왜냐하면 우연한 일들 중에서도 의도적으로 일어난 것처럼 보이는 것들이 가장 놀라움을 주기 때문이다."

적어도 아리스토텔레스가 인정한 희극의— 사건들은 "개연성의 노선에서 고안된다."[51] 그 사건들의 연관은 의심할 여지없이 비극에서보다는 더 느슨하다. '개연성 또는 필연성'의 보다 엄격한 규칙은 지시되지 않는다. 그리고 이런 표현상의 변화는 의도된 것으로 보인다. 하지만 희극의 플롯조차도 우연의 여지로부터 멀리 떨어져 있다.

지금까지 한 논의의 결과들을 한마디로 요약해 보자. 『창작술』의 전체 방침과 목적은 창작은 경험적 사실의 단순한 재생산이 아니고, 삶이 지닌 진부한 점들과 우연한 일들과 더불어 삶을 그리는 것이 아니라는 점을 풍부하게 밝힌다. 창작이 만들어내는 가능의 세계는 경험의 세계보다 더 지적이다. 작가는 실제 사건들과 인간 행위에 대한 우리의 이해를 방해하는 불합리의 요소들로부터 벗어난, 영속적이고도 영원한 사실들을 제시한다. 소재를 가공하면서 그는 자연을 초월할 수 있지만, 자연에 모순될 수는 없다. 그는 자연의 습관들과 원칙들에 불복해서는 안 된다. 그는 현실적인 것을 재창조할 수 있지만, 무법칙적인 것, 터무니없는 것, 불가능한 것은 피해야 한다. 창작적 진리는 현실의 경계를 넘지만, 현실 세계를 합리적인 것으로 만드는 법칙들을 제멋대로 위반하지는 않는다.

---

51 『창작술』 9장 1451b 12-13: "왜냐하면 희극작가는 개연적인 것들을 통해 플롯을 구성한 다음에 …."

창작의 이상적인 통일성.
아리스토텔레스와 베이컨의 일치

　이렇듯, 창작은 그것이 지닌 보다 높은 수준의 주제, 그리고 그것
의 부분들이 지닌 보다 친밀하고도 유기적인 결합 때문에 역사가
결코 갖지 못하는 이상적 통일성을 획득한다. 왜냐하면 삶에 대한
산문은 결코 전적으로 실제 사실들에 대한 기록으로부터 제거되지
않기 때문이다. 창작에 관한 베이컨과 아리스토텔레스의 견해는,
때때로 주장되듯 선명한 대조를 이루는 대신, 서로 가까이 접근해
있는 것으로 보일 것이다. 베이컨의 잘 알려진 말은 다음과 같다.

　"그러므로, 있는 그대로의 역사 서술에 속한 행위들 또는 사건들
은 인간의 정신을 만족시키는 웅장함이 없으므로, 창작은 행위들
과 사건들을 더 위대하고도 더 웅대하게 꾸며낸다. … 있는 그대로
의 역사 서술은 행동들과 사건들을 보다 일상적으로 변화감이 덜
한 방식으로 재현한다. 그렇기 때문에 창작은 그것들에 더 희귀성
을 부여한다. 그래서 창작은 도량, 도덕성, 즐거움에 이바지하고
그것들을 베푸는 것으로 보인다. 그러므로 그것은 신성을 얼마간
지닌 것으로 생각되었다. 왜냐하면 그것은 사물들의 외관을 정신
의 욕구들에 복종시킴으로써 정신을 향상시키고 똑바로 세우는 반
면, 이론은 정신을 사물들의 본성에 양보시키고 굴복시키기 때문
이다."[52]

유기체로서의 창작물 개념

『창작술』에서 작가와 역사가가 대립되어 있는 것은 비극이 하나
이자 전체라는 말의 의미를 예시하기 위해 우연히 도입되어 있다
는 점을 주목할 수 있다.[53] 아리스토텔레스가 이해하는 '하나'와 '전

---

52 F. Bacon, 『학문의 진보에 관하여 De augmentis Scientiarum』, 1605, 2권 13
장. 번역문보다 훨씬 더 단호한 라틴어 원문은 여기에 인용할 만한 가치가
있다. "Cum res gestae et eventus, qui verae historiae subiciuntur, non sint eius
amplitudinis in qua anima humana sibi satisfaciat, praesto est poesis, quae facta
magis heroica confingat. ⋯ Cum historia vera, obvia rerum satietate et similitudine,
animae humanae fastidio sit, reficit eam poesis, inexpectata et varia et vicissitudinem
plena canens. Adeo ut poesis ista non solum ad delectationem, sed etiam ad animi
magnitudinem et ad mores conferat. Quare et merito etiam divinitatis cuiuspiam
particeps videri possit; quia animum erigit et in sublime rapit; rerum simulacra ad
animi desideria accommodando, non animum rebus (quod ratio facit et historia)
submittendo."[있는 그대로의 역사 서술이 주제로 삼는 행동들과 사건들은 인
간의 혼을 만족시키는 웅장함이 없으므로, 창작이 개입하여 보다 영웅적인 행
위들을 꾸며낸다. ⋯ 그리고 유사한 일들을 풍성하게 마주하는 있는 그대로의
역사 서술은 인간의 혼에 싫증나므로, 창작은 다양하고도 변화로 가득 찬 예기
치 못한 일들을 노래하며 그 서술을 보충한다. 그래서 창작은 즐거움뿐만 아니
라, 정신의 고상함과 도덕성에 기여할 정도다. 그래서 그것은 또한 당연히 신성
(神性)까지도 얼마간 지닌 것처럼 보일 수 있을 것이다. 왜냐하면 그것은 정신
을 일으켜 세워 숭고한 데로 끌어가기 때문이다. 그러면서 (이론과 역사 서술
이 그렇듯) 정신을 사물들에 복종시키지 않고, 사물들의 이미지들을 정신의 욕
구들에 맞춘다. 역자] 위의 인용에서 생략된 첫 문장을 보면, 창작은 공과에 따
라 그리고 복수의 여신의 법에 의거해 몰락과 번영(exitus et fortunas secundum
merita et ex lege Nemeseos)을 주며, 역사를 교정한다고 말해진다. 그러나 이런
점은 아리스토텔레스의 생각이 아니다.

53 『창작술』 9장 1451a 36: "앞에서 말한 점들로부터 보건대 분명히, ⋯."

체'라는 두 개념은 같지 않다. 하나는 서로 응집하고 공통의 개념 아래에 드는, 하지만 일정한 순서로 반드시 결합되지는 않는 다수의 부분으로 구성되어 있다. 전체 개념은 더 많은 것을 함축한다. 그것을 구성하는 부분들은 내적으로 연결되고, 일정한 순서로 정돈되고, 구조적으로 관계되고, 하나의 체계로 결합되어 있어야 한다. 전체는 자의적으로 자리를 옮길 수 있는, 나머지 것들에 눈에 보이는 영향을 미치지 않은 채 생략될 수 있는 외적 부분들의 단순한 덩어리 또는 합이 아니다.[54] 그것은 그것에 고유한 본성의 법칙에 따라 전개되고 팽창되는 하나, 내부로부터 발전하는 유기체이다. 더 나아가, 예술의 첫째 필요조건인 미의 규칙에 의해 창작은 동시에 단일성과 다수성을 보여주어야 한다. 너무 작으면 전체는 지각되어도, 그 부분들은 지각되지 않는다.[55] 유기체 개념은 분명히 단일성에 관해 아리스토텔레스가 세운 모든 규칙의 기초를 이룬다.[56] 그것은 예술의 첫째 원리로서 암묵적으로 받아들여진다.

---

54 『형이상학』 5권 26장 1024a 1-3: "놓인 위치에 의해 차이나지 않는 것들은 '모든'(pan)이라 불리지만, 차이가 나는 것들은 '전체'(holon)라 불린다", 1023b 26-27: "전체란 본성적으로 그것을 이루는 부분들 중 어느 것도 빠져 있지 않은 것을 말하며, … ." 다음 참조 『창작술』 8장 1451a 34-36: "왜냐하면 있거나 말거나 눈에 띄지 않는 것은 전체의 부분이 아니기 때문이다." 플라톤의 『파르메니데스』 137c: "부분이 빠져 있지 않은 것이 전체이지 않겠는가?" 아리스토텔레스는 여기에서 플라톤에게 많은 빚을 지고 있다. 또한 이 책의 7장 194쪽과 198쪽 이하를 보라.

55 『창작술』 7장 1450b 35-1451a 6. 『정치학』 7권 4장 1326a 34 이하에 도시의 규모에 대해 설정된 규칙들을 참조.

56 다음 참조. J. A. Stewart, *Notes on the Nicomachean Ethics of Aristotle*, Oxford 1892, 1권 194쪽: "살아 있는 유기체들과 예술 작품들은 그 종류가 일정한 형태들

그리고 그것은 한 구절에서 명시적으로, 서사시의 단일성이 도출되는 개념으로서 언급된다. "줄거리는, 비극에서처럼, 극적으로 작성되어야 한다. 그것의 주제는 단일하고, 전체이고 완전하고, 시작과 중간과 끝을 가진 행동이어야 한다. 그래야 그것은 하나로 응집된 유기체를 닮고, 그것에 고유한 즐거움을 산출할 것이다."[57]

(schēmata)이고, 이것들을 자연과 인간은 각기 재료에 일정한 성격을 부여함으로써 만들어낸다. 어떤 경우든 사용된 재료의 양은 그것을 보조하는 형상에 의해 결정된다. 특정 기관 또는 부분의 크기는 그것의 형상에 의해 결정되고, 이 형상은 다시 유기체나 작품 전체의 크기를 한정하는 형상에 의해 결정된다. 이렇듯, 동식물은 각 부분의 구조, 서식지, 생존조건에 의해 정해진 크기까지 성장하고, 각 기관은 그것이 속한 전체의 비례를 지킨다. 화가나 조각가는 작품의 모든 세부사항에서 전체적 구성의 균형을 고려한다. 합창단의 지휘자는 다른 모든 사람에 비해 두드러지게 아름다운 목소리를 가진 사람을 배제할 수밖에 없다. 『정치학』 3권 8장 1284b 8-13: '화가는 어떤 동물의 발이 아무리 아름답다 하더라도, 균형에서 벗어날 만큼 그 발을 크게 그리려 하지 않을 것이다. 배를 만드는 사람도 고물이나 배의 여타 부분을 만들 때 그럴 것이며, 합창단 지휘자도 합창단 전원보다 더 크게 더 아름답게 노래하는 사람을 합창단원으로 받아들이려 하지 않을 것이다.' 모든 경우에서, 형상이 재료를 지배하고, 질이 양을 지배한다."

57 『창작술』 23장 1459a 18-21: "서사시의 플롯은 바로 비극에서처럼 드라마적으로 구성되어야 한다. 전체적이고도 완결된 하나의 행동에 관한 것이어야 하고, 시작과 중간과 끝이 있어야 한다. 그 결과, 그것은 살아 있는 유기체(동물)처럼 하나의 전체로서 고유한 쾌감을 산출할 것이다." 이제 나는 내가 이전에 가졌던 견해로 되돌아가서, zōon이란 말을 — (동물이 고유한 oikeia hedonē를 우리에게 제공한다는 말이 우리에게 이상해 보여도) 이곳뿐만 아니라 7장 1450b 35-1451a 6에서 — '그림'이 아니라 '살아 있는 유기체'의 의미로 받아들인다. 7장에서 zōon이 보통의 의미로 쓰였다는 점을 지지하는 논증들은, 샌디스 박사가 나에게 권했듯이, 『정치학』 7권 4장 1326a 34-b 24의 유사 구절에 의해 한 층 강화된다. 7장 1450b 35-1451a 6에 대한 다른 해석에 따르면, 아름다움(to kalon)의 조건들 중 하나, 즉 일정한 크기(megethos)는 그림과 창작 간의 유비에 의해 예시된다. 이 견해를 하디 씨는 훨씬 강력하게 옹호한다(The *Poetics* of

플라톤은 『파이드로스』에서 모든 예술적 작문은, 산문 형태로든 운문 형태로든, 유기체적 단일성을 지녀야 한다고 주장했다. "자네는 모든 이야기가 제 몸과 머리와 다리를 가진 살아 있는 유기체처럼 작성되어야 한다는 점을 허용할 걸세. 그것은 서로에 맞고 전체에 맞는 중간과 끝을 갖추고 있어야 하네."[58] 아리스토텔레스

Aristotle, in: *Mind* 4, 1895, 350-64쪽). 그는 논증 과정에서 다음과 같은 점을 주목한다. "부분들로 구성된 사물(pragma ho synestēken ek tinōn)과 물체들(ta sōmata)의 의미는 아리스토텔레스의 다른 구절들로부터, 예를 들어, 『혼에 관하여』 2권 1장 412a 11로부터 분명하다. 그곳에서 아리스토텔레스는 복합적 실체(ousia hōs synthetē, substantia composita)를 물체들(sōmata)과 동일시하고, 이것을 자연적 물체들(physika sōmata)과 나머지 것들로 구분한다. 그리고 앞의 것들은 다시 혼이 있는 것들(empsycha)과 혼이 없는 것들(apsycha)로 세분된다. 이렇듯, 혼이 든 물체들은 그 단어가 지닌 가장 완전한 의미에서 '복합적'인 물체들로 보일 것이다. 그렇다면 『창작술』의 현재 구절에서 'zōon'은 '그림'의 동의어이어야 한다. 하지만 이 의미에서 그것은 그리스인에게는 혼이 있는 물체(soma empsychon)란 의미의 동물(zōon)에 대한 그림을 자연스럽게 연상시킬 것이다."

비슷한 의미를 지닌 zōon에 대한 다른 사례로 다음 참조. 플라톤의 『법률』 2권 669a: "우리 모두는 … 아름다운 그림들을 인지할 것입니다", 6권 769a와 c: "그림이 세월의 풍상을 겪었다면", 『크라튈로스』 425a, 429a: "더 나은 화가들은 자신들의 작품인 그림을 더 아름답게 제시하지만, 어떤 사람들은 더 형편없이 제시하지?", 430d: "두 모방, 즉 그림과 이름에서", 『국가』 7권 515a: "돌과 나무 등의 온갖 것들로 만들어진 조각상과 조형물"(다음의 각주 59에 인용된 『동물의 발생에 관하여』 2권 4장 740a 15와 비교). 『세계에 관하여』 6장 398b 18에서 zōon이란 말은 인형극 연희자들(hoi neurospastai)이 조종하는 인형에 대해 쓰인다.

58 『파이드로스』 264c: "하지만 이 점, 즉 모든 이야기는 살아 있는 유기체처럼 제 몸을 갖는 방식으로 구성되어서, 머리가 없어도 다리가 없어도 안 되고, 몸통과 팔다리를 다 갖춰서 부분들이 서로 어울리고 전체에 어울리도록 쓰여야 한다는 점만큼은 자네도 말할 것이네." 논의를 그림에서 이루어지는 zōon의 스케치에 비유하고 있는 『정치가』 277c 참조: "바로 그림처럼 우리의 논의도 그 바깥 윤곽선은 충분한 정도로 그려진 것처럼 보이지만, 아직 물감과 색의 혼합으로

는 이 힌트를 받아들였다. 위에서 인용된 『창작술』의 구절은 놀랍도록 『파이드로스』에 나오는 말들의 메아리이다. 그리고 그런 착상은 그의 창작 비평 전체의 토대에 깔려 있다고 말해도 좋을 것이다.

그렇다면 창작 예술품은, 그가 파악하듯이, 보편적인 것을 나타내면서도, 구체적이고도 개별적인 실재, 응집된 전체이고, 이것은 살아 있는 원리에 의해 ―또는 적어도 생명의 대응물인 어떤 것에 의해― 생기를 받고, 유기체적 미의 법칙들에 따라 틀이 짜인다. 예술적 산물은 정말로 말 그대로의 의미에서 살아 있지는 않다. 왜냐하면 생명 또는 혼은 아리스토텔레스에서 고유한 형상이 고유한 재료에 찍혀 나온 결과이기 때문이다.[59] 그런데, 예술에서 재료는 예술가의 선택에 달려 있다. 그것과 그것에 찍히는 형상에는 필연적인 관계가 있지 않다. 그것은 그 형상을 수동적으로 받아들이지만, 그럼으로써 그것이 어떤 능동적인 생명이나 운동의 원리를 부여받는 것은 아니다. 형상이나 본질은 진정 작품을 고안한 예술가의 마음속에서만 산다. 그리고 그것이 아무런 자연적인 친근성을 갖지 않은 죽은 재료에 전이되는 것도 바로 사유 속에서만 이루어진다. 예술가는, 또는 예술가의 사유 속으로 들어간 관객은 정신

인한 선명함은 얻지 못한 듯하네."
59 『동물의 몸에 관하여』 1권 1장 640b 32 이하 참조. 죽은 신체는 살아 있는 신체와 같은 외형을 갖지만, 사람이 아니다. 놋쇠나 나무로 만든 손도 이름만 손이다. 『동물의 발생에 관하여』 2권 4장 740a 15에서 예술 작품들은 나무나 돌로 된 동물들(xylinōn ē lithinōn zōōn)로 언급되면서, 실제로 살아 있는 유기체와 대조된다.

행위에 의해 예술적 창조물에 생명을 준다. 그는 그것이 살아 있는 것처럼 그것에 대해 말하고 생각한다. 그러나 그것 안에는 운동의 원리가 들어 있지 않다. 그것은 사실 살아 있지 않고, 살아 있는 실재와 유사한 것일 뿐이다.[60]

❧

창작은 '역사보다 더 철학적이고 더 높은 수준의 것이다.' 그것은 개별적인 것을 통해 보편적인 것을 재현한다

지금 창작과 역사에 관한 논의로 돌아갈 때, 우리는 아리스토텔레스의 일반적인 결론을 더 잘 이해할 것이다. 이 결론은 잘 알려져 있고, 그토록 자주 오해되는 다음의 말들에 담겨 있다. "창작은 역사보다 더 철학적이고 더 높은 수준의 것이다."[61] 여기에서 spoudaioteron은 '더 높은 단계의 것'을 의미하지,[62] '더 진지한 것'을

---

60 J. A. Stewart, *Notes on the Nicomachean Ethics of Aristotle*, Oxford 1892, 2권 42쪽 참조: "기술(technē)은 그것의 이로움을 외적인 기능(ergon)에다 실현한다. 그리고 그것이 재료(hylē)에 부과하는 형상(eidos)은 표면적인 형상일 뿐이다. 이 것은 재료의 중심을 관통하는 형상들과 아주 다르다. 이러한 형상들은 자연(physis)과 탁월성(aretē)이 산출한다(다음 참조. 『니코마코스 윤리학』 2권 6장 1106b 14-15: '탁월성은 또한 자연처럼 모든 기술보다 더 정확하고 더 좋은 것이다.' 『형이상학』 12권 3장 1070a 7-8: '그런데, 기술은 움직이는 사물과는 다른 것 안에 든 원리이고, 자연은 그 움직이는 것 안에 든 원리이다')."

61 『창작술』 9장 1451b 5-7: "그렇기 때문에 창작(poiēsis)은 역사(historia)보다 더 철학적이고 더 뛰어난 것이다. 왜냐하면 창작은 보편적인 것들(ta katholou)을 더 말하지만, 역사는 개별적인 것들(ta kath' hekaston)을 더 말하기 때문이다."

62 타이히뮐러(G. Teichmüller, *Aristotelische Forschungen. II. Aristoteles' Philosophie der*

의미하지 않는다. 왜냐하면 그런 단어들은 희극에도 적용되기 때문이다. 그리고 그것은 '더 도덕적인 것'도 의미하지 않는다. 이것은 문맥에 아주 동떨어진 것이기 때문이다. 그리고 창작이 더 높은 수준의 가치를 지닌 이유는 그것이 보편적인 것에 더 가까이 접근하기 때문이다. 이 보편적인 것 자체는 그 가치를 '원인을 나타냄',[63] 또는 사물들의 으뜸 원리들을 나타냄으로부터 이끌어낸다. 창작은 자신의 창작품에다 보편적인 형상을 주려고 노력하면서 역사가 하는 것보다 더 높은 수준의 진실을 드러낸다. 그러나 철학적인 성격을 띤다 해도 그것은 철학이 아니다. "그것은 보편적인 것을 표현하는 경향이 있다." 여기에서 '더'(mallon)는 의미를 제한하고 보호하는 표현이다. 그것은 창작의 노력과 방향을 특징짓는다. 그러나 창작은 철학과 전적으로 일치할 수는 없다. 창작의 능력은 보편적인 것을 —이것의 본질 그대로가 아니라 이것이 감각적인 이미지를 통해 보이는 한에서— 표현할 정도로 제한되어 있다.

플라톤은 그리스의 창작을 비난할 때 이상적인 창작을 철학에 합병하는 쪽으로 너무 나갔다. 단순한 모방자가 아닌 예술가, 영원

Kunst, Halle 1869, 178쪽)는 spoudaios가 지닌 그런 의미를 다음의 인용으로부터 예증한다. 『니코마코스 윤리학』 6권 7장 1141a 20-21: "인간이 우주 안에 존재하는 것들 중 가장 뛰어난 것이 아니라면, 정치술이나 현명이 가장 뛰어난 것('최고 형태의 앎')이라고 생각하는 것은 이치에 어긋날 것이다." 여기에서 지혜(sophia)는 더 높은 수준의 것인 보편적인 원리들을 주제로 삼기 때문에 현명(phronēsis)보다 더 탁월한 것이다.

63 『뒤 분석론』 1권 31장 88a 5-6: "보편적인 것은 원인을 보여주기 때문에 가치가 있다."

한 이데아들을 감각에 드러내는 작품의 예술가는 철학자의 사변적 열성과 비슷한 상상적 열성에 사로잡힌 채로 감각 대상들로부터 진리와 미가 하나가 되는 더 높은 영역으로 상승한다. 『창작술』의 그 구절에 보이는 아리스토텔레스의 표현은 그와 비슷한 방식으로 거의 창작을 철학과 동일시하는 것으로 보인다. 그러나 그의 의도를 그가 다른 곳에서 말하는 내용과 그의 일반적인 사유 체계에 비추어 읽는다면, 우리는 두 영역이 한 점에서 접하긴 해도 그가 그것들을 혼동하지 않는다는 점을 알게 된다. 철학은 개별적인 것에서 보편적인 것을 발견하려고 노력한다. 그것의 목적은 진리를 알고 그것을 소유하는 것이다. 그리고 그 소유에서 그것은 멈춘다. 창작의 목표는 개별적인 것을 통해 보편적인 것을 재현하는 것이자, 보편적인 진리에 대해 구체적이고도 살아 있는 구현을 제공하는 것이다.[64] 창작의 보편성은 추상적인 개념이 아니다. 그것은 감각에 개별화된다. 구체적인 형태로 옷을 입은 채로 정신 앞에 선다. 그 부분들이 전체에 대해 생생한 구조적인 관계를 맺는 살아 있는 유기체의 모습을 띠고 제시된다.

---

[64] 다음 참조. R. P. Hardie(The *Poetics* of Aristotle, in: *Mind* 4, 1895, 350-64쪽): "우리는 창작에서 이 요소(즉, 보편적인 것)가 어떤 종류의 재료에 표현되어야 한다는 점을 유의해야 한다. 바로 이 점에서 학문은 창작과 다르다. 학문의 전반적인 목표는 형상(eidos)을 추상적으로 유지하는 것이고, 따라서 학문은 복사물들(eikones)을 사용하지 않고, 기호들(semeia)이나 상징들(symbola)을 사용한다. 그리고 이것들은 실제로 전혀 형상(eidos)을 표현하지 않고, 추상적인 형상을 추상적인 것으로서 제시하는 데 도움이 될 뿐이다."

창작의 '일반적인 이념'에 관한
아리스토텔레스, 괴테, 콜리지의 견해

아리스토텔레스 자신의 분석적인 비평이 쉽게 그의 의도에 대한 오해로 이어지기 때문에 그 점을 강조하는 일은 더욱 필요하다. 논리적인 추상의 방법을 창작물 전체의 유기적 부분들에 적용할 때, 그가 추상적인 사유의 산물이 아니라 예술의 구체적인 작품을 다루고 있다는 점을 망각하는 것처럼 보일 수 있다. 이러한 인상은 나중의 장을[65] 성급히 읽음으로써 확인될 수 있다. 그곳에서 작가는 시간, 장소, 인물들의 부수적인 특징들을 추상하면서 먼저 자신의 플롯을 일반적인 개념으로 내놓고(ektithesthai katholou), 그다음에 그것을 세부사항과 사건으로, 고유 명사들로 채우라는 조언을 받는다. 이러한 작문 순서는, 작가가 플롯을 전해 내려오는 전설들에서 가져오든 자신의 창안에 의지하든, 추천된다. 아리스토텔레스가 택한 사례는 이피게네이아의 이야기이다. 실용적인 조언 한마디로서 그 제안이 지닌 가치는 의문시될 수도 있다. 그러나 우리가 그 방법을 결점이 있고 창작적이지 못한 것으로 선언하더라도, '보편적인 것'에 관한 이론은 어떤 방식으로든 영향을 받지 않는다. katholou라는 단어가 그런 상이한 두 맥락에서 사용되었다는 점이 우리를 잘못 이끌어서는 안 된다. 17장에서 katholou는 넓은 개요

---

65 『창작술』 17장 1455a 34-b 15.

를 의미한다. 플롯을 최소한도로 스케치하는 것을 의미한다. 그리고 그것은 창작이 전하는 일반적인 또는 보편적인 진실을 의미하는 9장의 katholou와 구별된다.

창작적 상상력이 작동하는 과정을 콜리지는 존 데이비스의 다음 구절로부터 예시한다.[66]

> 그러듯 그것은, 개별적인 상태들로부터
> 보편적인 종류들을 추상해낼 때,
> ―이것들은 그런 다음에 다양한 이름과 운명으로 다시 옷을 입는데―
> 우리의 감각을 통해 우리의 마음속으로 몰래 접근한다.

이 구절의 의미는 일반 개념이 개별 사례에 구현된다는 점(이것은 창작의 방법이라기보다는 비유의 방법이다), 개별 사례가 예술가의 손을 거쳐 일반화된다는 점이다. 괴테는 말한다. "젊은 작가는 단순한 일반적 개념으로부터 벗어나기 위해서는 자신에게 폭력과도 같은 것을 행사해야 한다. 의심할 여지없이, 그것은 어렵다. 그러나 그것은 바로 예술의 생명이다." "특수한 사례는 보편적이고 창작적인 것으로 되려면 작가의 손길이 절실하다." 아리스토텔레스는 이에 동의할 것이다. 그와 함께 "모든 개념은 급속히 자신을 이미지로 변화시킨다"고 우리에게 말하는 괴테는 자신이 파우스트에서 어떤 개념을 구현할 의도였는지, 질문을 받는다. "내가 내 자신을

---

66   S. T. Coleridge, *Biographia Literaria*, London 1847, 14장.

알고 그들에게 전할 수 있기라도 하다. 하늘로부터, 세상을 통과하여, 지옥으로, 정말 무엇인가가 있을 것이다. 그러나 그것은 개념이 아니라, 행위의 과정일 뿐이다. … 요컨대, 어떤 추상적인 것을 구현하는 일이 작가인 나의 시구에 있지 않았다. 나는 인상들을 ― 감각적인, 생기 있는, 매혹적인, 다양한, 수많은 종류의 인상들을― 마치 살아 있는 상상력이 그것들을 제시하기라도 하듯, 마음속에 받았다. 그리고 나는 작가로서 그것들을 예술적으로 마무르고, 그러한 견해들과 인상들을 가공할 뿐이다. 그리고 살아 있는 재현을 수단으로 그것들을 제시하여, 다른 사람들이 내가 재현한 그것들을 듣거나 읽을 때 똑같은 인상을 받도록 한다."[67]

콜리지는 아리스토텔레스의 이론을 고수하면서, 그 이론이 받는 오해를 조심할 필요가 있다고 생각한다. 그는 말한다. "나는 아리스토텔레스의 이론을 전적으로 신뢰하며 수용한다. 그에 따르면, 창작은 창작인 한 본질적으로 이상적이고, 모든 우연을 피하고 배제해야 한다. 지위, 성격 또는 직업에 보이는 개별성들은 어떤 부류를 대변하는 것이어야 하고, 창작 속의 인물들은 일반적 속성의 옷을, 그 부류에 공통된 속성의 옷을 ―이 속성은 재능 있는 한 사람이 지닐지도 모르는 것이 아니라 그가 처한 상황으로부터 그가 지닐 법한 개연성이 가장 많은 속성이다― 입어야 한다." 그리고 그는 각주에서 덧붙인다. "내가 추상들을 권한다고 말하지 마라.

---

67 J. P. Eckermann, *Conversations of Goethe*, Trans. by S. M. Fuller, Boston 1839, 258쪽.

왜냐하면 한 인물의 정체성을 구성하는 그러한 부류적인 특성들은, 현실 자체가 실존에 속한 개별성에 대한 감각을 그보다 더 뚜렷하게 자극하지 못할 정도로 셰익스피어의 드라마에서 변경되어 각 인물 속에 개별화되기 때문이다. 역설적으로 들리겠지만, 기하학의 본질적인 속성들 중 하나는 탁월한 드라마에도 똑같이 본질적이다. 이에 따라 아리스토텔레스는 개별적인 것에다 보편적인 것을 끌어들일 것을 작가에게 요구했다. 주요한 차이점은 기하학에서는 보편적 진리가 의식에서 최고이지만, 창작에서는 진리가 개별적인 형태의 옷을 입는다는 점이다."[68]

이러한 설명들 중 어떤 것들은 그 자체로 오해의 소지가 있다는 점을 시인할 수밖에 없다. '어떤 부류를 대변하는', '일반적인 속성들', '한 인물의 정체성을 구성하는 부류적인 특성들'과 같은 표현들은 창작의 '보편성'에 관한 잘못된 견해 —'개별성'은 보편적인 것 바깥에 있는 것이고 창작적으로 중요한 것이 아니라는 견해— 를 함축하는 것처럼 보인다. 하지만 그는 '개별적인 형태가 최고인 것'이라고 말한다. 사람들은 '보편적인 것'이, 개별적인 것에서 만나는 모든 진리인 대신에 한 가지 추상적인 진리였다고 생각할지도 모른다. 하지만 '그가 처한 상황으로부터 그가 가장 지닐 법한 속성들'이란 표현은 맞는 표현이고 아리스토텔레스의 것이다. 하지만 어떻게 그런 속성들이 '한 부류'의 속성들이라 불릴 수 있는가?

여전히, 작가는 개별적인 것에만 관계하는 것처럼 보일 때에도

---

68 S. T. Coleridge, *Biographia Literaria*, London 1847, 2장 41쪽.

사실 '항상 어디에든 있는 것'(quod semper quod ubique)과 관계한다는 점은 대체적으로 아리스토텔레스, 괴테, 콜리지를 관통하는 동일한 생각이다. 작가는 구체적인 사실을 포착하여 이를 재생산하지만, 그것을 통해 더 높은 수준의 진리, 즉 보편적인 것의 개념이 빛나도록 그것을 변형시킨다.

4

/

예
술
의　목
적

꩜

예술의 목적은 즐거움이다.

그것의 저급 형태들은 놀이(paidia)의 즐거움을 제공한다.

그것의 고급 형태들은 최상의 행복(eudaimonia)에 속하는

고상한 향유(diagōgē)를 제공한다

아리스토텔레스가 미학 용어인 '모방'(imitation)이라는 말을 어떤 의미로 썼는지를 보았다. 이제, '모방' 예술의 목적이 무엇이냐고 물을 차례다. '실용적'이라 불리는 기술들은 생존에 필요한 수단을 제공하고, 물질적 욕구를 충족시키거나, 삶에 도덕적·지적 자원들을 풍부하게 마련해 준다. 그것들의 목적은 저 멀리의 다른 목적에 종속되어 있다. 반면, 예술들의 목적은 즐거움(pros hēdonēn)이나 이성적 향유(pros diagōgēn)를 주는 것이다.[01] 요리법 같은 실용 기

---

[01] 『형이상학』 1권 1장 981b 17-20: "더 많은 기술들이 발견되었을 때, 어떤 기술들은 삶에 필요한 것들을 위해, 어떤 기술들은 향유를 위해 발견되었는데, 뒤의 기술을 가진 사람들이 앞의 기술을 가진 사람들보다 항상 더 지혜롭다고 생각해야 한다. 왜냐하면 그들의 앎은 유용성을 위한 것이 아니기 때문이다." 삶을 장식하고 즐거움을 주는 자유 기술들은 여기에서 향유를 위한 것(pros diagōgēn)이라고 말해지는데, 이것은 우리가 981b 21에서 접하는 즐거움을 위한 것(pros hēdonēn)과 동의어이다. 『형이상학』 1권 2장 982b 23 참조: "안락과 향유를 위해." 이 모든 구절에서 그와 대조된 표현은 삶에 필요한 것들(tanankaia)이다. 향유(diagōgē)는 여가를 즐김을 뜻하고, 아리스토텔레스에서 고급의 즐거운 활동과 저급의 즐거운 활동 사이를 왔다 갔다 한다. 낮은 단계의 의미에서 그것은 『니코마코스 윤리학』 4권 8장 1127b 34에서 놀이(paidia)와 결합되어 있고, 휴식(anapausis)의 일부이다. 그것은 보다 쾌활한 형태의 교제를 가리킨다. 10권 6장 1176b 12, 14에서 그 단어는 부유하고 권력을 가진 자의 놀이에 대해 사용된다. 10권 6장 1177a 9: "행복(eudaimonia)은 그와 같은 종

술이 즐거움을 산출하는 경우가 있을 수 있지만, 이는 그것의 본질을 이루는 부분이 아니다. 또 어떤 예술이 우연히 유용한 결과를 산출할 수 있고, 입법자에게 맡겨져서 도덕적 수단이 될 수 있다. 어떠한 경우든 그 결과는 예술의 진정한 목적과 혼동될 수 없다. 하지만 예술로부터 유래한 즐거움은 고급의 종류이거나 저급의 종류일 수도 있다. 왜냐하면 아리스토텔레스는 즐거움들 사이에서 종적인 차이를 인정하기 때문이다. 한편으로, 휴식(anapausis)이나 놀이(paidia)에 의해 제공되는 무해한 즐거움이 있다.[02] 그러나 놀이는 본질적으로 목적이 아니다. 그것은 바쁜 사람에게 새로운 힘의 발휘를 준비시키는 휴식이고, 더 일하기 위한 수단으로서 가치 있다. 그것은 그 안에 삶의 최고 목적인 잘-삶(well-being) 또는 행복의

류의 향유에 있지 않다"에서 그것은 보다 비천하게 육체적 즐거움들(sōmatikai hēdonai)에 적용된다. 고양되고 고상한 향유로서 그것은 『정치학』 7권 15장 1334a 16에서 여가(scholē)와 연결되어 있다. 이러한 측면에서 그것은 예술과 철학이라는 두 영역에 특별히 적용된다. 『정치학』 8권 5장 1339a 25에서 그것은 현명(phronēsis)과 연결되어 있고, 음악이 제공하는 보다 높은 수준의 미적 향유를 나타낸다. a 30-31부터 음악적 향유는 그 자체로 목적이고, 따라서 놀이와 구별된다. 『정치학』 8권 5장 1339b 14 이하에 음악이 기여하는 세 가지 목적 ─교육(paideia), 놀이, 향유─ 이 언급된다. 이 중 마지막 것은 아름다움(to kalon)을 즐거움(hēdonē)과 결합하는 것으로 언급된다. 이 둘은 행복에 들어가는 요소이다. 그리고 그 단어는 『니코마코스 윤리학』 10권 7장 1177a 27에서 사유의 삶을 가리킨다. 그곳에서 그것은 사변적 이성의 활동에 적용된다. 그리고 『형이상학』 11권 7장 1072b 14에서 그것은 신적인 사유 활동을 지시한다. 이렇듯, 보다 높은 수준의 예술적 또는 철학적 향유는 여가를 이상적으로 사용할 때 오는 기쁨이다(『정치학』 8권 3장 1338a 21: "여가 때의 향유" 참조). 그것은 행복을 구성하는 기쁨에 찬 순간들이다. 다음 참조. 『정치학』 8권 3장 1338a 1: "여가 자체는 즐거움과 행복과 복된 삶을 포함하는 것으로 보인다."

02 『정치학』 8권 5장 1339b 25.

요소를 갖지 않는다. [03]

  아리스토텔레스는 다양한 종류의 예술들에 등급을 매기거나, 비극의 즐거움이 희극의 즐거움보다 우월하다고 명시적으로 말하지 않지만, 그가 다양한 형태의 음악들 간에 내린 구별은 그가 다른 예술들을 판단할 기준을 지적하는 것으로 받아들일 수 있다. 음악은 그것이 지닌 여타 기능들과 따로 아이들을 위한 오락으로서 봉사할 수 있다. 그것은 유아의 딸랑이를 대체하는 장난감이다. [04] 또한 그것은 고귀하고 이성적인 향유를 제공하고 그것을 감상할 능력을 가진 청중에게 최고 행복의 요소가 될 수 있다. [05] 또한, 아리스토텔레스는 우스운 것이 일반적으로 진지한 것보다 열등하고, [06] 사람들에게 진지한 일을 준비시킨다고 주장한다. 우리는 같은 원칙, 즉 희극은 단순히 일종의 장난스런 활동이라는 점이 삶뿐만 아니라 문학에서 유효하다고 추론할 수도 있다. 희극으로부터 유래한 즐거움은 그에 상응하는 질을 갖는다. 그것은 스포츠나 레크리에이션에 속한 여타 즐거움들과 나란히 선다. 그러나 예술은 그것의

---

03 『니코마코스 윤리학』 10권 6장 1176b 30-1177a 1: "우리는 행복을 제외한 ─행복은 목적(telos)이기 때문이다─ 거의 모든 것을 다른 목적을 위해 선택한다. 놀이를 위해 진지하게 애쓰고 힘을 기울인다는 것은 어리석고 너무 유치해 보인다. 아나카르시스의 말대로, 진지하게 애쓰기 위해 놀이를 즐긴다는 말이 맞는 것처럼 보인다. 왜냐하면 놀이는 휴식과도 같고, 사람들은 연속적으로 힘을 기울일 수 없어 휴식이 필요하기 때문이다. 그러니 휴식은 목적이 아니다. 그것은 활동을 위해 있게 되기 때문이다."

04 『정치학』 8권 5장 1339b 13-17, 6장 1340b 30.

05 아래의 각주 30을 보라.

06 『니코마코스 윤리학』 10권 6장 1177a 3.

최고 개념에서, 인간의 궁극적인 잘-삶을 구성하는 정신의 진지한 활동 중 하나이다. 그것의 목적은 즐거움이지만, 이성적인 향유 상태에 특유한 즐거움이고, 이 즐거움에서 완전한 휴식은 완전한 에너지와 결합된다. 그것을 초기 예술의 조야한 모방에서 발견되는, 유사성의 발견으로부터 일어나는 즐거움과 혼동해서는 안 된다. 『창작술』의 한 구절은 정말로 그것만 따로 읽으면 우리를 그런 추리로 인도할지 모른다.[07] 앎에 대한 본능, 인지의 즐거움은 그 구절에서 적어도 더 발전된 몇몇 예술이 즐거운 주요 요인이다. 그러나 그 언급은 진정한 미적 향유보다는 유사성에 대한 대중적인 감상을 가리키는 것처럼 보인다. 이것은 아마도 저급의 동물적 삶에 대한 조형적이거나 회화적인 모방으로부터 유래한 즐거움에 대해 다른 곳에서 제시된 설명에 의해 확인될 것이다.[08] 이러한 대상들은 아리스토텔레스가 이해한 예술적 모방의 범위 안에 들어오지 않는다. 그것들은 예술이 오로지 관계하는 인간의 정신적인 삶을 재생산하지 않는다. 그것들은 직공의 솜씨를 보일 기회를 제공할 뿐이다. 그리고 그것은 자연이 수단을 목적에 적응시키는 데 보이는 자

---

07 『창작술』 4장 1448b 9-19. 다음 참조. 『연설술』 1권 11장 1371b 4-10: "배움(to manthanein)과 경탄함(to thaumazein)은 즐거우므로, 다음과 같은 것들, 즉 그림, 조각, 창작에서 모방된 것도 즐거울 수밖에 없다. 모방된 것 자체는 즐겁지 않더라도 잘 모방된 것도 그렇다. 왜냐하면 그것에 기뻐하지는 않고, '이것이 저거구나'라는 추론(syllogismos)이 있어서 배움과 같은 결과가 나오기 때문이다."

08 『동물의 몸에 관하여』 1권 5장 645a 4 이하를 인용한 이 책의 2장 각주 49의 구절, 특히 "동물들에 대한 모방적 재현물들은 화가나 조각가의 제작 기술을 드러내기 때문에 매혹적이다"는 부분을 보라.

연의 관조로부터 솟아나는 즐거움과 비슷한 즐거움을 제공한다.

아리스토텔레스에게 아마도 회화 예술과 조형 예술의 순수 지적인 측면을 과도하게 강조하는 경향이 있을 것이다. 그러나 예술에서 최고의 위치를 차지하는 창작을 다룰 때, 그는 본래적 의미의 미적 향유는 지성적인 근원보다는 감정적인 근원으로부터 나온다는 점을 분명히 한다. 이성보다는 주로 감정에 호소가 이루어진다. 한마디로, 예술과 철학은, 별개의 영역을 차지하지만, 각각 상대에 인접한 영역에서 완전한 결실을 발견한다. 예술에서 완벽한 것에 대한 관조를 따르는 감정의 만족은 그 질이 사변적 사유의 만족과 비슷한 승화된 기쁨이다. 각각은 본질적으로 완전한 즐거움의 순간이고, 최고 행복의 이상적 영역에 속한다.[09]

(1) 즐거움의 가치와 (2) 놀이로 본
예술에 대한 아리스토텔레스와 플라톤의 대조

아리스토텔레스가 플라톤에 대해 보이는 몇 가지 차이점은 곧

---

09 다음 참조. 헤겔의 『예술철학』 머리말(B. Bosanquet 번역), London 1886, 12쪽: "확실히, 즐거움과 오락의 목적에 봉사하는 일, 우리의 환경을 장식하는 일, 우리 삶의 외부 조건들에 쾌적함을 부여하는 일, 그리고 장식으로써 다른 대상들을 강조하는 일은 우리가 덧없는 소일거리로 기술에 종사할 수 있는 경우이다. 이러한 방식의 종사는 정말로 독립적이지도 자유롭지도 못하고, 노예적이다. 그러나 우리가 살펴보고자 하는 것은 그 수단이나 목적에서 자유로운 기술이다. … 예술은 그런 의미에서 자유로울 때까지는 진정한 기술이 못 된다. 그리고 그것은 종교와 철학과 같은 영역에 자리를 잡을 때에만 최고의 임무를 성취한다."

바로 분명하다. 플라톤에게 즐거움은 비천한 것을 연상시키는 단어였고, 대중적인 즐거움은 이중으로 비천했다. 음악 같은 모방 예술은 타락시키는 영향을 미치기 쉽다. 이는 다른 이유가 아니라면, 바로 그것이 대중들을 즐겁게 하려고 노력하기 때문이다.[10] 창작도 그와 비슷한 결함을 지닌다. 그것은 일종의 연설술,[11] 즉 뒤섞인 청중을 향한 즐거운 아첨이다. 따라서 그것은 소피스트술, 개인 숭배술, 제빵술과 같은 그룹에 속한다. 이 모든 기술은 최상의 것이나 진정으로 건강한 것을 주목하지 않고 순간의 즐거움을 주목한다.[12] 음악적 탁월성은 즐거움에 의해 측정된다는 통속적인 견해는 플라톤에게는 일종의 모독으로 보인다.[13] 굳이 즐거움을 기준으로 받아들이고자 한다면, 그것은 "덕과 교육의 측면에서 탁월한 한 사람"이 갖는 즐거움이어야 한다.[14] 즐거움, 특히 미적 즐거움이라고 주장되는 것들에 대해 다른 곳보다 주의 깊게 분석되고 평가되는 『필레보스』에서도, 최고의 또는 혼합되지 않은 즐거움은 좋은 것들의

---

10 『법률』 2권 659a-c.

11 『고르기아스』 502d: "연설술의 대중연설."

12 『고르기아스』 462e-463b. 『국가』 2권 373b-c 참조.

13 『법률』 2권 655c-d: "하지만 대다수의 사람들은 음악(mousikē)의 올바름(orthotēs)은 혼들에 즐거움을 제공하는 능력에 있다고 말합니다. 그러나 이러한 주장은 받아들여질 수 없고, 불경건하기조차 합니다."

14 『법률』 2권 658e-659a: "저는 음악은 즐거움에 의거해 판정되어야 하지만, 아무 사람들의 즐거움에 의거해 판정되어서는 안 된다는 점, 그리고 가장 훌륭하고 충분히 교육받은 사람들을 즐겁게 하는 저 뮤즈 여신이 가장 아름답지만, 무엇보다 탁월성과 교육에서 빼어난 한 사람을 즐겁게 하는 뮤즈 여신이 가장 아름답다는 점에 … 동의합니다."

단계에서 5위를 차지할 뿐이다. 아리스토텔레스는 즐거움에 대한 플라톤의 불신을 공유하지 않는다. 『니코마코스 윤리학』에서 그는 판단을 오도하는 즐거움의 힘을 전적으로 인정하고, 그것이 지닌 우아하면서도 위험한 영향력을 트로이아의 원로들이 느낀 헬레네의 영향력에 비교한다.[15] 그리고 그는 사람들의 무리에 속한 즐거움을 경시하는데, 그들은 "결코 자신들이 맛보지 못한 고귀한 것과 진정으로 즐거운 것에 대한 개념을 형성할 수 없다."[16] 그러면서 그는 올바른 대상들에서 즐거움과 고통을 느끼도록 훈련받을 필요가 있다고 주장한다. 그는 본질적으로 악이니까 즐거움을 억눌러야 한다고 결코 암시하지 않는다. 아니, 즐거움은 모든 건강한 기관과 능력의 발휘에 정상적으로 수반되는 것이다. 그것은 "젊은이의 얼굴에 건강이 꽃피듯",[17] 그러한 발휘를 보완하여 완전한 것으로 만든다. 이미 언급된 『형이상학』의 구절(1권 1장)에서 예술의 발견자들은, 유용함이 아니라 즐거움에 이바지한다는 바로 그 이유로, 실용 기술의 발견자들보다 '더 지혜롭다'고 말해진다.

　더 나아가, 플라톤에게 창작과 회화 등의 예술들은, 기껏해야 해롭지 않은 즐거움을 제공하는 것으로서,[18] 유희의 성격을 띤 것이

15　『니코마코스 윤리학』 2권 9장 1109b 9.

16　『니코마코스 윤리학』 10권 10장 1179b 15.

17　『니코마코스 윤리학』 10권 4장 1174b 33: "한창 때에 있는 젊은이들에게 아름다움이 있듯, 즐거움은 활동에 수반되는 어떤 목적으로서 활동을 완성한다."

18　『법률』 2권 667e: "당신은 해롭지 않은 즐거움만을 말하고 있습니다." 같은 표현을 아리스토텔레스는 음악을 유희로 언급하는 『정치학』 8권 5장 1339b 25: "왜냐하면 즐거운 것들 중 해롭지 않은 것들은 …"에서 사용한다. 또한 다음 참조.

다.[19] 이 유희는 다른 어떤 종류보다 더 '예술적이고 우아할' 수 있지만,[20] 진지한 목적을 지니고 자연과 협력하는 의술, 농업, 체육과 불리하게 대조된다.[21] 요컨대, 모방 예술은 도덕적 진지함을 결하고 있다. 그것은 사물들의 표면에서 이루어지는 농담, 스포츠, 아이들 놀이이다. 하지만 희극도 『법률』에서 전적으로 배제되지는 않는다.[22] 그것은 교육적인 목적에 이바지할 수 있다. 왜냐하면 진지한 것은 우스운 것을 함축하고, 반대되는 것들은 반대되는 것들이 없이는 이해될 수 없기 때문이다. 따라서 시민들은 삶에서 우스운 것을 행하는 것을 피하기 위해, 무대 위에서 희극이 공연되는 것을 관람할 수 있다. 그러나 그것은 그러한 인물들이 노예들에 의해서만 공연되어야 한다는 조건 아래에서만 가능하다. 아리스토텔레스는, 우리가 보았듯이, 유희로서의 예술과 이성적인 여가 향유로서의 예술을 구별한다. 그는 아마도 희극과 저급 예술을 유희

『법률』 2권 670d: "노래함으로써 그 순간 스스로 해롭지 않은 즐거움들을 누리도록."

19 『정치가』 288c: "그러한 예술들은 모두 일종의 노리개(paignion ti)라고 불릴 수 있다. 왜냐하면 그것들은 어느 것도 진지함(spoudē)을 위해 행해지지 않고, 모두 놀이(paidia)를 위해 행해지기 때문이다." 『국가』 10권 602b(특히 비극작가와 서사시작가에 대해), 『법률』 7권 817a(희극에 대해): "우리 모두가 희극이라고 부르는 모든 웃음을 자아내는 놀이들은 … "에서도 마찬가지이다.

20 『소피스트』 234b: "자네는 놀이 중 모방적인 것보다 더 기술적이거나 더 우아하기도 한 종류를 아는가?"

21 『법률』 10권 889d: "그것들은 의술, 농업, 체육처럼 자연과 함께 그것들이 가진 힘을 공유했던 기술들입니다."

22 『법률』 7권 816d-e. 몰리에르도 "희극의 일은 사람들의 악덕을 고치는 것이다"라고 공언한다(『타르튀프』 서문).

로 놓을 것이지만, 보다 높은 수준으로 제시된 예술은 그렇지 않을 것이다. 비극은 바로 유희에 반대되는 행동의 모방이다. 이 진지한 행동(praxeōs spoudaias)은 삶의 최고선 또는 목적과 관련되어 있다. 그리고 삶의 그러한 측면을 재생산하는 예술은 그 자체 진지한 예술이다.

❧

예술의 목적으로서 청중이나 관객(theatēs)의 즐거움

그렇다면 예술의 목적은, 아리스토텔레스에 따르면, 청중이나 관객의 마음에 일정하게 산출된 즐거운 인상이다. 우리는 여기에서 예술가는 단지 자신의 향유를 위해 작업하고, 창작 행위가 제공하는 내적 만족이 예술가에게 목적이라는 후대의 생각을 끌어들이지 않도록 주의해야 한다. 예술가의 위상에 관한 그러한 개념은 정말로 예술가가 자신의 예술보다 덜 존경받았던 그리스에서는 형성되지 않았다. 그의 전문 기술은 자기만족적인 독립적 활동을 결여한 것으로 보였다. 그리고 작가는, 화가나 조각가처럼 수공인의 조건에 가깝지도 않고 대개는 작품 거래를 하지도 않았기 때문에, 다른 예술가들보다 대중의 평가 면에서 더 높은 위치에 있었지만, 그도 자신을 위해 작업하지 않고 타인을 위해 작업한 사람이었고, 그래서 점잖은 여가로부터 멀리 떨어져 있었다. 아리스토텔레스의 이론은 제작자의 즐거움이 아니라 완성된 산물을 관조하는 '관객'(theatēs)의 즐거움에 관계한다. 그래서 철학의 즐거움은 ―지적 활동은 본질적으로 목적이기에― 철학하는 사람을 위한 것이지만, 예술의 즐거움은 예술가를 위한 것이 아니라 그가 창조한 것을 누리는 사람들을 위한 것이다. 굳이 예술가가 자신의 예술에 특별히 속한 즐거움을 공유한다면, 그것은 예술가가 아니라 대중의 한 사람으로서 그가 누리는 즐거움이다.

❧

예술의 목적이
즐거운 인상에 있다는 말에 대한 현대의 반론

현대의 사고방식에 친숙한 사람들에게는 아리스토텔레스가 예술의 목적을 작품의 완성에 필요한 일정한 객관적인 성격의 실현에 두지 않고 즐거운 감정에 둔다는 점이 아리스토텔레스의 이론이 지닌 심각한 결점으로 보일지 모른다. 예술적 창조물은 그 자체로 완성된 것이라고 말할 수 있다. 그것의 목적은 내재적이지, 초월적이지 않다. 그것이 산출하는 효과는, 그 효과가 직접적이든 간접적이든, 즐거움이든 도덕적 개선이든, 본질과 내부 성격의 상태로 있는 대로의 대상과 관련이 없다. 진정한 예술가는, 자연이 목적을 향해 방향을 잡은 생명 과정들에 관여하듯, 외적 효과들에 관여하지 않는다. 아리스토텔레스의 일반적인 철학 체계에서 대상의 목적은 그 대상 안에 있고, 그 대상이 자신에 고유한 탁월성을 성취하여 자신의 존재 법칙을 이행할 때 도달된다는 점을 우리는 기억한다.[23] 회화나 문학 작품이 자연의 유기체처럼 그 목적을 어떤 외부적 효과를 통해서가 아니라 자신의 이념을 실현함으로써 도달한다는 점을 아리스토텔레스가 보지 못한 이유가 뭐냐는 물음이 있다. 예술의 목적이 일정한 감정 효과에서, 순수하게 주관적인 즐거움에서 발견될 수 있다면, 그 목적은 자의적이고 우연적이고 각 개인의 기분에 의존하는 것이 된다. 플라톤은 보다 진정한 예술 관념에 이르는 길을 이미 보여주었다. 왜냐하면 그리스의 창작에 대해 아주 잘못 판단하긴 했어도, 그는 이데아들의 세계를 감각에 비쳐줄 더 높은 수준의 예술에 대한 견해를 마음속에 품고 있었기 때문이다. 그곳에 적어도 예술의 객관적인 목적이 있었다. 아리스토텔레스 자신이 예술을 "진정한 이념과 일치하는 산출의 능력"으로 정의내린 것도[24] 그가 예술에다 자신의 전 체계와 보다 일치하는 목적을 부여하는 것으로부터 떨어져 있지 않다는 점을 보여주는 것으로 인용된다. 만일 예술 일반이 외적 형태로 진정한 이념을 실현하는 능력이라면, 그는 아름다움을 외적 형태로 드러내는 것으로 파악하는 현대적 예술 관념과 본질적으로 다르지 않은 예술에 대한 정의에 쉽게 도달했을 것이다. 아리스토텔레스가 얼마간 주제를 일관되게 다루지 못했을 수도 있을 것이다. 예술의 한 분과로서의 미학에 대한 그의 이론에 따르면, 예술의 목적은 구체적인 형태로 형상(eidos)을 실현하는 순수 객관적인 것이어야 한

---

23 『자연학』 2권 2장 194a 28: "자연(physis)은 목적(telos)이자, 어떤 것이 위하는 것(hou heneka)이다." 『정치학』 1권 2장 1252b 32도 그렇다.

24 『니코마코스 윤리학』 6권 4장 1140a 10: "기술(예술, technē)은 참된 이성(logos)을 가진 창작적 성향이다."

다. 그러나 창작과 음악과 같은 개별 예술들을 다루면서, 그는 일정한 즐거운 감정에 그 본질이 있는 주관적인 목적을 수용한다. 여기에 빠져나갈 방도가 없어 보이는 형식적인 모순이 있다. 예술 작품들의 효과에 대한 관찰로부터 일반화하면서 아리스토텔레스가 예술의 주관적인 측면을 그의 철학 체계 전체와 일치하기 힘들게 부각시키는 것처럼 보일 것이다. 만일 우리가 그의 사유노선을 전개하고자 노력한다면, 우리는 제작 활동의 외부에 놓인 목적을 추구하는 예술가가 예술 작품이 생겨나게 될 때 —즉, 변화의 과정(genesis)이 끝날 때, 재료(hylē)에 예술적 형상(eidos)이 찍히고, 잠재적인 것이 현실적인 것으로 발전되었을 때— 그 목적에 도달한다고 말할 수 있다.[25] 어떻게 그 목적이 도달되었는지 우리는 알 수 있는가? 수용하는 주체의 마음에 산출된 즐거움의 효과에 의해서 알 수 있다. 예술 작품은 본성상 그것을 대면하는 개인의 감각과 상상력에 대한 호소이다. 그것의 완성도와 성공은 주관적인 인상에 의존한다.

그것은 마음속에서만, 정신적 활동(energeia)의 방식을 따르는 즐거움에서만 완전한 존재에 이른다. 그래서 예술가의 제작 활동은 자연스럽게 그가 염두에 두고 작품을 만드는 개인의 수용 활동에 종속되어 있게 된다.

---

25 이 책의 2장 각주 47을 보라.

그러한 반론에 대한 평가

아리스토텔레스에서 사물의 진정한 본성은 그것이 '가하거나 겪을 수 있는'(pephyke poiein ē paschein) 힘에 의해 표현될 수 있다. 그것의 결과는 그것의 본질적 성질과 동의어인 것으로 취급된다.[26] 예술 작품에서도 그렇다. 정말로 그것의 감정적 효과를 정확하게 특징짓고자 한다면, 우리는 그 활동의 내용을 언급함으로써 그렇게 해야 한다. 그러나 예술 작품과 그 효과는 분리될 수 없으므로, 예술적 대상은 그것이 일깨우는 감정의 조건에서 느슨하게 논의될 수 있다.[27] 하지만 이러한 견해는 예술의 기능을 우연과 개인적인 변덕에 의존하는 것으로 만들지 않는다. 주관적 감정은 인간 본성에 깊게 박혀 있기에 일종의 객관적 타당성을 획득한다. 윤리학에

---

26 한 사물의 힘(dynamis)은 그것의 실체(ousia), 형상(eidos), 정의(logos), 본성(physis)과 밀접하게 연결되어 있다. 다음 참조. 『동물의 발생에 관하여』 2권 1장 731b 19: "암컷과 수컷의 힘, 그것들의 실체(본질)에 관한 정의가 무엇인지", 『감각과 감각대상에 관하여』 3장 439a 23: "공통된 본성과 힘", 『니코마코스 윤리학』 5권 4장 1130b 1: "왜냐하면 전체로서의 부정(不正)과 부분으로서의 부정은 둘 다 타인과의 관계에서 그 힘을 갖기 때문이다." 『창작술』 1장 1447a 8-9: "창작술의 각 종류가 어떤 힘을 갖는지"도 그렇다. 다음 참조. 6장 1450b 15-16: "언어적 표현은 운문과 산문에서 같은 힘을 갖는다."

27 실러도 비슷하게 비극의 본질과 목적을 그것이 산출하는 효과에서 발견한다. 그의 글 'Ueber die tragische Kunst'와 1797년 12월 12일 괴테에게 보낸 다음의 구절이 담긴 편지를 보라. "그래서 저는 청중을 얼마간 고려해야 한다고 믿는데, 이것을 비극작가는 무시할 수 없습니다. 어떠한 목적, 즉 이러한 창작 장르에서 완전히 포기되지는 않는 외적 인상을 고려할 때 당신은 난처하게 됩니다. …"

서 도덕적 통찰을 지닌 사람(ho phronimos)을 받아들이고 ―이 사람의 훈련된 판단에 윤리적 문제의 평가가 맡겨진다― 결국 옳음의 '기준과 법'이 되는 사람을 취하듯,[28] 아리스토텔레스는 예술에서도 건전한 미적 본능을 지닌 사람(ho charieis)을 취한다. 그리고 이 사람이 취미의 기준이고, 이 사람에게 마지막으로 호소하여 동의가 이루어진다. 그는 단순한 전문가가 아니다. 왜냐하면 아리스토텔레스는 예술에서 전문가들의 판단을 불신하고,[29] 대중의 판단을 선호하기 때문이다. 그러나 그것은 교양 있는 공중의 판단이어야 한다. 『정치학』과 『창작술』에서 그는 고급의 청중과 저급의 청중을 구별한다.[30] '자유롭고 교육받은 청중'은 음악 공연에서 통속적인 부류의 청중에 대립된다. 각 부류의 청중은 다양한 종류의 음악을 즐기고, 그 공연으로부터 가능한 즐거움을 끌어낸다. 열등한 종류의 즐거움은 열등한 유형의 음악만을 감상할 줄 아는 사람들에게 부정되어서는 안 되지만 ―그들이 이 음악을 좋아하는 것은 전혀 좋아

---

28 『니코마코스 윤리학』 3권 4장 1113a 33. 탁월한 인물(spoudaios)은 기준이나 척도와도 같다.

29 『정치학』 3권 6장 1282a 1-21 참조.

30 『정치학』 8권 7장 1342a 18-28: "관객(theatēs)은 두 종류이다. 하나는 자유민이자 교육받은(pepaideumenos) 관객이고, 다른 하나는 … 저속한(phortikos) 관객이다." 『창작술』 26장 1461b 27-28에서 더 나은 관객을 상대로 한 모방은 덜 저속하다. 플라톤의 『법률』 2권 658e 참조: "가장 훌륭하고 교육을 충분히 받은 사람들을 즐겁게 하는 뮤즈 여신이 가장 아름답습니다."
『연설술』 1권 3장 1358a 37-b 2에서 연설술의 목적(telos)은 청중과 관련되어 있다. "연설은 세 가지의 것으로, 즉 연설자, 연설 주제, 연설 상대로 구성되어 있고, 그 목적은 마지막의 것, 즉 청중을 향해 있다."

하지 않는 것보다 낫다― 저급의 즐거움을 음악 예술의 진정한 목적으로 받아들여서는 안 된다.[31]

더 나아가, 극장에서 비극 작가들은 자신들의 비극에다 해피엔딩을 넣어 허약한 청중을 만족시키려는 유혹을 느낀다는 점도 주목된다. 그러한 관행은 완전히 금지되지는 않는다. 그러한 극작은 전형적인 비극적 즐거움을 제공하지 않고, 희극에 고유한 즐거움을 제공한다.[32] 요컨대, 한 예술의 목적은 '우연한 즐거움'이 아니라,[33] 그 예술에 독특한 즐거움이다. 모든 예술은 교육받은 취향을 갖고,

---

31 『정치학』 8권 5장 1340a 1-2에서 음악이 주는 보편적인 즐거움은 공통의 즐거움(hē koinē hēdonē)이라 불린다. 그리고 그것은 자연스런(physikē) 즐거움이다. 그것은 보다 높은 수준의 즐거움과 구별된다.
　　『자연학적인 문제들』 18권 4절 916b 36-917a 1에서 음악가의 기술과 배우의 기술은 오로지 즐거움에 겨냥되어 있다. "왜 우리는 연설가와 장군과 사업가를 교활하다고 말하고, 음악가와 배우는 그렇다고 말하지 않는가? 뒤의 사람들이 지닌 능력은 탐욕과 관련이 없지만(이 능력은 즐거움을 겨냥하기 때문이다), 앞의 사람들이 지닌 능력은 탐욕에 관련되어 있기 때문이다."

32 『창작술』 13장 1453a 33-36: "그것은 관객들이 허약하기 때문에 1위의 것으로 여겨진다.. … 그러나 그것은 비극으로부터 나온 즐거움이 아니라, 오히려 희극에 더 고유한 즐거움이다." '허약한 관객'이란 표현에 대해서는 다음 참조. 『연설술』 3권 18장 1419a 18: "왜냐하면 허약한 청중 때문에 많은 질문을 할 수 없기 때문이다." 다시 말해, (논쟁 등에서) 긴 추리 과정을 좇아갈 수 없는 일반 대중을 상대로는 많은 질문을 던질 수 없다. 『연설술』 3권 1장 1404a 8: "청중의 나쁜 상태 때문에."

33 『창작술』 14장 1453b 10-11: "왜냐하면 우리는 비극으로부터 온갖 즐거움을 요구해서는 안 되고, 그것에 고유한 즐거움(oikeia hēdonē)만을 요구해야 하기 때문이다." 26장 1462b 13-14: "왜냐하면 비극과 서사시는 아무런 즐거움(tychousa hēdonē)이나 산출해서는 안 되고, 앞에서 말한 즐거움을 산출해야 하기 때문이다." 이것과 더불어 『정치학』 8권 5장 1339b 32 참조: "삶의 목적(telos)은 아마도 아무런 즐거움이나 갖지 않고, 특정 종류의 즐거움을 가질 것이다."

깨우친 공중을 대표하는 이상적인 관객이나 청중에게 말을 건다. 그는, 도덕적인 통찰을 지닌 사람이 도덕의 규칙이자 기준이라 불리듯, 그 예술의 '규칙이자 기준'이라 불릴 수 있다. 그러나 그러한 상상적인 즐거움은 고립된 개인을 암묵적으로 지시하지 않고, 사회적 유기체 내에 존재하는 사람을 암묵적으로 지시한다. 아리스토텔레스와 그리스의 관점에서, 예술은 공동체의 고차적인 삶에서 한 가지 요소이다. 그것이 제공하는 즐거움은 지속적인 즐거움이고, 시민적 목적들로부터 분리되어 있지 않은 미적 향유이다.[34]

그리고 그 목적은 어떤 감정 상태이지만, 그것은 정상적인 구조의 인간성에 고유한 감정이다. 즐거운 효과는 사람들이 때때로 생각하는 듯 예술의 본질에 낯설지 않다. 그것은 객관적인 실제 사실의 주관적인 측면이다. 모든 종류의 창작은 독특한 즐거움을 수반하고, 이 즐거움은 그 작품을 판단하는 기준이다. 비극적 행동은 동정과 두려움을 불러내는 내적 능력을 지닌다. 작가는 이 성질을 드라마의 소재에다 새겨야 한다.[35] 그리고 그것이 예술적으로 이루어지면, 동정할 만한 것과 끔찍한 것의 결합으로부터 일어나는 특이한 즐거움이 정상적으로 인간적인 공감과 능력을 소유한 모든 사람의 마음에 일어날 것이다. 비극에서 예술적 공과의 시금석은 그것이 이것, 즉 그것에 특유한 기능을 이행하는 정도이다. 아리스

---

34 W. J. Courthope, *Life in Poetry: Law in Taste*, London 1901, 209쪽 이하를 보라.
35 『창작술』14장 1453b 11-14: "작가는 동정(eleos)과 두려움(phobos)에서 나오는 즐거움을 모방을 통해 제공해야 하므로, 분명히 그러한 점이 드라마의 사건들에 각인되어야 한다."

토텔레스가 비극 작가에게 규정한 모든 규칙은 ―이 규칙들은 적절한 플롯 구성, 이상적인 영웅의 성격, 인지의 최고 형태 등을 결정한다― 그와 같은 일차적인 요구로부터 흘러나온다. 즐거운 감정 상태는 우연한 결과가 아니라, 그것을 불러내는 대상에 내적으로 관련되어 있다. 수용자의 즐거움은 한 예술이 지닌 기능의 수행에 필요하지만, 주관적인 인상은 그 안에 지속적이고도 보편적인 요소를 지닌다.

5

/

예
술
과　도
덕
성

그리스의 전통적 견해는 작가의 도덕적 임무를 주장했다

예술에 고유한 목적에 관한 물음은 그리스에서 창작에 특별히 적용되어 논의되었다. 두 가지 견해가 유포되었다. 폭넓게 수용되었던 전통적인 견해는 창작이 직접적으로 도덕적인 목적을 갖는다는 견해였다. 작가의 주된 역할은 선생의 역할이다. 행위의 기술을 직업적으로 가르치는 사람들이 그리스에 나타난 후에도 작가들은 시대가 신성하게 여겼던 교육적 임무로부터 물러나지 않았다. 호메로스는 여전히 상상력을 사로잡은 신들린 작가로 생각되지 않고, 처신에 필요한 모든 규칙을 정한 위대한 선생으로 생각되었고, 그의 작품 안에 철학의 교훈들이 모두 숨겨져 있다고 생각되었다. 암암리에 다수에 의해 확실히 주장되었지만, 아리스토텔레스에 의해 처음으로 구체적인 모습을 갖춘 다른 이론은 창작이 감정적인 기쁨이고, 그것의 목적은 즐거움을 주는 것이라는 견해였다. 스트라본(Strabon)은 두 가지 대립적인 견해를 언급한다. 그는 에라토스테네스(Eratosthenes)가 "작가의 목표는 항상 정신을 매혹하는 것이지, 가르치는 것이 아니다"라고 주장했다고 전한다.[01] 그 자신은 고대인들에 동조하여 "창작술은 기초적인 철학과도 같아서, 일찍이 우리를 삶으로 인도하고, 우리에게 성격, 감정, 행동과 관련하여

---

01 Strabon, *Geographica*, i. 2. 3: "에라토스테네스는 모든 작가가 가르침이 아닌 혼을 인도함에 목표를 둔다고 말했다."

즐거운 가르침을 준다"고 주장한다.[02] 그는 그리스 도시들이 창작을 아동기의 첫 수업으로 규정했다고 주장한다. 그 도시들은 확실히 단지 즐거움을 주기 위해서가 아니라, 도덕적인 문제들에서 교정을 제공하기 위해 그렇게 했다.[03] 같은 과목을 성년기에도 이어가면서 그 도시들은 창작이 도덕에 관한 규제적인 영향으로서 인생의 모든 단계에 적용된다는 확신을 표명했다. 시간이 경과하면서 철학적인 역사적인 학습들이 도입되어 소수에게만 응대를 받았지만, 창작은 대중에게 호소력이 있었다는 점을 그는 주목한다.[04] 에라토스테네스는 자신의 표현을 바꿔 작가는 부분적으로는 즐거움을 주기 위해, 부분적으로는 가르침을 주기 위해 글은 쓴다고 말했어야 했다. 그렇지 않고 그는 창작을 노파의 우화들에 관한 특권을 지닌 이야기로 전환시켜 정신을 매혹시키는 것 외에 다른 목적을 지니지 않는 것으로 생각했다.[05] 하지만 창작이 언어를 매개로 삶을 모방하는 기술이라면, 어떻게 작가가 무감하고 인생에 무지할 수 있겠는가? 작가의 탁월성은 목수나 대장장이의 것과 같지 않다. 그것은 인간 존재의 탁월성과 묶여 있다. 먼저 좋은 사람이 아닌 사람은 좋은 작가일 수 없다.[06]

02 Strabon, *Geographica*, i. 2. 3: "그와 반대로, 옛 사람들은 창작술(poiētikē)이 어릴 적부터 우리를 인생으로 이끌어가고 즐겁게 성격과 감정과 행동을 가르치는 최초의 철학(philosophia)과도 같은 것이라고 말한다."

03 Strabon, *Geographica*, i. 2. 3: "확실히 혼을 단순히 인도하기(psychagōgia) 위해서가 아니라, 혼을 교정하기 위해서."

04 Strabon, *Geographica*, i. 2. 8.

05 Strabon, *Geographica*, i. 2. 3.

이 주목할 만한 구절은 창작이 지닌 엄격한 가르침의 기능이 다른 사람의 손에 넘어가고 난 지 오랜 시간이 지난 뒤에도 그리스에서 나중의 시기까지 지속되었던 정서를 정확하게 반영한다. 그것은 플루타르코스(Plutarchos)의 저술 어디에서든 만나 볼 수 있다. "창작은 철학의 예비 학교이다."[07] "창작은 젊은이의 마음을 철학의 교설들에 눈뜨게 한다."[08] 젊은이가 처음 그러한 교설들을 들을 때, 그들은 어리둥절하여 그것을 거부한다. "어둠으로부터 나와 완전한 햇빛으로 들어가기 전에, 그들은 황혼과 같은 것에, 허구와 섞인 진리의 부드러운 광선 속에 머물러야 한다. 그래서 주춤거리지 않고 철학의 눈부심에 고통 없이 대하도록 준비해야 한다."[09] 초보자는 현명한 안내를 필요로 한다. 이는 "이탈을 초래하지 않는 교육을 통해 그가 친절하고 친숙한 친구인 창작에 의해 철학이 있는 곳으로 인도되도록 하기 위함이다."[10]

---

06 Strabon, *Geographica*, i. 2. 5: "작가의 탁월성은 사람의 탁월성과 결부되어 있고, 먼저 좋은 사람이 되기 전에는 좋은 작가가 될 수 없다." A. Minturno, *De Poeta*, 1559와 비교해 보라. J. E. Spingarn, *A History of Literary Criticism in the Renaissance*, New York 1899, 55쪽에 제시된 내용들은 그러한 견해가 근대의 사유에 얼마만큼 깊은 영향을 미쳤는지를 보여준다.

07 Plutarchos, *Quomodo adolescens poetas audire debeat*, 1장: "작품들에서 예비적으로 철학해야 한다."

08 Plutarchos, *Quomodo adolescens poetas audire debeat*, 14장: "더 나아가, 창작은 철학에 담긴 교설들을 젊은이의 혼에 미리 열어주고 그쪽으로 가도록 자극한다."

09 Plutarchos, *Quomodo adolescens poetas audire debeat*, 14장: "젊은이들은 그 자리에 머물러, 오랜 어둠에서 나와 태양을 보려는 사람들처럼, 가짜 빛과 이야기들과 섞인 진리의 부드러운 빛 속에 있듯, 그러한 것들을 피하지 않고 고통 없이 응시하는 데 익숙해질 때까지 기다려야 한다."

10 Plutarchos, *Quomodo adolescens poetas audire debeat*, 마지막 부분: "선입견을 갖지

희극조차도 도덕적 기능을 발휘한다고 공언했다

그리스의 정신이 얼마나 깊이 작가의 도덕적 임무로 각인되었는 지는 아리스토파네스(Aristophanes)가 자신의 예술과 관련하여 받아 들이도록 강요받는 태도가 보여준다. 그는 희극작가가 공동체의 향유에 봉사하고 그 취향을 교육시킬 뿐만 아니라, 또한 도덕 교사 이자 정치 조언자라고 선언한다.[11] "희극도 정의(正義)와 친분이 있 다."[12] 희극은 우스운 것과 진지한 것을 섞는다.[13] 『아카르나이인들』 의 파라바시스[합창 지휘자가 작가의 이름으로 관객에게 말하는 부분. 역자] 에서 아리스토파네스는 옳은 것을 아테네인들에게 말한 용기를 가 졌다는 이유로 작가들 중 최고임을 주장한다.[14] 좋은 조언을 그는 제공하고 있고, 앞으로도 늘 그럴 것이다. 그의 풍자를 보자면, 그 것은 정직하고 참인 것을 결코 경시하지 않는다.[15] 그는 다른 곳에

않고 창작술에 의해 미리 교육을 받아 유순하게 친근하고 친숙한 상태에서 철 학으로 내보내지도록."

11 『개구리』, 1009-10행: "작가들은 도시의 사람들을 더 나은 사람들로 만들기 때 문이오." 이는 에우리피데스의 입을 통한 주장이다.

12 『아카르나이 구역민들』, 500행: "희극도 정의(to dikaion)를 안다", 『개구리』, 686-87행: "신성한 합창단은 이로운 것들을 도시에 더불어 권하고 가르쳐야 마 땅하오."

13 『개구리』, 389-90행: "그리고 우스운 것들도 많이 말하고, 진지한 것들도 많이 말하게 해 주소서."

14 『아카르나이 구역민들』, 645행: "아테네인들에게 옳은 것들을 감히 말하고자 했 던 사람."

15 『아카르나이 구역민들』, 656-58행.

서 자신을 헤라클레스에 비유하는데, 그는 보통의 인간 존재를 공격하지 않고 클레온 등 지상의 괴물들을 공격하고, 도시에서 그러한 재앙들을 제거하여 '이 땅의 청소부'라는 명칭을 얻을 자격을 갖는다.[16]

아리스토파네스가 에우리피데스(Euripides)에게 가하는 비평은 주로 도덕과 관련된 비평이다. 판단이 미적인 종류에 관한 것처럼 보이는 곳에서도 도덕적인 동기가 그것을 뒷받침한다. 에우리피데스는 그에게 나쁜 시민이고 나쁜 작가이다. 에우리피데스에게 그 옛 작가가 가장 혐오하는, 시대의 모든 경향이 구현되어 있다. 에우리피데스는 그 시대의 들떠 있음, 회의주의, 감상주의, 옛 전통과 종교적 관례와 시민적 충성에 대한 가차 없는 회의와 더불어 인격화된 시대정신이다. 그리고 에우리피데스는 사람들을 그 시대의 실용적인 삶의 작업에 부적합하게 만드는 경솔한 그 시대의 논쟁들, 용기와 애국에 대한 저급 이상과 더불어 인격화된 시대정신이다. 아리스토파네스는 소피스트 정신의 모든 국면을 에우리피데스에서 발견한다. 그곳에 도덕적 감정을 혼란시키는 당혹스런 변증술이 있다. 양심에 직접적으로 호소하는, 그리고 맹목적인 힘을 가진 것으로 인정되는 의무들은 에우리피데스에서 분석을 당한다. 더욱이, 에우리피데스는 손에 들어오는 아무런 수단을 통해 감정을 자극한다고 비난받는다. 단두대에 목을 내놓고 자신의 입장을 변호하려 할 때, 『아카르나이인들』에서 디카이오폴리스는 에우리피데

---

[16] 『말벌』, 1029-45행.

스의 영웅인 텔레포스의 누더기를 빌려온다. 그가 비애의 모든 무대-속성들을 빼앗아가, 에우리피데스가 "선생님, 당신은 나에게서 나의 비극을 강탈하려는군요"라고 탄식할 정도다.[17] 비극의 동정심이 에우리피데스에서 비천한 감상주의에 빠져 있다는 점을 아리스토파네스는 암시한다. 진정한 비참의 본질은 거지의 누더기나 절뚝거리는 걸음걸이에 있지 않다. 에우리피데스는 진정한 비극적 감정을 감각의 고통으로 대체한다.

우리의 관심은 여기에서 그 비평의 정당함에 있지 않고, 그 비평자의 관점에 있다. 그리고 도덕적 판단과 미적 판단의 일치는 아리스토파네스에서 특히 주목할 만한 가치가 있다. 그는 자신의 이상적인 비극작가인 아이스퀼로스(Aischylos)의 입에, 교사가 젊은이들의 교사이듯 작가는 성인들의 교사라는 말을 올린다.[18] 그리고 희극 무대도 ―굳이 아리스토파네스의 실행에 따르지 않더라도, 그의 이론에 따르자면― 성인 시민의 학교이다.

---

17 『아카르나이 구역민들』, 464행: "사람아, 내게서 비극을 다 빼앗아갈 속셈인가."
18 『개구리』, 1054-55행: "아이들에게는 일깨우는 교사가 있고, 어른들에게는 작가들이 있으니까." 다음 참조. 플라톤의 『뤼시스』 213e: "우리가 벗어났던 곳에서, 작가들에 따라 살펴보면서 나아가야 한다고 나는 생각하네. 이들은 우리에게 지혜의 아버지이자 인도자들과도 같으니까." 『법률』 9권 858d: "작가들, 그리고 삶에 관한 자신들의 조언을 기억하도록 운율이 들어 있기도 하고 없기도 한 글을 남긴 사람들."

아리스토텔레스는 창작의 미적 기능과 교육적 기능을 구별한다. 창작에 관한 그의 비판적 평가는 순수한 미적 근거에 의존한다

아리스토텔레스가 『창작술』에서 창작에 대해 다룬 것은 그러한 방식의 비평에 완전히 대조된다. 『정치학』에서 그는 이미 정치가와 사회 개혁가에게 제시되는 모습의 예술들을 다뤘다. 그는 유년기 동안 창작과 음악의 사용은 도덕적인 가르침을 전달해야 한다고, 그리고 일정한 형태의 창작은 일정 종류의 조형 예술들처럼 젊은 이에게 위험한 영향력을 행사한다고 생각한다. 그러나 한 예술의 진정한 목적은 그것이 미성숙의 정신을 훈련시키는 데 필요한 용도에 의해 판단될 수 없다. 그는 도덕적·정치적 교육에 보조적인 한에서 창작을 국가에 허용하고, 따라서 위대한 인물과 훌륭한 인물에 대한 찬가, 노래, 찬사를 제외한 또는 교훈시라는 일반적인 이름 아래에 속하는 것을 제외한 모든 형태의 창작을 배제하는 플라톤의 입장과 암암리에 싸운다. 그는 교육적 용도와 미적 향유를 구별한다. 성인들에게 작가의 기능은 교사의 기능이 아니다. 그가 교사라면 그것은 단지 우연히 그럴 뿐이다. 창작의 목적은, 모든 예술의 목적처럼, 감정적인 기쁨을, 순수하고 승화된 즐거움을 산출하는 것이다. 『창작술』에서 그는 문학 비평가이자 창작사가로서 글을 쓴다. 그는 더는 국가가 인정하고 교육 체계의 일부를 구성해야 하는 제도로서의 예술과 관계하지 않는다. 그의 탐구는 다양한 형태의 창작들 —그것들의 근원, 발전, 구조 법칙들, 정신에 미치는

영향— 에 관한 것이다. 그는 사유의 형태들을 분석하듯 창작 활동들을 분석한다. 그는 그 활동들이 본질적으로 무엇인지, 그리고 어떻게 그것들이 서로 구별되는 효과들을 산출하는지를 발견하고자 한다. 교훈의 관점은 포기된다. 우리는 몇 가지 창작이 관객이나 독자에게 미치는 직접적인 윤리적 영향에 대해, 또는 작가의 도덕적 의도에 대해 아무 말도 듣지 못한다.

특별히 관심을 가질 만한 25장의 구절에서 우리는 다음을 읽는다. "창작술과 정치술에서 올바름(orthotēs)의 기준은 같지 않다. 이는 창작술과 여타 기술에서도 마찬가지이다."[19] 아리스토텔레스는 창작적 진리가 학문적 진리와 동일하지 않다고 이미 주장했다. 창작은 의학, 자연학, 역사의 사실들을 운문으로 옮겨 놓은 것이 아니다.[20] 그는 이제 이런저런 앎의 영역들에서 보이는 기술적으로 부정확한 사항들은 창작 예술의 본질을 손상시키지 않는다고 덧붙인다.[21] 창작 예술은 그 자신에 고유한 법칙들, 그 자신에 고유한 근본 가정들에 의해 판단되어야지, 낯선 기준에 의해 판단되어서는 안 된다. 이 관찰은 창작과 도덕성의 관계로 확장된다. 왜냐하면 포괄적인 표현인 '정치학'(politics)이나 '정치 학문'(political science)은 그곳에서, 가끔 그렇듯이, 윤리학에 특별히 관계된다. 그 언급은 의심할 여지없이 주로 도덕적인 관점으로부터 창작을 비판하는 플라톤에 특별히 겨냥되어 있다.[22] 호메로스는 모든 기술과 모든 탁월성

---

19 『창작술』 25장 1460b 14-15.
20 『창작술』 1장 1447b 16-20, 9장 1451a 37-b 5.
21 『창작술』 25장 1460b 17-23(의술), 23-27(자연사).

을 안다는 옛날의 생각이 『국가』에 언급된다. 따라서 그는 사람들의 위대한 교육자이다. 플라톤은 이 주장을 허락하지 않는다. 호메로스의 작품들이 우연히 언급할 뿐인 의술이나 어떤 기술에 대해 호메로스를 의문시하는 것은 공정하지 못할 것이라는 점을 인정하면서도,[23] 플라톤은 작품들의 주요 주제인 전쟁, 지휘, 정치, 교육과 관련하여 우리는 그에게 어떤 국가가 일찍이 그의 도움을 받아 더 잘 통치되었는지 질문할 권리가 있다고 강조한다. 창작에 대한 그러한 시험을 아리스토텔레스는 기준들의 혼동을 포함하는 시험이라고 거부한다. 더 나아가, 『국가』의 앞 권에서는 보다 더 심각한 비판이 서사시에 가해진다.[24] 신들과 이들의 전투와 불화에 관한 이야기들은 그것들이 성격에 미치는 유해한 영향 때문에 비난당한다. 그것들은 허구, 비도덕적인 허구이다.[25] 그래서 영웅들과 반(半)-신적인 존재들에 귀속되는 너무 잔인하고 악한 행위들은 불경스럽고 해로운 허위들이다. 이렇게 제기된 도덕적인 물음을 아리스토텔레스는 25장에서 거의 건드리지 않는다. 하지만 그의 일반적인 태도는 1461b 19-21로부터(아마도 1461a 4-9로부터도) 추론될 수

---

22 핀슬러는 이런 지적을 의문시하지만(G. Finsler, *Platon und die Aristotelische Poetik*, Leipzig 1900, 163쪽 이하), 25장 1460b 36-1461a 1과 1461b 23의 말들은 플라톤을 강하게 연상시킨다.

23 『국가』 10권 599c: "그러면 다른 점들에 관해서는 호메로스한테 … 해명을 요구하지 말게."

24 『국가』 2권 377a-378e.

25 『국가』 3권 391b의 '유해한 것들'(blabera)은 『창작술』 25장 1461b 28의 '유해한 것들'과 같다. 아래의 각주 35 참조.

있다. 그러나 사실에 관한 물음에 대해 그는 "현재 유통되는 이야기들이 진실이거나 거짓"이라고 말한다. 그것들은 사람들이 물려받은 전통이다. 그 자체로 그것들은 창작에서 자리를 차지한다.[26]

　더 나아가, 개인적인 풍자는 도덕적인 이유 때문에 플라톤에 의해 비난당했다.[27] 아리스토텔레스는 그러한 비난에 동의하지만, 그것은 다른 이유 때문이다. 그는 그런 풍자를 열등한 유형의 예술로 놓는다. 이는 그것이 저급의 추문을 권하거나 성격을 타락시키기 때문이 아니라, 예술은 개별적인 것이 아닌 일반적인 것을 재현해야 하기 때문이다.[28] 우리가 제대로 이해한다면 비극에 대한 정의(6장 1449b 24-28)에도, 그것에 관한 추후의 논의에도, 비극의 임무는 인간의 삶에 작용하는 것, 그리고 그 삶을 낮게 만드는 것이라는 견해를 은근히 지지해 줄 어떤 것도 없다. 극장은 학교가 아니다. 이상적인 비극 주인공의 성격(13장)은 행위의 윤리적 이상으로부터 도출되지 않고, 동정심과 두려움으로 섞인 감정들을 불러낼 필요로부터 도출된다. 여기에 비극에 고유한 즐거움이 자리 잡고 있

26　『창작술』 25장 1461a 1-4. 추정된 반론은 여기에서 '진실이 아니다'는 것이다. 플라톤은 다음과 같은 곳에서 그렇게 말한다. 『국가』 2권 378b(신들의 전쟁에 대해): "그것은 진실이 아니기 때문이네." 3권 391b(파트로클로스 무덤 주위로 헥토르의 시체를 끌고 다니는 아킬레우스에 대해): "이 모든 것을 우리는 진실이 아니라고 주장할 걸세", 그리고 391e(신들의 자손에 관한 다른 이야기들에 대해): "그런 것들은 경건하지도 않고 진실도 아니네." 이 책의 3장 84쪽도 참조.

27　『법률』 11권 935e: "희극작가나 이암보스작가나 서정시작가에게, 말로든 모방물로든, 격한 상태에서든 격하지 않은 상태에서든, 시민들 중 어떤 사람을 희화하는 것을 허용하지 말라."

28　『창작술』 9장 1451b 14-15.

다.[29] 같은 기준에 의해, 탁월성을 무너뜨리고 악한을 마침내 승자로 만드는 파국도 비난당한다.[30] 비슷한 원칙에서, '창작적'(poetical)이란 이름이 잘못 붙은 ―착한 사람에게 상 주고 악한 사람을 벌하는― 산문적인 정의(正義)도 희극에만 적합한 것으로 선언된다.[31]

창작에 대한 아리스토텔레스의 비판적 판단들은 미적, 논리적 근거에 놓여 있다. 그것들은 윤리적 목표나 경향을 직접적으로 고려하지 않는다. 그는 『창작술』에서 에우리피데스를 20번쯤, 그것도 대부분의 경우 비판적으로 언급한다. 그는 비예술적인 구조, 나쁜 성격 묘사, 합창부에 설정된 잘못된 부분과 같은 수많은 결점들을 지적한다. 그러나 우리가 아리스토파네스에서 그토록 많이 듣는 비도덕적인 영향에 대해서는 한마디도 없다. 칭찬할 때든 비난할 때든 아리스토텔레스는 창작물의 도덕적 내용에 주목하지 않는다. 그는 소포클레스를 존경하는데, 이는 그의 윤리적 가르침의 순수성이나 그의 깊은 종교적 직관 때문이 아니라, 그가 쓴 드라마의 구조를 관통하는 통일성, 그리고 불가피한 결말에 이르기까지 밀접하게 연결되어 점차 발전되는 부분들의 연결 때문이다. 아리스토텔레스가 작품의 도덕적 내용이나 작가의 도덕적 성격을 무관심사로 제쳐놓을 거라는 이야기는 아니다. 아니, 그 점들은 청중에

---

29 이 책의 8장을 보라.

30 『창작술』 13장 1452b 36-1453a 1.

31 『창작술』 13장 1453a 35-39. 덕과 악덕에 대한 완전한 보상을 제시하도록 작가에게 강요할 플라톤(『법률』 2권 660e)과 대조해 보라. 『국가』 3권 392a-b에서도 많은 사악한 사람들이 행복하고 착한 사람이 불행하다고 말하는 일은 작가들에게 금지되고, 그와 반대되는 방식으로 옳도록 권고된다.

게 미쳐야 할 전체적인 인상을 산출하는 데에 정말 중요한 요인이다. 문학의 소재는 삶이다. 그리고 비극은 특별한 의미에서 삶의 모방,[32] 인간의 행복과 불행의 모방이다. 그것은 위대하고도 진지한 종류의 지속된 행동에 대한 재현이다. 이 안에 성격이 바로 외적인 형태로 원기 왕성하게 표현된다. 이러한 삶의 전형적인 파편은 삶 전체를 설명해준다. 윤리가 삶의 본질적인 조직으로 짜여 들어가고, 행복의 건조물이 도덕적 토대에서 육성되고, 사물들의 내적 정신적 질서가 외부 질서를 지배하는, 그런 이론을 가진 철학자였던 그는 타락한 지위와 가치를 삶의 다양한 요소에 부여했던 어떠한 재현도 묵인할 수 없었을 것이다. 아리스토텔레스는 정말로 작가에게 자신 앞에 교육적 목표를 설정할 것을 요구하지 않는다. 그는 작가의 성과를 전달된 도덕적 진리에 의해 시험하지 않는다. 그에게서 탁월성의 시금석은 즐거움이다. 그러나 어떠한 이상적인 모방에 의해 산출된 미적 즐거움은 온건하고 건전한 즐거움이어야 한다. 그리고 이러한 즐거움은 더 나은 공동체의 일부에 좋다는 것이 입증될 것이다.[33] 그가 관찰하는 즐거움은 삶과 행동의 저급한 이상들을 제공하고 인간의 운명을 잘못 해석하는 작품으로부터 유래한다고 생각할 수 없을 것이다.[34]

---

32 『창작술』 6장 1450a 16-17. 이 책의 9장 263쪽을 보라.

33 이 책의 4장 122-24쪽을 보라.

34 1판(1895)에서 나는 『창작술』 25장 1461a 4-6의 구절("어떤 사람이 말하거나 행한 것이 아름다운지 그렇지 않은지에 관련하여, 우리는 행한 것이나 말한 것 자체를 보면서 그것이 우월한 것인지 아니면 열등한 것인지를 살펴볼 뿐만 아니라 …")을 창작적 재현의 도덕성을 언급하는 것으로 받아들였다. 그러나 캐

25장 1461b 19-21에서, 도덕적 타락에 대한 재현은 오직 '필연성'에서만 그 핑계를 찾는다는 점이 선언된다. 여기에서 필연성은 작품의 구조로부터 발생하는 내적 필연성을 말한다. 악덕은 본질적으로 무대 위에서도 바람직하지 않다. 그러나 그것은 드라마적 동기의 그럴싸한 필연성에 의해 요구된다면 플롯에 도움이 되는 것 ―플롯이 요구하는 것들(ha bouletai ho mythos) 중 하나― 일 수 있다. 그런 것이 없다면 대조된 성격에 고유한 활동의 여지, 사건들의 외부 경로에 대해 그것이 미칠 영향의 여지, 한마디로 파국으로 이끄는 모든 힘의 적절한 상호작용의 여지가 없게 될 것이다. 하지만 이유가 없거나 동기가 없는 타락은 금지된다. 그리고 이러한 결함의 사례로서 에우리피데스의 『오레스테스』에 나오는 메넬라오스가 여기에 인용된다.[35] 문학 예술의 강제적 필요에 의해서만 비극에서 좋은 성격에 대해 설정된 규칙들을 무시하는 일이 허용된다.

롤 씨는 귀중한 논문 *Aristotle's Poetics c. 25 in the Light of the Homeric Scholia*, Baltimore 1895, 33-40쪽에서, 내가 생각하기에, 여기 '아름다운지 그렇지 않은지에 관련하여'와 '우월한 것인지 아니면 열등한 것인지'에 도덕적인 언급이 아니라 미학적인 언급이 있다는 점을 입증한다. "말이나 행동은 모든 상황 ―인물, 기회, 이것이 이바지하도록 계획된 목적― 에 비추어 해석되어야 한다. 그리고 만일 이러한 것들에 대한 연구로부터, 말이나 행동이 필연성이나 개연성에 일치하는 것으로 보인다면, 그것의 예술적 탁월성은 ―그리고 이것은 아리스토텔레스에서 항상 가장 중요하다― 확보된다. 도덕성은 미적인 이상에 함축된 것으로서만 고려된다." 36쪽 이하에 그가 아리스토텔레스에 대해 설명한 부분들과 더불어 주석들(Scholia)로부터 인용한 부분들을 보라.

[35] 『창작술』 25장 1461b 19-21: "… 『오레스테스』에 나오는 메넬라오스의 나쁨(ponēria)처럼 아무런 필연성도 없이 극 중 인물의 사악함(mochthēria)을 끌어들일 때, … 그 점에 대한 비난은 정당하다." 15장 1454a 28-33 참조. 그러한 재현은 25장 1461b 23의 유해한 것들(blabera)에 포함될 것이다.

그러한 규칙들도 그것들의 윤리적인 측면에서 엄격하다는 점을 우리는 인정해야 한다. 우리가 아리스토텔레스가 창작에 대한 좁은 의미의 도덕적 또는 도덕주의적인 파악으로부터 자유롭다는 점을 얼마간 강조하는 데에 머물렀던 것처럼, 여기에서 그 규칙들을 주목하는 일은 더욱 필요한 일이 된다. 우리는 이제 그러한 자유가 일정한 제한을 받을 수밖에 없다는 점을 본다. 이전 선입관의 흔적들이 여전히 살아 있고, 그의 이론 중 일부에 남아 그 주위를 떠나지 못한다.

✌

하지만 그의 몇 가지 규칙은
도덕적 탁월성과 미적 탁월성의 혼동을 보인다.
예를 들어, 비극의 인물들은 탁월한 사람들(spoudaioi)이어야 한다

『창작술』 2장에 모방 예술들에 대한 구분이, 그것들이 도덕적으로 탁월한(spoudaious) 인물, 열등한(phaulous) 인물, 또는 보통 사람을 닮은(homoious) 중간 유형의 인물을 재현하느냐에 따라, 폭넓게 이루어져 있다. spoudaious와 phaulous란 단어들, 그리고 『창작술』에 나오는 그것들의 동의어들에서 엄밀하게 도덕적인 내용을 제거하고, 그 대립을 이상적인 성격과 통속적인 성격 간의 미적인 구별로 환원하려는 시도가 이루어지기도 했다. spoudaious —이 말은, phaulos(열등한)가 kakia(열등성)의 형용사이듯, 넓은 의미로 받아들일 때 aretē(탁월성)의 형용사 역할을 한다[36]— 가 그 종류 또는 그쪽

계통에서 좋거나 탁월한 사람을 지칭할 수 있다는 점은 정말 맞다. 이와 비슷하게, 그리고 유사한 방식으로 자유롭게, 그것은 살아 있거나 살아 있지 않은 어떤 대상에 적용될 수 있다.[37] 그 말이 개인을 언급할 때, 그 개인의 탁월성이 특별히 속한 영역은 그것을 제한하는 표현(spoudaios ti, '어떤 점에서 탁월한 사람')이나 부사적인 표현의 추가(spoudaios peri ti, '어떤 것에 관련하여 탁월한 사람')에 의해 표현된다. 또는 형용사를 그것이 적용되는 범위를 가리키는 어떤 명사와 일치시킴으로써 표현된다(spoudaios nomothetēs, '탁월한 입법가', spoudaios kitharistēs, '탁월한 키타라 연주자' 등).[38] 그러나 그 단어가 일, 직업, 기능을 제한하는 언급 없이 그것만으로 사람에 대한 부가어로서 사용될 때, 우리는 그것이 도덕적으로 '좋은'을 의미하는 것으로 받아들여야 한다.[39] 아리스토텔레스는 여기에서 처음부터, 그가 의도

---

36 『범주들』 6장 10b 7-9: "… 예를 들어, '탁월성'(aretē)으로부터 '탁월한 사람'(ho spoudaios)이 나오듯. 왜냐하면 탁월성을 갖춤으로써 탁월하다고 말해지는 것이지, 탁월성으로부터 파생적으로 그런 것은 아니기 때문이다." 다시 말해, 명사 aretē로부터 만들어진 형용사는 없다. spoudaios가 그 역할을 한다. 다음 참조. 『변증론』 5권 3장 131b 2: "탁월성에 고유한 점은 그것을 갖춘 사람을 탁월한 사람으로 만든다는 점이다."

37 『창작술』 5장 1449b 17-18에서 탁월한 비극과 열등한 비극은 순수하게 미적인 의미에서 '좋거나 나쁜 비극'이다.

38 예를 들어, 『니코마코스 윤리학』 1권 6장 1098a 11-12: "키타라 연주자의 기능은 키타라를 연주하는 것이지만, 탁월한(spoudaios) 키타라 연주자의 기능은 그것을 잘 연주하는 것이기 때문이다."

39 『니코마코스 윤리학』 9권 4장 1166a 12-13: "왜냐하면 탁월성과 좋은 사람(spoudaios)은 … 각각의 것에서 척도인 것처럼 보이기 때문이다." 10권 6장 1176b 25-26: "좋은 사람에게 명예롭고 좋은 것들이 명예롭기도 하고 즐겁기도 하다." 기타 등등.

하는 것이 윤리적인 의미라는 점을 명확하게 하는 데 열중하고 있는 것처럼 보인다. 2장 1448a 2-4의 부연은 도덕에 적용된 탁월성과 열등성 개념에 요약된 포괄적인 생각들이 '탁월한 사람들'과 '열등한 사람들'로 대조된 용어들에 의해 망라된다는 점을 보여준다.[40] 다양한 형태의 예술로부터 예시가 이루어진 뒤에, 2장은 "희극은 사람들을 실제 생활에서보다 더 나쁘게 재현하는 데 목표를 두고, 비극은 더 좋게 재현하는 데 목표를 둔다"는 진술로 끝난다.[41] 5장 1449b 9-10의 관찰, 즉 서사시 창작은 탁월한 사람들에 대한 모방(mimēsis spoudaiōn)인 것으로서 비극과 일치한다는 점은 그것과 양립한다. 더 나아가, 15장에서 성격들(ēthē)이 좋은 것들(chrēsta)일 것을 요구하는 부분도 그렇다.[42] 이는 한 번 더 윤리적인 의미에서 '좋은 것들'이고, 탁월한 것들(spoudaia)과 거의 구별되지 않는다.

그렇다면, 아리스토텔레스는 우리가 아는 한, 그 당시에 의심할

---

40 『창작술』 2장 1448a 2-4: "이 사람들은 탁월하거나 열등한 사람들이어야 한다 (성격들은 거의 언제나 이 둘을 따른다. 왜냐하면 모든 사람은 탁월성과 열등성에 의해 성격이 차이나기 때문이다)."

41 『창작술』 2장 1448a 18의 '(더 나은 인물을 재현하기를) 의도한다'(boulesthai)는 경우에 따라서는 비극에서 악한 인물을 허용할 여지를 남기는 제한적 표현인가? 5장 1449b 13의 '(비극은 …을) 시도한다'(peiratai) 참조.

42 '잘 알려진 것들'도 ―이는 다시에, 보쉬, 메타스타시오 등이 그 말에 가한 불가능한 해석이다― 아니고, 단순히 미적인 의미에서 '고양된 것들'도 아니다. 그래서 15장 1454a 19에서 좋은 성격(chrēston ēthos)은 좋은 선택(chrēstē prohairesis)에 달려 있고, 이 선택은 『니코마코스 윤리학』 6권 2장 1139a 25의 탁월한 선택(spoudaia prohairesis)과 7권 11장 1152a 17의 훌륭한 선택(epieikēs prohairesis)과 동의어이다. 15장 1454b 13에서 '훌륭한'(epieikēs)은 앞의 '좋은'(chrēstos)과 크게 다르지 않다.

여지없는 전제였던 점 —고급 예술과 저급 예술 간의 가장 중요한 구별은 그 예술들에 의해 재현된 도덕적 성격의 상이한 유형들에 의존했다는 점— 으로부터 출발한다. 이와 같은 견해가 플라톤의 저술 도처에 반영되어 있다. 『법률』에서, 연극 경연에서 평가자들(kritai)이 지닌 취향은 반대로 논평된다. 그들은 교육자이어야 하는데, 그들은 단지 극장의 학생들일 뿐이다. 그들의 영향력은 작가들에게 반작용한다. 따라서 청중은 "자신들의 성격보다 도덕적으로 더 나은 성격을 듣고 있어야 할 때, 그러면서 더 높은 수준의 즐거움을 얻을 때, 전적으로 반대되는 방식으로 감명을 받는다."[43] 더 나아가, 음악이 '모방하는' 대상들은 '더 낫거나 더 못한 사람들의 성격들'이다[44] — 이는 『창작술』 2장에서 이루어진 구별과 말 그대로 같다.

  하지만 아리스토텔레스는, 전통적인 표현을 사용하면서, 보다 만족스러운 중대한 구별을 모색하고 있다. 자신의 의도를 예시하기 위해 그가 끌어들인 사례들은 바로 도덕적인 공식이 깨질 지점에 이르도록 팽팽하게 당겨져 있다는 점을 보여준다. 호메로스의 인물들은 일상적인 실제 인물들보다, 또는 서사시 패러디에 등장하는 인물들보다, 전적으로 또는 주로, 우월한 덕을 통해서가 아니라 의지와 감정의 힘, 행동과 사유의 힘에 의해 '더 낫다'(beltious,

---

43 『법률』 2권 659c: "청중들은 언제나 그들 자신들의 성격보다 나은 사람들을 들음으로써 더 나은 즐거움을 가져야 하는데, 그들이 행하는 것에 전혀 반대되는 일이 현재 일어나고 있기 때문입니다."

44 『법률』 7권 798d: "리듬(rhythmos)들과 음악(mousikē) 전체에 관련된 것들은 더 나은 사람들과 더 못한 사람들의 방식들에 대한 모방물들이다." 『법률』 7권 814e에서 춤도 그와 비슷하다.

1448a 11-12). 그런 힘들은 그들을 평범한 인간 무리 위로 상승시킨다. 회화로부터 끌어들인 사례도 비슷한 결론을 시사한다. 같은 시대에 살았던 초기 화가들 세 명이 언급되는데, 이들은 각각 특정 양식의 예술 기법을 대표한다. "폴뤼그노토스는 인간을 실제보다 더 고상하게(kreitous) 묘사했고, 파우손은 덜 고상하게(cheirous), 디오뉘시오스는 실물에 가깝게(homoious) 묘사했다."[45] 분명히, 이러한 차이점들은 순수하게 윤리적인 구별들에 대응하지 않는다. 대략 우리는 이상적인 기법은 폴뤼그노토스에 의해 예시되고, 사실적인 기법은 디오뉘시오스에서, 그리고 풍자화적인 기법은 파우손에 의해 예시된다고 말할 수 있다. 그 자신이 든 사례들은 도덕적인 공식을 버리고 다른 곳에서 예술적 재현의 차이점들을 찾는 데로 아리스토텔레스를 이끌었을지도 모른다. 사실, 그의 엄밀한 사유를 발견하는 일은 어렵지 않다. 분명히, 완벽한 예술은 그의 견해에 따르자면 완전무결한 탁월성을 지닌 인물들을 함축하지 않는다. 13장 1453a 7-17에 나오는 이상적인 비극 주인공에 대한 밑그림도 그러한 관념을 배제한다. 또 다른 결정적인 구절은 15장 1454b 8-15이다. 결함 있는 성격을 지닌 사람들은 ―예를 들어, 성마른(orgiloi) 또는 안이한(rhathymoi) 사람들은― 창작의 기법을 통해

---

45 『창작술』2장 1448a 5-6. 여기에서 폴뤼그노토스는 좋은 성격들(ēthē)을 묘사하는 화가로서 언급되고, 6장 1450a 27-28에서는 성격을 잘 묘사하는 화가(agathos ēthographos)로서 제욱시스에 대조된다. 다음 참조. 『정치학』8권 5장 1340a 36-39: "젊은이들은 파우손의 작품보다는 폴뤼그노토스의 작품이라든가 성격을 묘사하는 다른 어떤 화가나 조각가의 작품을 감상해야 한다."

훌륭하게 될(epieikeis poiein) 수 있다. 그에 대해 주어진 한 가지 사례는 호메로스의 아킬레우스이다. 그의 주요 결함은 열정적인 기질이고, 그는 의심할 여지없이 성마른 사람들(orgiloi)의 부류에 속할 것이다.[46] 그러한 인물은, 창작을 통해 이상화될 때, 이 장에서 규정된 좋음의 조건(chrēsta ēthē)에 부합한다. 이러한 명확한 언급들이 없이도 우리는 서사시 창작과 비극 창작에 적용된 '탁월한 사람들에 대한 모방'(mimēsis spoudaiōn)이란 표현(5장 1449b 10)을 5장 1449a 31-32의 희극에 관한 기술과 비교함으로써 어느 정도 그렇게 추리할 수 있다. 뒤의 구절에서 희극은 "더 열등한, 하지만 그 말의 완전한 의미에서 나쁘지는 않은 유형의 인물들에 대한 모방"(mimēsis phauloterōn men, ou mentoi kata pasan kakian)으로 기술된다. 희극이 스케치하는 나쁨은 도덕적인 나쁨과 완전히 일치하지는 않는다. 그것은 우스운 성격의 추함이나 기형적임에 놓여 있는 특정 형태의 나쁨이라고 설명된다. 더 높은 형태의 창작들에 요구되는 좋음의 종류에 대한 비슷한 제한 조건이 자연스럽게 추리될 수 있을 것이다. 그래서 '탁월한 사람들에 대한 모방'이란 표현은 제한적인 문구 '하지만 그 말의 완전한 의미에서 좋지는 않은'(ou mentoi kata pasan aretēn)을 함축할 것이다. 하지만 이러한 생략된 제한 조건은 위에서 언급한 13장과 15장의 구절들에 의해 부분적으로 보충된다.

이렇게 해서 도달한 결과는 요컨대 다음과 같다. 아리스토텔레

---

46 I. Bywater, Aristotelia, in: *Journal of Philology* 15(1885), 48쪽을 보라. 그가 15장 1454b 14에서 '완고함의 본보기'(paradeigma sklērotētos)를 괄호를 쳐서 생략한 것은 옳다고 생각한다.

스에 따르면, 서사시 창작과 비극 창작에 의해 묘사된 인물들의 토대는 도덕적인 좋음에 있다. 그러나 그 좋음은 영웅적인 등급의 좋음이다. 그것은 평범한 겸손한 탁월성과는 사뭇 다르다. 그것은 그 안에 어떤 평범하거나 비천한 요소를 지니지 않는다. 그 인물들 안에 있는 도덕적인 불완전함이 무엇이든, 그것은 우리의 상상력에 감명을 주고 위대함에 대한 지각을 일깨운다. 우리는 일상생활의 실재를 넘어 고양된다. 더 나아가는 일은 아리스토텔레스와 갈라서는 일이 될 것이다. 악덕조차 비난으로부터 구제하고 그것을 예술에 필요한 더 높은 수준의 조건 아래에 놓는 고귀함, 성격의 상승이 있을 수 있다는 점을 그는 결코 허용하지 않을 것이다. 만일 그가 위대하거나 숭고한 인물들이 지닌 뚜렷한 미적 성질을 표시하고자 했다면, 그는 '위대한 어떤 것'(mega ti) 또는 '전혀 비천하지 않은 것'(ouden phaulon) 또는 '고상하지 않은 것을 행하지 않음 또는 생각하지 않음'(ouden agennes prattein 또는 phronein)과 같은 표현들을 사용했을 것이다. 위대함은 좋음의 자리를 차지할 수 없다. 사탄은, 비록 '타락한 대천사(大天使)'일 수밖에 없지만, 이미 주목한 것처럼 드문 예외 중 하나로서만 서사시에 허용될 것이다.[47]

아리스토텔레스는, 성격에 대한 묘사와 관련하여, 여전히 도덕과 미학의 경계선에 서 있다. 좋음만으로는 그를 만족시키지 못한다. 평범한 세계에 속하지 않는 어떤 것이 그 안에 주입되어야 한다고 그는 느낀다. 그러나 그는 그것이 무엇인지를 우리에게 말

---

[47] 이 장(章)의 141쪽을 보라.

하지 않는다. 그는 성격의 도덕적 탁월성과 창작적 탁월성을 분리시키는 폭넓은 차이를 적절하게 파악하지 못한다. 비극을 정의하는 데 이를 때, 그는 논리적인 일관성을 희생하긴 해도 한 걸음 나아간 것으로 보일 것이다. 6장에 제시된 정의에서 비극은 더는 탁월한 사람들을 모방하지(mimeitai spoudaious) 않는다. 그것은 탁월한 행동에 대한 모방(mimēsis praxeōs spoudaias)이다. 여기에서 spoudaios란 말이 다른 의미로 옮겨간 것처럼 보인다. 논리적으로 보면, 의심할 여지없이, 그것은 비극적 행동에 적용될 때에도 같은 의미 — '좋은', '고상한'— 를 지녀야 한다. 이런 의미는 창작에 관한 이전의 구분에서 비극이 재현하는 개인들에 적용되는 의미를 지녔다.[48] 그러나 아리스토텔레스는 부지중에 '진지한', '숭고한', '위대한'이란 의미로 빠져들어 간다. 그 단어가 행위(praxis)와 같은 사물과 관련하여 쉽게 허용하는 이 의미는 물론 인물에 대해서 다른 단어나 제한하는 맥락을 부가하지 않고서는 그렇게 사용될 수 없다. 정의 속으로 들어가는 그러한 새로운 의미의 기미는 비극적 행동을 희극의 우스운 행동(geloia praxis)으로부터 차별화하기 위해 요구된다.[49] 아리스토텔레스는, 마치 한 표현이 다른 표현의 동의어에 지나지 않기라도 하듯, 가볍게 '탁월한 사람들에 대한 모방'으로부터 '탁월한 행위에 대한 모방'으로 건너간다. 그는 spoudaios란 말을, 2장에서 그 말에 붙은 제한된 도덕적 외연으로부터 해방시킨 변화의 중

---

[48] 하디 씨는 그러한 의미가 그 정의 속에 남아 있음이 틀림없다고 주장한다(R. P. Hardie, The *Poetics* of Aristotle, in: *Mind* 4, 1895, 350-64쪽).

[49] 이 책의 6장 158쪽을 보라.

요한 함축들을 거의 자각할 수 없었다. 15장에서 그가 성격(ta ēthē)을 관찰할 때 여기에서 그 형용사가 비극적 행동에 적용되는 것으로 우리에게 제시하는 사유 노선을 끝까지 따라갔다면, 그는 그의 미학 이론에 주목할 만한 진보를 이뤄냈을지도 모른다. 이러한 생각을 추적해 볼 때, 비극은 좋은 성격(chrēsta ēthē)을 요구했을 뿐만 아니라, 그 행동의 크기에 상응하는 위대함이나 숭고함을 요구했을 것이다.

'탁월한 사람들에 대한 모방'이란 표현을 떠나기 전에, 잠시 역사에 기이한 한 장(章)을 주목하는 쪽으로 눈길을 돌려 보자. 17, 18세기의 프랑스 비평가들은 spoudaioi를 높은 지위의 사람들을 의미하는 것으로 받아들였다. 언어를 그런 식으로 이상하게 곡해하는 일은 믿기 힘들다. 그것은 쉽게 설명될 수 있다. 라틴어권의 규칙은, 그 자체가 아리스토텔레스에 이어진 후대 그리스 작가들에 근거를 둔 것인데, 비극과 희극 간의 근본적인 차이는 왕들과 영웅들은 비극의 배우들이고, 일상의 시민들은 희극의 배우들이라는 사실에서 찾아야 한다고 규정했다.[50] 이러한 순수하게 외형적인 구별은 많은 저명한 학자의 지지를 얻었다.[51] 『창작술』이 프랑스에서 비평의 안

---

50 문법학자 디오메데스(Diomedes)는 말한다. "비극은 역경에 처한 영웅의 운명에 대한 파악이다. 테오프라스토스(Theophrastos)는 비극(tragōdia)은 영웅적 운명의 위기라고 정의 내린다. … 희극은 삶의 위험이 없는 사적인 시민적 운명의 파악이다. 그리스인들에서 희극(kōmōdia)은 사적인 일들의 안전한 집합으로 정의된다. … 희극은 비극과 다르다. 비극에서는 영웅들, 지도자들, 왕들이 나오고, 희극에서는 비천한 개인들이 나온다."

51 예를 들어, 로보르텔로, 마지, 스칼리제르(J. E. Spingarn, *A History of Literary*

내자 및 규범으로 수용되게 되었을 때, 그에 대한 아리스토텔레스의 권위는 다른 문학적 전통들에서도 열렬히 추종되었다. 언어적 용법을 완전히 무시하더라도 '탁월한 사람들에 대한 모방'이란 표현은 —다른 표현이 없는 관계로— 그들이 바란 인가의 기준을 제공하는 것으로서 포착되었다. 아베 도비냑(A. d'Aubignac)은 오랫동안 프랑스 극작가들의 교과서가 되어온 자신의 책『극장의 실행』에서 "비극은 왕들의 삶을 재현하는 반면, 희극은 민중의 행동을 묘사하는 데 기여한다"고 선언한다.[52] 다시에(A. Dacier)는 '탁월한 사람들에 대한 모방'을 다음과 같이 더 길게 설명하기도 한다. "서사시 작품에 소재를 제공하는 행동이 본질적으로 빛나고 중요할 필요는 없다. 이와 반대로, 그것은 아주 평범하고 보통의 것일 수 있다. 하지만 그것은 행동하는 인물들의 성질에 의해 그래야 한다. 그래서 호라티우스(Horatius)는 '왕들과 지배자들이 행한 일들'(Res gestae regumque ducumque)을 분명히 말한다. 한 시민의 아주 주목할 만한 행동은 결코 서사시 작품의 대상이 될 수 없지만, 왕이나 지휘관의 아주 대수롭지 않은 행동은 그러한 대상이 되고 항상 성공을 거둘 것이라는 말은 너무나도 맞는 말이다."[53] 이 모든 오해에도 불

Criticism in the Renaissance, New York 1899, 63쪽과 69쪽).

52 A. d'Aubignac, *La Pratique du Théâtre*, Amsterdam 1715, 2권 10장.

53 A. Dacier, *La Poetique, traduite en Français avec des remarques critiques*, Paris 1692(Trans. London 1705), 『창작술』5장 1449b 9-10에 대한 각주 17. 13장에 대한 각주 9 참조: "비극은, 서사시처럼, 그것이 재현하는 행동이 본질적으로 위대하고 중대할 것을 요구하지 않는다. 비극적인 것으로 충분하다. 인물들의 이름들이 그것을 장엄하게 만드는 것으로 충분하다. 바로 그런 이유로 그 이

구하고 딱 한 가지 분명한 사실이 있다. 아리스토텔레스는 비극의 주인공들이 태생과 지위에서 뛰어난 사람이어야 한다고 확실하게 주장한다. 알려지지 않은 인물들의 궁핍한 사소한 삶은 비극적으로 중요한 행동인 위대한 의미심장한 행동의 여지를 제공할 수 없다. 그러나 어디에서도 그는 외적인 지위를 희극적 재현에 대립되어 비극이 갖는 뚜렷한 특징으로 삼지 않는다. 그가 요구하는 것은 도덕적 고귀함이다. 그리고 이것은 ―프랑스의 무대에서, 또는 적어도 프랑스 비평가들과 더불어― 고위에 속한 것으로 보였던 부풀린 위엄성으로, 궁전의 예의와 장식으로 변형된다. 이는 문학 비평가들이 아리스토텔레스의 가르침을 완전히 혼동했던 사례 중 하나이다.

❧

하지만 대체로 그는
예전의 교훈적 경향을 단호하게 거부한다

본론으로 다시 돌아가 보자. 아리스토텔레스는, 우리의 탐구가 보여주었듯이, 최초로 미학 이론을 도덕 이론으로부터 분리시키고자 시도했다. 그는 창작의 목적은 정제된 즐거움이라고 일관되게 주장한다. 이렇게 함으로써 그는 그리스가 가졌던 보다 순수하

들은 모두 가장 위대한 운명과 명성을 지닌 사람들로부터 가져온다. 이러한 저명한 인물들의 위대함은 그 행동을 위대하게 만들고, 그들의 명성은 그것을 믿을 만하고 가능한 것으로 만든다."

게 교훈적인 예전의 경향으로부터 결정적으로 거리를 둔다. 그러나 그 목적에 이르는 수단들을 기술하면서, 그는 이전의 영향을 완전히 버리지는 못한다. 그는 성격에 대한 미적 재현을 도덕의 견지에서 살펴보고, 다양한 유형의 성격들을 도덕적인 범주들로 환원한다. 하지만 그는 작가의 도덕적 의도나 그 예술의 도덕적 효과가 예술적 목적을 대체하는 것을 결코 허용하지 않는다. 만일 작가가 마땅한 즐거움을 산출하지 못한다면, 그는 자신의 예술에 특별히 속한 기능 면에서 실패한다. 그는 교사로서 뛰어날지는 몰라도, 작가나 예술가로서 형편없다.

아리스토텔레스의 계승자 중 그러한 사유 방식을 따른 사람은 거의 없었다. 그리고 창작의 주 임무는 윤리적 가르침을 전하는 것이라는 우세한 그리스 전통은 로마 세계에 확고하게 정착될 때까지 그리스 수사학 학교를 통해 계속되었다. 아리스토텔레스의 교설은, 근대에 전수되어 오면서, 그런 경우에도 종종 로마적인 사유로 착색되고, 유용함(utile)과 즐거움(dulce)을 같은 정도로 결합하게 되었다. 예를 들어, 필립 시드니(P. Sidney) 경은 창작의 목적은 '유쾌한 가르침' 또는 '가르치는 것과 즐겁게 하는 것'이라고 『창작 옹호론』에서 거듭 말하는데, 자신이 여기에서 아리스토텔레스의 『창작술』보다는 호라티우스의 『창작술』을 추종하고 있다는 점을 전혀 의심하지 않는다. 시드니의 견해는 엘리자베스 시대의 일반적인 견해였다.[54] 드라이든(J. Dryden)이 아리스토텔레스의 정신에서 다음

---

[54] 이것도 르네상스 시대에 유행한 견해였다. 그러나 카스텔베트로(1570)는 눈에

과 같이 쓴 것은 새로운 출발이었다. "운문이 기쁨을 일으킨다면, 나는 만족한다. 왜냐하면 기쁨은 ─창작의 유일한 목적이 아니라면─ 적어도 주요 목적이기 때문이다. 교훈이 허용될 수 있지만 그것은 이차적인 것이다. 왜냐하면 창작은 기쁨을 줄 때에만 교훈을 주기 때문이다."[55]

띄도록 예외이다. 그는 심지어 아리스토텔레스를 넘어서서 창작이 즐거움을 주도록 의도된 것이라고 주장하는 데 그치지 않고, 나아가 심지어는 저속한 대중에게 즐거움을 주도록 의도된 것이라고 주장한다(J. E. Spingarn, *A History of Literary Criticism in the Renaissance*, New York 1899, 55-56쪽을 보라).

55 J. Dryden, *Defense of an Essay of Dramatic Poetry*, 1668.

6

/

비극의 기능

비극에 대한 아리스토텔레스의 정의

비극에 대한 아리스토텔레스의 정의는 다음과 같다.[01] "비극 (tragōdia)은 진지한(spoudaia), 완결된, 일정한 크기를 가진 행동(praxis) 의 모방이다. 이는 각 종류의 예술적 장식으로 꾸민 언어로 이루어 지고, 그 몇 가지는 극의 분리된 부분들에 들어 있다. 그리고 그것 은 서술의 형식이 아닌 행동의 형식을 띠고,[02] 동정과 두려움을 통 해 이러한 감정들에[03] 대한 적절한 카타르시스 또는 정화를 유발한 다." '몇 가지의 장식들'은 다음 단락에 운문과 노래인 것으로 설명 된다. 음악이 없는 운문은 대화에 사용되고, 서정적 노래는 합창부 에 사용된다. 비극은 이로써 줄곧 장식을 연결해서 사용하는 노모 스(송가, 頌歌) 창작 및 디튀람보스(주신 찬가) 창작과 구별된다.[04]

---

01 『창작술』 6장 1449b 24-28.

02 '행동의 형식을 띠고'(drōntōn)에 대해서는 이 책의 9장 각주 5 참조.

03 '이러한 감정들'(tōn toioutōn)은 많은 오해를 남겼다. 그것은 '모든 그러한 종류 의 감정들'이나 '그와 같은 감정들'이 아니라, 빈번한 관용적인 용법인데 '앞에 서 말한 감정들', 즉 동정과 두려움을 말한다. 비극이 『창작술』에서 줄곧 관계된 감정들은 바로 그것들이고, 오로지 그것들일 뿐이다. 라인켄스가 말하듯(J. H. Reinkens, *Aristoteles über Kunst, besonders über Tragödie*, Vienna 1870, 161쪽), 지시 대명사를 쓰지 않고 tōn toioutōn을 선호한 미묘한 이유가 있을 수 있다. 정의에 든 동정(eleos)과 두려움(phobos)은, 뒤의 문맥에서 분명해지듯, 동정과 두려움 의 미적 감정들이고, 비극적 재현에 의해 일깨워지는 감정들이다. '이러한 감정 들'은 실생활에 속한 동정과 두려움과 같은 감정들이다. toioutōn 대신에 toutōn 이란 말을 쓰면 그 감정들이 바로 앞의 감정임을 암시했을 것이다.

04 『창작술』 1장 1447b 24-29 참조.

위의 정의로부터 먼저, 비극의 유(類, 상위개념)는 모방인 것으로 나타난다. 다른 모든 예술처럼 비극에는 모방의 요소가 있다.

그다음으로, 비극은 진지한 행동의 모방, 즉 우습지도(geloia) 도덕적으로 천박하지도(phaulē) 않은 행동의 모방으로서 희극과 차별화된다. 그것은 진지한 목적, 즉 삶의 진정한 목적인 잘-삶(eudaimonia)과[05] 관련되어 있다. 그것은 인간 운명이 지닌 모든 의미에서 그 운명을 그리는 것이다. 영어의 한 단어로는 spoudaias의 의미를 완전하게 옮기지 못한다. '고귀한'(noble)이란 번역어는 행동뿐만 아니라 성격들에도 적용되는 장점을 갖지만, 너무나도 순수하게 도덕적인 성질을 연상시키고, 이와 더불어 희극과 대립되는 의미를 적절하게 제시하지 못한다. 그 단어에 포함된 두 가지 개념은 '장중한'(grave)과 '위대한'(great)이다. 옛날의 많은 비평가들은, spoudaias란 말의 진정한 의미를 놓치고서, 여기에서 발견했어야 할 의미를 정의의 나중 부분에 나오는 단어들인 '일정한 크기를 가진'(megethos echousēs)에다 옮겨 놓는다. 이 단어들은 —7장에서 아리스토텔레스가 제시하는 설명으로부터 분명하듯이— 작품의 실제 길이를 언급한다. 그러한 견해를 가진 사람 중 한 사람인 애디슨(J. Addison)은[06] 그 단어들에다 행동의 위대함 또는 중요성을 포함시키고, 아리스

---

05 『창작술』6장 1450a 15-18.

06 J. Addison, *Spectator*, No. 267, Saturday, Jan. 5, 1712: "아리스토텔레스는 '위대한 행동'이란 말을 그 행동의 본성이 위대할 뿐만 아니라, 그 행동의 지속에서도 대단하다는 의미로 쓴다. 다시 말해, 그것이 우리가 본래 위대함이라 부르는 것을 가져야 할 뿐만 아니라, 적당한 길이를 가져야 한다는 의미로 쓴다."

토텔레스가 그곳에서 전혀 말하지도 않는 행동의 내적 길이 또는 지속을 포함시킨다.

더 나아가, 비극은 서술적이지 않고 행동적이라는 점에서 형식상 서사시 창작과 구별된다.

정의의 나머지 부분은 비극의 특별한 효과, 고유한 기능(ergon) ─ 즉, 일정한 종류의 카타르시스를 산출하는 것─ 을 기술한다. 그 정의에 관련하여 지난 300년간 나온 많은 이상한 번역들을 수집해 보는 일은 진기한 연구가 될 것이다. 그 정의에 속한 거의 모든 단어가 이런저런 방식으로 잘못 해석되었다. 그러나 결국 그것은 두 개의 실질적인 난점만을 포함할 뿐이다. 하나는 '몇 가지의 장식들'과 관련된 구절에 놓여 있다. 하지만 다행히도 아리스토텔레스는 그것을 우리에게 직접 설명했다. 그렇지 않았더라면 그것은 틀림없이 많은 분량의 원전 연구를 불러 일으켰을 것이다. 보다 근본적인 다른 난점은 카타르시스의 의미에 관련된 것이다.[07] 여기에서 『창작술』로부터 직접적인 도움을 구하려는 우리의 시도는 헛수고이다.

---

07   이 책의 초판이 발행된 이후, 주제밀과 힉스(F. Susemihl & R. D. Hicks, *Politics of Aristotle*, London 1894)는 katharsis라는 말의 용법에 관한 철저한 설명을 641-56쪽의 각주에 유용하게 제공했는데, '미적 개념으로서의 katharsis'는 650쪽 이하에 다뤘다. 비극에 관련한 그 단어에 대한 설명은 몇 가지 세부사항에서 다음에 나의 책에서 설명될 것과 다르긴 하지만, 나는 그곳에 썼던 내용을 변경할 이유를 보지 못했다.

동정과 두려움의 비극적 카타르시스, 의학적인 비유

많은 역사적인 논의가 그 표현에 집중되었다. 아마도 어떤 구절도 고대 문헌에서 그토록 빈번하게 주석가들, 비평가들, 작가들에 의해, 그리스어를 아는 사람들에 의해, 그리스를 모르는 사람들에 의해 다루어지지 않았을 것이다. 수세기를 거쳐 거의 단절되지 않은 전통은 비극이 '격정들의 순화'를 통해 산출하는 도덕적인 효과에 대한 언급을 그 표현에서 발견했다. 그 효과가 정확히 어떤 것인지, 그리고 비극이 작용하는 격정들이 무엇인지 아주 다양하게 해석되었다. 코르네유, 라신,[08] 레싱은 각기 다른 해결책을 제시했지만, 모두 드라마의 순수 윤리적인 목적을 가정한다는 점에서 같은 의견이다. 괴테(J. W. von Goethe)는 이에 반대했다. 그가 주장한

---

[08] 라신(R. Racine)은 자신이 극작가로서 지닌 목적을 『페드르』 서문에서 다음과 같이 기술한다. "이곳보다 더 미덕이 발견되는 좋은 지점을 갖지 못한다고 나는 확신할 수 있다. 그곳에서 보다 작은 과오들은 엄히게 치벌된다. 범죄를 생각만 하더라도 그것은 범죄 자체와 같은 혐오감으로 간주된다. 사랑의 무기력은 실제의 무기력이라 인정된다. 격정들은 그것들이 야기하는 모든 혼란을 보이도록 눈앞에 제시된다. 그리고 악덕은 흉함을 인식하고 미워하게 하는 모습과 더불어 어디서나 묘사된다. 대중을 위해 일하는 모든 사람은 바로 정확하게 그 목적을 내놓아야 한다. 그리고 그것은 초기의 비극작가들이 모든 점에 관련하여 고려했던 점이다. 그들의 극장은 철학자들의 학교 못지않게 미덕이 잘 전수되었던 학교였다. 아리스토텔레스도 극작품에 관한 규칙들을 제공하길 몹시 원했다. 그리고 철학자 중 가장 현명했던 소크라테스는 에우리피데스의 비극에 손대려고 하지 않았다. 그는 비극작가들의 작품들이 시인들의 작품들처럼 확고하고 유용한 가르침으로 가득 차길 바라고 있었다."

가장 흥미로운 이론은[09] 언어적인 이유 때문에 아주 불가능한 것이고, 『창작술』에 포함된 다른 많은 부분의 내용과 일치하지도 않는다. 1857년 베르나이스(J. Bernays)는[10] 소책자에서 그 문제 전체를 재개했고, 논의에 새로운 방향을 제시했다. 그의 핵심 생각은 르네상스의 이탈리아 비평가들에 의해 앞서 제시되었다.[11] 비슷한 이론을 1847년 바일(H. Weil)이 독자적으로 제시했지만,[12] 베르나이스가 상세하게 그것을 내놓을 때까지 거의 주목을 받지 못했다.

학식과 문학적 재능을 겸비한 베르나이스는 카타르시스가 여기에서 의학적인 비유,[13] 즉 '(해로운 물질의) 배출'(purgation)이고, 약이

---

09 J. W. von Goethe, *Nachlese zu Aristoteles Poetik*, 1827에 발행되었다. 그가 다음과 같이 번역한 비극에 대한 정의는, 그것이 지닌 오류 때문에 주목할 만한 가치가 있다. "비극은 의미 있는 완결된 행동의 모방이다. 그것은 일정하게 뻗쳐 있고 우아한 언어로 제시된다. 더군다나 그 행동은 각기 독립적으로 자신이 맡은 역할을 하는 인물들의 행동이고, 그 모방은 개인에 대한 서술 형식이 아니다. 그러나 동정과 두려움이 진행된 후, 그러한 격정들이 조정됨으로써 비극은 용무를 마친다." 이 정의에서 종류(eidē)는 극중 인물들로, 그리고 부분들(moria)은 그들이 맡은 역할로 잘못 번역되어 있다!

10 J. Bernays, *Zwei Abhandlungen über die Aristotelische Theorie des Drama*, Berlin 1880에 재발행되었다.

11 아래의 각주 17을 보라.

12 1847년 바젤에서 개최된 고전학회에서 발표한 논문. *Verhandlungen der zehnten Versammlung deutscher Philologen in Basel*, 131-41쪽에 실림.

13 카타르시스란 말이 지닌 세 가지 주요 의미, ① 의학적인 의미, 즉, '세정 또는 배출'(purgatio), ② 종교적인 또는 의식(儀式)적인 의미, 즉 '정화'(lustratio) 또는 '속죄'(expiatio), 그리고 ③ 도덕적인 의미, 즉 '순화'(purificatio)는 때로는 떼어놓기가 어렵다. 플라톤의 『소피스트』 230c에서는 의학적인 비유가 눈에 띈다. 논박(elenchos)은 katharsis의 한 방식이다. 진정한 앎이 전수될 수 있으려면 내부 장애물이 먼저 제거되어야 한다(ta empodizonta ekbalein). 『크라튈로스』 405a에서 의사들과 예언자들은 모두 세정과 정화의식(hē katharsis kai hoi katharmoi)

신체에 미치는 효과와 유사하게 혼에 미치는 병리적인 효과를 가리킨다고 주장했다. 그 해석에 따르면, 그의 생각은 다음과 같이 표현될 수 있을 것이다. 비극은 동정과 두려움의 감정 ―모든 사람의 가슴에 있는 유사한 감정― 을 일으키고, 즐거운 구원을 그런 자극 행위에 의해 제공한다. 비극적 광경에 의해 환기된 그런 느낌들은 정말이지 영구적으로 제거되지는 않지만, 당분간 진정되고, 그래서 신체는 정상적인 경로에 기댈 수 있다. 무대는 만족을 요구하는 본능들, 실생활보다 여기에서 더 두려움 없이 만족감을 얻을 수 있는 본능들을 위해 무해하고도 즐거운 배출구를 실제로 제공한다.

플라톤이 드라마를 공격하면서, 우리 자신이 겪는 재앙에서 통제된 상태로 유지되는 '슬픔과 눈물에 대한 자연스런 갈망'이 작가들에 의해 충족되고 즐겁게 되었다고,[14] "창작은 격정들을 굶주리게 하는 대신 그것들을 키우고 그것들에 물을 준다"고[15] 말했다는

을 사용한다. 『파이돈』 69c에서 katharsis의 의학적인 의미는 종교적인 의미로 조금씩 번해간다. 이러한 선이는 정화의식(katharmos)을 언급함으로써 완수된다. 『티마이오스』 89b-c에서는 약물에 의한 정화(pharmakeutikē katharsis)가 논의된다.

14 『국가』 10권 606a: "그때 개인적으로 불운을 당하고도 억지로 제지되었지만, 실컷 울고 만족할 만큼 한탄하고파 굶주린 혼의 부분 ―이것은 본성상 그러한 것들을 욕구하도록 되어 있네― 바로 이 부분을 작가들은 만족시키고 즐겁게 하네." 다음 참조. 606b: "나는 우리가 우리 자신의 고난들을 위하도록 남의 고난들을 즐길 수밖에 없다는 점을 소수의 사람만이 헤아릴 줄 안다고 생각하네. 왜냐하면 그곳에서 동정을 살만한 것을 견고하게 키운 사람은 자신의 고난에서 그것을 쉽게 억누르지 못하기 때문이네."

15 『국가』 10권 606d: "왜냐하면 창작을 통한 모방은 욕구, 감정에 얽힌 것들을 말

점을 우리는 기억해야 한다. 눈물을 자아내는 분위기를 통해서 창작은 남자다운 기질을 약하게 만든다. 그것은 고급의 요소들보다 저급의 요소들을 찬양함으로써, 감정을 선호하여 이성을 쫓아냄으로써 혼에다 무질서를 만든다. 아리스토텔레스는 혼의 감정적 부분을 죽이거나 굶주리게 하는 것은 바람직하지 않다고, 감정들의 조절된 만족은 우리 본성의 균형을 유지하는 데 이바지한다고 주장했다. 그는 비극이 동정과 두려움이란 특별한 감정들을 위한 배출구라고 말할 것이다. 먼저, 비극의 효과가 진정시키는 것이 아니라 자극시키는 것이라는 점은 맞다. 인위적으로 유발된 동정과 두려움은 우리가 실생활로부터 지니고 있는 잠재적인 동정과 두려움을, 적어도 그런 감정 안에 든 불안하게 하는 요소들을 추방한다. 그런 격정이 가라앉은 후 따르는 즐거운 평온 상태에서 감정의 치유가 애써 완성된다.[16]

베르나이스가 그리고 그 전에 트위닝이 지적했듯이, 밀턴(J. Milton)이 이미 아리스토텔레스가 한 말의 진정한 의미를 얼마간 파악했다는 점은 주목할 만한 가치가 있다. 비극의 효과에 관한 병리

러 죽여야 하는데, 물을 주어 키우기 때문이네."

16 첼러(E. Zeller, *Die Philosophie der Griechen in ihrer geschichtlichen Entwicklung*, Tübingen 1844-52)는 카타르시스가 일차적으로 의학적인 용법으로 의도되었는지 종교적인 용법으로 의도되었는지는, 둘 중 어느 경우든 그 단어가 원래의 비유로부터 많이 벗어난 의미를 지니기 때문에, 중요하지 않다고 생각한다. 그러나 특이한 구제 방법은 두 경우에서 다르다. 의학적인 카타르시스는 사전의 자극에 따르는 구제를 의미한다. 먼저 혼란(tarachē)이나 동요(kinēsis)가 있고 나서, 그다음에 정화(katharsis)나 배출(ekkrisis)이 있다. 이 점은 논증과 관련하여 아주 중요하다. 그런 비유를 놓치면, 우리는 그 과정의 의미를 놓친다.

학적 이론을 수용하면서 그는, 아주 최근에 입증되었듯이, 이탈리아 평단의 길을 따르고 있었다.[17] 그는 『투사 삼손』의 서문에서 다음과 같이 쓴다.

"비극은, 고대에 창작된 대로, 언제나 모든 창작 중 가장 장중하고, 가장 도덕적이고, 가장 유익했다. 그래서 비극은 동정과 두려움, 또는 공포를 일으킴으로써 마음으로부터 그러한 격정들과 이와 비슷한 격정들을 씻어 낼 힘을 가졌다고 아리스토텔레스는 말했다. 그것은 그러한 격정들이 잘 모방되는 것을 읽거나 봄으로써 일어난 일종의 기쁨에 의해 그것들을 적절한 정도로 진정시키거나 감소시키는 것을 뜻한다. 자연 자체에도 그의 주장을 실증할 효과들이 없지 않다. 왜냐하면 의술에서도, 우울한 경향과 성질을 가진 것들이 우울증에 사용되고, 신 체액을 제거하기 위해 신 것이, 짠 체액을 제거하기 위해 짠 것이 사용되기 때문이다." 바꿔 말해, 비극은 일종의 동종요법이다. 그것은 똑같지는 않지만 종류가 같은 감정을 써서 감정을 치유한다.[18]

---

17 스핀간은 앞에서 언급한 책 *A History of Literary Criticism in the Renaissance*, New York 1899에 A. Minturno, *L'Arte Poetica*, Venice 1564, 77쪽의 다음 구절을 인용한다. "의사가 독약으로써 신체에 영향을 미치는 강한 병독을 뽑아내듯이, 비극은 운문으로 아름답게 표현된 그런 감정의 힘에 의해 마음의 격렬한 동요들을 추방한다." 또한 바이위터 교수의 논문 Milton and the Aristotelian definition of tragedy in: *Journal of Philology* 27(1900), 267-75쪽을, 스카이노가 아리스토텔레스의 『정치학』을 이탈리아어로 설명한 내용(Rome 1578)을 그가 인용한 부분들과 더불어 보라.

18 『투사 삼손』의 종결 구절 참조:

『정치학』의 음악적 카타르시스

아리스토텔레스는 일정한 선율이 종교적인 도취 또는 그리스인 들이 말하는 '신들림'(enthusiasm)에 미치는 효과 —이러한 것은 그리스에서는 드물고, 본래 고향은 동방이다— 를 관찰함으로써 그런 주목할 만한 이론에 이끌린 것으로 보인다. 그러한 도취에 빠지는 사람들은 신에 사로잡힌 사람들로 간주되고, 사제의 보호 하에 놓인다. 그들에게 내린 처방의 성격은 그 본질이 움직임을 적용하여 움직임을 치료하고, 격렬하고 들뜬 음악에 의해 마음의 내적 고통을 달래는 데 있을 정도로 동종요법이었다. 아리스토텔레스가 그런 요란스런 선율의 작용을 기술하고 있는 『정치학』의 구절은[19] 『창작술』에 나오는 카타르시스의 의미를 이해하는 데 열쇠이다. 그러한 음악은 아리스토텔레스에 의해 도덕적 효과 또는 교육적 가치

"그가 이런 커다란 사건으로부터
참된 경험을 새로 얻어,
하인들을 조용히 위로하며 내보낸 뒤,
그의 마음은 가라앉고, 모든 격정이 사라졌다."

19 『정치학』 8권 7장 1341b 32-1342a 15. 음악에 의해 치료 받아야 할 병적 상태로서의 신들림(enthousiasmos)에 대해서는 Döring, 332쪽(261쪽 참조)에 인용되어 설명된 아리스티데스 퀸틸리아누스(100년 무렵), 『음악에 관하여』, ii. 157쪽을 보라. '경감되다'(katastellesthai), '진정시키다'(apomeilittesthai), '씻겨나가다'(ekkathairesthai)라는 말로 지적된 치유과정이 거기에 있다. 적용된 음악은 신들림에 대한 일종의 모방(mimēsis tis)이라 불리는데, 이는 음악을 통한 카타르시스가 일종의 동종요법임을 보여준다.

를 지닌(paideias heneken) 음악과 명시적으로 구별된다. 그것은 또한 휴식(pros anapausin)이나 고차적인 미적 향유(pros diagōgēn)가 목적인 종류의 음악과 다르다.[20] 그것의 목적은 카타르시스이다. 그것은 종교적 열정에 배출구를 제공하는 물리적 자극이다. 이러한 과정의 지배를 받고 있던 환자들은, 아리스토텔레스의 표현을 빌리자면, "마치 의술적 또는 정화적 치료를 받은 것처럼 자신들의 정상적인 상태로 되돌아간다."[21] 그 감정의 결과는 '해롭지 않은 즐거움'이다.[22]

---

20 주제밀(F. Susemihl & R. D. Hicks, *Politics of Aristotle*, London 1894, 638쪽 이하)은 카타르시스가 음악의 뚜렷한 목적이 아니라, 향유(diagogē)나 휴식 (anapausis)에 이르는 수단이라고 주장한다. 이에 맞춰 그는 1341b 40의 원문을 고치려고 했다. 나는 첼러(E. Zeller, *Die Philosophie der Griechen in ihrer geschichtlichen Entwicklung*, Tübingen 1844-52)에 동조하여, 『정치학』 8권 5장 1339b 11과 7장 1341b 36의 두 구절을 비교해 보면, 아리스토텔레스가 음악의 네 가지 다른 효용을 인정하고 있다는 결론이 나온다고 주장한다.

21 『정치학』 8권 7장 1342a 10: "마치 치료와 정화를 받은 듯(hōsper) 안정되는 사람들." '마치 …ㄴ 듯'은 비유가 도입됨을 나타낸다. '치료'(iatreia)는 보다 특수한 용어인 '정화'(katharsis)에 의해 설명된다. '안정됨'(kathistasthai)도 의학 전문어로서, 환자가 본래의 상태로 되돌이키거나 병이 진정될 때 쓰이는 말이다(A. Döring, *Die Kunstlehre des Aristoteles: Ein Beitrag zur Geschichte der Philosophie*, Jena 1876, 328쪽 참조). 1342a 14의 같은 구절에서 의학적인 비유는 '즐겁게 안정감을 얻는다'(kouphizesthai meth' hēdonēs)는 말에 유지된다.

22 『정치학』 8권 7장 1342a 15: "마찬가지로 정화를 일으키는 선율들도 해롭지 않은 기쁨을 사람들에게 제공한다." 주제밀은 여기에서 자우페가 kathartika(정화를 일으키는 선율들)를 praktika(행동을 촉구하는 선율들)로 수정한 것을 받아들인다(관련 각주를 보라). 그러나 우리가 1342a 11-15(tauto dē touto … kouphizesthai meth' hēdonēs)를 괄호에 넣고, 그것을 음악적인 카타르시스가 아니라 비극적인 동정(eleos)과 두려움(phobos)의 카타르시스를 언급하는 것으로 받아들이면 원문은 잘 들어맞는다. 그렇다면 "마찬가지로 정화를 일으키는 …"

병적인 '신들림'을 음악으로써 동종요법적으로 치료하는 일은 플라톤에게도 알려져 있었다는 점을[23] 우리는 더불어 주목할 수 있을 것이다. 아기들을 다루는 규칙을 정하고 있는 『법률』의 한 구절에서,[24] 그는 아기들을 계속해서 움직이고, 항상 파도에 오르내리듯 지내도록 두라고 조언한다. 더 나아가 그는 종교적 도취를 열렬한 음악의 선율로 치유하는 원리를, 조용히 있지 않고 노래를 부르며 가만히 놔두지 않고 팔에 안고 흔들면서 아기를 잠재우는 유모의 방법과 비교한다. 그는 두려움 ―내부에 뭔가 잘못되어서 일어난 두려움― 은 각각의 경우에서 잠재워야 할 감정이라고 생각한다. 각각의 경우에서 치료법은 같다. 내부의 동요를 가라앉히고 중화시키기 위해 외부의 동요(kinēsis)가 사용된다. 그러나 플라톤은 그 원리를 음악과 유용한 육아법에 적용되는 것으로서만 인정했다. 일반화의 능력을 갖고 다양한 삶의 영역에서 단일성을 찾길 좋아했던 아리스토텔레스는 그 원리를 비극에 확장했다. 심지어는 더 넓게 적용할 것을 시사한다. 『정치학』에서, 음악적 카타르시

은 다시 음악적인 카타르시스로 돌아감을 나타낸다. 뉴먼(W. L. Newman, *The Politics of Aristotle*, vol. iii, Oxford 1887-1902, 567쪽)은 '신성한 선율들로부터 구분되는 카타르시스적 선율들'이란 의미로 해석하면서 kathartika를 원문에 유지한다. '해롭지 않은 즐거움'(ablabēs hēdonē)이란 표현에 대해서는 이 책의 4장 115쪽과 『니코마코스 윤리학』 7권 14장 1154b 4를 보라.

23 『국가』 8권 560d-e에서, (아마도 음악적인) 어떤 종교적 의식들은 카타르시스적인 의술이 몸에 미치는 것과 유사한 영향을 혼에 미친다. "허풍 떠는 말들은 그것들이 점령한, 거창한 의식들을 통해 입교한 젊은이의 혼에서 그러한 좋은 성격들을 비우고 씻겨낸 다음에 …."

24 『법률』 7권 790-791.

스 행위를 설명한 다음에, 그는 덧붙인다. "동정과 두려움에 잘 휘둘리는 사람들, 일반적으로 감정이 격한 사람들은, 비슷한 경험을 한다. … 그들은 모두 일종의 카타르시스를 겪고, 즐거운 안도감을 느낀다."[25]

앞에 언급된 『정치학』의 인용문 전체는 그에 앞서 나오는 다음과 같은 중요한 말들에 의해 도입된다. "카타르시스라는 말이 어떤 의미인지 우리는 지금은 일반적인 의미로(haplōs) 쓴다. 우리는 나중에 창작에 관한 논의에서 그 말을 보다 분명하게 설명할 것이다 (eroumen saphesteron)."[26] 그러나 한창 기대된 설명은 우리에게 남아 있는 대로의 『창작술』에 나와 있지 않다. 이러한 아주 결정적인 지점에 원문의 결함이 있는 것으로 보인다. 따라서 우리는 일차적인 권위로서 『정치학』 자체에 기댈 수밖에 없다. 그 구절의 어조와 세부 표현들은 두 가지 점을 분명하게 보여준다. 첫째, 그곳에서 그 용어는 알다시피 비유적이다. 둘째, 그것이 의술에서 전문적으로 쓰인 것은 친숙한 것이었지만, 비유적으로 적용된 것은 새로웠고 해명이 필요했다. 더 나아가, 마지막에 인용된 말 ―"그들은 모두

---

25 『정치학』 8권 7장 1342a 11-15. 여기에서 '일종의 카타르시스'(tina katharsin)는 카타르시스가 모든 경우에서 똑같은 종류의 것은 아니라는 점을 함축한다. 따라서 우리는 비극에 대한 정의에서 정관사의 힘을 본다. 그래서 '그러한 감정들에 대한 일정한 카타르시스'(tēn tōn toioutōn pathēmatōn katharsin), 즉 그러한 감정들에 적절한 특수한 카타르시스를 읽는다. 『창작술』 26장 1462b 12-15에 대한 아주 의심스러운 해석을 통해서만 많은 주석가의 가정, 즉 서사시 창작이 비극과 똑같은 감정들을 불러일으킨다는 가정이 지지될 뿐이다.

26 『정치학』 8권 7장 1341b 39.

일종의 카타르시스를 겪고"— 에서, 비극에서 동정과 두려움의 카타르시스는 '신들림'의 카타르시스와 같지는 않지만 그것과 유사하다는 점이 꽤나 분명하게 함축되어 있다.

✌

카타르시스는 감정의 구원뿐만 아니라
감정의 정화 또는 순화를 뜻한다

그런데, 베르나이스는 『정치학』의 카타르시스를 거의 의미 변경 없이 비극에 대한 정의로 가져간다. 그는 그것을 감정의 구원, 즉 과도한 감정을 위한 즐거운 배출구라는 개념을 단지 지시하는 것으로 제한한다.[27] 이 개념은 의심할 여지없이 그 말이 『정치학』에서 사용된 대로의 의미를 거의 다 뽑아낸다. 그것은 또한, 위에서 설

---

27 케블의 창작에 관한 —그가 일컫듯 '창작의 의학적 힘'(vis medica poeticae)에 관한— 이론도 이와 비교될 수 있을 것이다. 그 이론은 그의 책 *Praelectiones Academicae*, Oxford 1844에 설명되어 있다. 그리고 그것은 케블의 책 *Occasional Papers and Reviews*, Oxford 1877에 다시 실린 록하르트의 책 *The Life of Sir Walter Scott*에 대한 그의 서평에도 설명되어 있다. 이 서평 중 가장 중요한 부분은 A. O. Prickard, *Aristotle on the Art of Poetry*, London 1891, 102쪽 이하에 재인용되어 있다. 록 박사는 그 이론을 다음과 같이 요약한다(W. Lock, *John Keble: A Biography*, London 1891). "창작은 본질적으로 케블의 경우 작가에게 구원이다. 과도한 감정의 구원이다. 창작은 표현을 위해 분투하지만 완전하게 표현하기에는, 특히 일상 언어로 표현하기에는 너무나도 심오한 감정의 공표이다." 케블의 이론이 주로 『창작술』에 기대고 있다는 점을 지적한 뒤, 그는 덧붙인다. "그러나 아리스토텔레스는 비평가로서 글을 쓰고 있고, 독자들에 미치는 영향을 생각하고 있다. 케블은 작가로서 일차적으로 작가에게 미치는 영향에, 그리고 이차적으로 독자들에 미치는 영향을 강조한다."

명되었듯이, 비극적 카타르시스의 한 가지 중요한 측면을 표현한다. 그러나 아리스토텔레스가 예술에 관한 용어로 채택한 대로의 그 단어는 아마도 추가의 의미를 가질 것이다. 그것은 심리학 또는 병리학의 사실을 표현할 뿐만 아니라, 예술의 원리를 표현한다. 원래의 비유는 본질적으로, 그 용어가 가진 완전히 미학적인 의미로 우리를 안내한다. 히포크라테스 학파의 의학 용어에서 그것은 엄밀하게는 고통스럽거나 방해가 되는 요소를 유기체로부터 제거함을 가리킨다. 따라서 남은 것을 불순물의 제거에 의해 정화함을 가리킨다.[28] 이것을 비극에다 적용해 볼 때, 우리는 동정과 두려움의

---

28 히포크라테스의 저술들에서 비움(kenōsis)은 몸에 이롭지만 불필요한 체액들의 완전한 제거를 뜻한다. 카타르시스는 고통스러운 것들(ta lypounta) 등과 같은 것 ―이질적인 물질들(tōn allotriōn kata poiotēta, 갈레노스)― 의 제거를 뜻한다. 갈레노스의 다음 구절들도 그렇다. xvi. 105: "모든 체액이 같은 정도로 비워질 때에는 비움이 있지만, 해로운 성질의 체액들이 비워질 때에는 정화가 있다", xvi. 106: "그런데 정화는 질적으로 고통스러운 체액들의 비움이다." 다음 참조. [플라톤의] 『정의들』 415d: "카타르시스는 더 나쁜 것들을 더 좋은 것들로부터 제거함이다." 플라톤도 이런 생각에 친숙했다. 『소피스트』 226d에서 정화(katharmos)는 일정한 종류의 '분리' ―"더 좋은 것은 남기고 더 나쁜 것은 버리는 분리(diakrisis)" ―를 니디네기에 적합한 이름이다. 다음 참조. 『국가』 8권 567c(국가에 있는 최선의 요소들을 죄다 일소하는 참주들에 대하여): "멋진 정화이겠다고 그가 말했네. 나는 '물론 그것은 의사들이 신체를 정화하는 것과는 정반대네. 의사들은 가장 나쁜 것은 제거하며 가장 좋은 것은 남기는데, 참주들은 이와는 정반대로 한다네'라고 말했네."
　　kathairein이라는 말은 구문적으로 두 가지로 해석할 수 있다.
　　(i) 그것은 방출되거나 일소되는(purged away) 방해 요소 ―예를 들어, 잉여물(to perittōma), 고통스러운 것들(ta lypounta), 이질적인 것들(ta allotria)― 를 목적어로 가질 수 있다. 여기에서 맨 먼저 떠오르는 개념은 이질적인 물질을 제거한다는 소극적인 개념이다.
　　(ii) 그것은 이러한 제거 과정에 의해 정화되는(purged) 대상 ―예를 들어, 사람

감정은 실생활에서 병적이고도 방해가 되는 요소를 포함한다는 점을 관찰한다. 비극을 통한 자극의 과정에서 그 감정들은 구원을 발견하고, 병적인 요소는 떨쳐 버려진다. 비극적 행동이 진행될 때, 처음에 일어났던 마음의 산란함은 나중에 가라앉는다. 그리고 낮은 수준의 감정 형태들은 높은 수준의 보다 세련된 형태들로 변형된다. 현실의 동정과 두려움 안에 있는 고통스러운 요소는 정화된

(ton anthrōpon), 신체(to sōma), 마음(tēn psychēn), 감정(ta pathēmata)― 을 목적으로 가질 수 있다. 여기에서 맨 먼저 떠오르는 개념은 유기체, 기관, 또는 유해 물질이 방출되는 신체의 일부를 정화하고 순화한다는 적극적인 개념이다.

이렇게 동사의 목적어를 두 가지로 해석하는 것에 따라 우리는 명사 katharsis(정화)와 함께 쓰이는 2격을 두 가지로 받아들일 수 있다.

(i) 고통스러운 것들, 잉여물, 이질적인 것들 등의 정화. 이 부류에 플라톤의 『파이돈』 69c의 표현("그와 같은 모든 쾌락의 정화")이 속한다. 여기에서 쾌락들은 단지 병적인 요소를 포함하는 것으로 간주되지 않고, 그 자체로 병적인 것으로 간주된다. 다음 참조. Plutarchos, *De Inim. Util.* 10. 91F: "(자신을 적들로부터 구하기 위해) 이러한 감정들을 그의 적들에게 표출하면서(또는 방출하면서)."

(ii) 사람, 신체, 감정의 정화(purgation). 여기에서 2격은 카타르시스의 효과가 미치는 사람이나 사물을 나타낸다.

비극에 대한 정의에서 2격은 (ii)에 속하는 것으로 보인다. '그러한 종류의 감정들의 정화'는 병적인 요소의 방출에 의한 실생활의 '동정과 두려움의 정화 또는 순화'이다. 병적인 요소는 ―위에서 주장되었듯이― 일정한 고통(lypē)인데, 이 고통은 다시 실생활에서 그러한 감정들에 부착된 이기심으로부터 생긴다.

베르나이스의 해석, 즉 '그러한 감정들을 누그러뜨리는 방출'은 2격이 (i)의 항목에 속한다는 점을 함축한다. 이러한 해석에 따르면, 치유는 감정의 정화에 의해 이루어지지 않고, 감정들의 완전한 추방에 의해 이루어진다.

목적어를 지닌 동사 kathairein의 이중적 의미는 이미 호메로스에 예시(豫示)되어 있다. 그는 『일리아스』 16권 667-68행에서 이중적으로 사물과 사람을 목적어로 사용한다.

"사랑하는 포이보스(아폴론)여, 어서 가서 화살이 미치지
않는 곳으로 사르페돈을 데려가 그의 검은 피를 닦아 주어라."

다. 비극이 발휘하는 치료 효과와 진정 효과는 감정의 변형에 직접 동반되는 것으로서 따른다. 그렇다면, 비극은 일정한 격정들에 대한 동종요법적 치료 이상의 효과를 갖는다. 이렇게 볼 때 그것의 기능은 단지 동정과 두려움의 감정에 배출구를 제공할 뿐만 아니라, 그 감정들에 뚜렷하게 미적인 만족을 제공하는 것, 즉 그것들을 예술 매체를 거치게 함으로써 정화하고 순화하는 것이다.

이 정화 과정이 산출되는 방식

그러나 그러한 정화 과정의 본성은 무엇인가? 여기에서 우리는 아리스토텔레스로부터 직접 답변을 듣지 못한다. 하지만 그는 우리에게 몇 가지 힌트를 남겼다. 힌트가 되는 몇 가지 자료들로부터 우리는 아마도 그의 생각을 대략 재구성할 수 있을 것이다.

카타르시스 개념은, 우리가 보았듯이, 고통스럽고 불안한 요소(ta lypounta)의 추방을 함축한다. 그런데 아리스토텔레스는 동정과 두려움을 실생활과의 관계 속에서 고통스러운 것들(ta lypounta)로 간주한다. 그것들 각각은, 『연설술』에 나온 정의를 따른다면, 일종의 고통(lypē tis)이다. 아리스토텔레스는 두려움을 "본성상 파괴적이거나 고통스러운 다가올 악에 대한 상상에서 비롯하는 일종의 고통이나 동요"라고 정의내린다.[29] 더 나아가, 그 악은 멀리 있지 않고 가까

---

29 『연설술』 2권 5장 1382a 21-22.

이 있고, 위협을 받는 사람들은 우리 자신들이다. 이와 비슷하게, 동정은 "부당하게 겪는, 파멸적이거나 고통스러운 명백한 악에 대해 느끼는 일종의 고통이고, 이 악은 우리 자신이나 친구들 중 누구에게나 일어나리라고 예상할 수 있는 악이다. 그것도 그것이 가까이 있다고 보일 때 느끼는 악이다."[30] 그러나 동정은 그 대상이 우리 자신이 겪을 것처럼 보일 정도로 우리에게 관련되어 있는 곳에서 두려움으로 바뀐다.[31] 이렇듯, 동정과 두려움은 아리스토텔레스에서 밀접하게 상관된 감정들이다. 우리는 비슷한 상황이라면 우리 자신이 당할 때에는 두려워할 곳에서 타인을 동정한다.[32] 두려움을 느끼지 못하는 사람들은 동정심을 가질 수도 없다.[33]

---

30 『연설술』 2권 8장 1385b 13-16. 다음 참조. 1386a 29-32: "그리고 재난들은 가까이 있어 보일 때 동정을 일으키고, 사람들은 만 년 전에 일어난 것으로 기억하는 일들이나 만 년 후에 일어날 것으로 예상하는 일들은 전혀 동정하지 않거나 최근의 일들과 같은 방식으로는 동정하지 않으므로, ···." 여기에서 부당하게 (불행을) 겪는(anaxios) 동정의 대상이 강조된다. 예를 들어 8장 1386a 5-9장 1386b 16과 『창작술』 13장 1452b 28-1453a 7에서 그렇다(아래의 각주 36).

31 『연설술』 2권 8장 1386a 18-20: "그리고 사람들은 알고 지내는 자들을 동정한다. 단, 이들과 아주 친밀한 사이가 아니어야 한다. 아주 친밀한 자들의 경우는 자신들이 어떤 일을 당하는 것처럼 동정이 아니라 두려움을 느낄 것이기 때문이다."

32 『연설술』 2권 8장 1386a 28-29: "자신들과 관련하여 두려움을 느끼는 것들이 다른 사람들과 관련하여 일어날 때 사람들은 동정한다." 5장 1382b 24-26: "한마디로, 다른 사람들에게 일어났을 때 또는 일어나려 했을 때 동정심을 불러일으키는 일들은 모두 두려운 것이다."

33 『연설술』 2권 8장 1385b 19-21: "그렇기 때문에 완전히 망가진 사람들은 동정을 느끼지 못한다. 그들은 더는 당할 악이 없다고 생각한다. 이미 당했기 때문이다. 자신들이 엄청 행복하다고 생각하는 사람들도 동정을 느끼지 못하고, 오히려 오만스레 군다." 2권 5장 1383a 9 참조.

이렇듯 심리학적 분석에서 두려움은 동정의 의미가 유래하는 기본 감정이다. 그것의 토대는 이기적 본능이다. 그것은 자신에게도 비슷한 고난이 발생할지도 모른다는 느낌에서 솟는다. 그것 안에 잠재적인 두려움이 가능한 상태로 들어 있다. 그러나 레싱(G. E. Lessing)처럼,[34] 두려움이 항상 동정을 이루는 성분이라고 —타인에 대해 동정을 느낄 때마다 자신과 관련하여 두려움을 느낀다고— 말하는 것은 잘못된 추론이다. 아리스토텔레스의 생각은 단지 우리가 동정의 대상인 사람의 입장에 있다면 우리는 자신과 관련하여 두려움을 느낄 것이라는 점이다. 가능한 두려움은 결코 실현되지 않을 수 있지만, 동정의 힘은 그로 인해 손상되지 않는다. 여전히 자신과의 은연중의 관련은,『연설술』에 일반적으로 기술되어 있듯이, 동정을 일으킨다. 그리고 이것은 대부분의 현대 저술가들이 동정이라고 이해하는 순수한 공감의 본능, 즉 타인이 겪는 고통에 대한 비이기적인 공감과 현저히 다르다.[35]

---

34 G. E. Lessing, *Hamburgische Dramaturgie*, 1767/68, Trans.(Bohn), 409, 415, 436쪽. 두려움은 동정에 함축되어 있기 때문에 비극에 대한 정의에서 두려움을 언급한 부분이 불필요하다고 보는 레싱의 견해는 코르네유에 맞서 자신이 취하는 입장, 즉 동정과 두려움은 비극의 감정들이고, 동정만으로는 불충분하다는 입장과 이상하게도 모순된다.

35 멘델스존의 다음의 말 참조. "동정은 어떤 대상에 대한 사랑과 그 대상의 비참한 신세에 의해 야기된 불쾌로 이루어진 복합적인 감정이다." 쇼펜하우어는 동정이 모든 진정한 도덕성의 뿌리에 있다고 주장했다. 아리스토텔레스 자신은 『연설술』에서 젊은이의 사욕이 없는 후한 동정(eleos)과 늙은이의 이기적인 동정을 구별한다. 2권 12장 1389b 8-10: "젊은이는 실제보다(또는 자신들보다) 더 낫다는 생각으로 남을 쉽게 동정한다. … 그래서 이웃들이 부당하게 고통을 겪는다고 생각한다." 13장 1390a 18-21: "늙은이도 남을 쉽게 동정하지만, 그 이

드라마적 재현의 조건들, 그리고 무엇보다도 비극이 두 감정에 대해 행하는 모든 결합된 호소는 실제 현실에 알려진 대로의 그 감정들을 상당히 변경시킬 것이다. 동정 그 자체는 본질적인 변화를 겪지 않는다. 그것의 대상은 여전히 '(고난을) 받을 만하지 않은 사람'(ho anaxios)의 불운이다. 이 표현은, 아리스토텔레스가 해석하듯이(『창작술』 13장), 전적으로 무구하게 고난을 당하는 사람이기보다는 오히려 마땅한 정도 이상으로 고통을 당하는 사람을 의미한다. 두려움의 감정은 실제 세계에서 상상의 세계로 옮겨질 때 근본적으로 바뀐다. 그것은 더는 우리 자신의 삶에 닥칠 불운에 대한 직접적인 파악이 아니다. 그것은 실제적인 위험의 접근에 의해 야기되지 않는다. 그것은 우리의 성격과 본질적으로 비슷한 주인공에 대해 우리가 느끼는 공감적인 전율이다.[36]

유는 젊은이의 경우와 다르다. 젊은이는 인간애 때문에 그렇지만, 늙은이는 허약함 때문에 그렇다. 이들은 모든 것을 겪는 일이 자신들 가까이에 있다고 생각한다." 이와 비슷한 사욕이 없는 공감과 관련하여 에우리피데스의 인상적인 구절을 비교해 보라. 『엘렉트라』 294-295행: "무지에는 어디에도 동정심이 들어 있지 않지만, / 지혜로운 사람들에게는 들어 있지요."

36 『창작술』 13장 1453a 3-6: "이와 같은 종류의 플롯은 도덕 감정을 만족시킬 것이지만, 그것은 동정도 두려움도 일으키지 못할 것이다. 왜냐하면 동정은 부당한 불행에 의해 환기되고, 두려움은 우리 자신과 비슷한 사람의 불행에 의해 환기되기 때문이다." 나는 이 구절을 명백한 문법적인 의미로, 즉 "우리는 부당하게 불행을 겪는 사람(ton anaxion)에 대해 동정을 느낀다(앞의 각주 30에다 『연설술』로부터 인용한 것을 참조). 비슷한 사람(ton homoion)에 대해서는 두려움을 느낀다"는 의미로 받아들인다. 행동의 과정이 부당한 고난이나 우리 자신과 주인공 간의 도덕적 유사성을 우리에게 생생하게 자각시킬수록, 극의 다양한 여러 순간에서 동정이나 두려움은 최고조에 달할 것이다.

그래서 비극의 두려움(phobos)은 『연설술』의 두려움처럼 우리 자신에 대한

비극적인 고난을 겪는 사람은 우리 자신과 비슷한 사람(homoios)

두려움이 아니다. 그러나 두려움이 비슷한 사람의 고난에 의해 일어난다는 사실은 비극의 두려움조차 마지막에는 심리적으로 이기적인 본능으로 추적되어 분석된다는 점을 가리킨다.

2판(1898)에서 나는 비극의 두려움이, 실생활의 두려움처럼 일차적으로 우리 자신에 대한 두려움이라는 견해 쪽으로 기울었다. 이렇게 받아들이면, '…에 대해'(peri)는 두 구절에서 다른 의미를 가져야 한다. "우리는 부당하게 불행을 겪는 사람에 대해서는 동정을 느낀다. 우리와 비슷한 사람과 관련해서는 두려움을 느낀다." 즉, 그의 고난은 그의 인간성을 공유하는 우리 자신들에게 두려움을 일깨운다. 난점을 누그러뜨릴 몇 가지 고려할 만한 사항들이 제공되었지만, 그런 의미의 변화가 눈에 거슬린다는 점은 부인할 수 없는 사실이다.

몇몇 저명한 학자들은 비극의 두려움과 동정 간의 차이를 다른 방식으로 설명했다. 그들은 다음과 같이 주장한다. 비극의 두려움은 불행이 여전히 임박해 있을 때 주인공에 대해 느낀 감정이다. 반면, 동정은 현재나 과거의 사건들에 의해 일어난다. 이렇게 둘의 차이를 시간의 차이로 환원하는 입장에 대해 내가 반대하는 이유는 다음과 같다.

① 두려움은 아리스토텔레스에서 미래 시간을 언급함으로써 동정과 구분되지는 않는다. 앞의 각주 32에 인용된 『연설술』 2권 5장 1382b 26에서 '일어나려 했을 때'(mellonta)는 우리가 미래의 일에 대해서도 어떤 사람을 동정할 수 있다는 점을 보여준다. 다음도 참조. 『연설술』 2권 8장 1386a 34: "동정심을 일으키는 일들을, 일어나려는 것으로든 일어난 것으로든, 가까이 있는 것으로 보이도록."

② 만일 비극에서 동정과 두려움이 같은 감정의 두 가지 측면일 뿐이라면, 『창작술』 11장 1452b 1("동정이나 두려움"), 14장 1453b 14-15("그렇다면, 어떤 일들이 끔찍하거나, 어떤 일들이 측은하게 보이는지 규정해 보자")와 같이 뚜렷하게 그것들이 구분되는가? 또한, 왜 아리스토텔레스는 두 감정의 결합된 효과를 주장하는가? 비극적 결말의 극에서 사건들이 파국으로 차츰 전개될 때, 특정 사건에 대한 동정은, 이 이론에 따르면, 선행하는 두려움을 함축한다. 두려움은 따로 언급하지 않아도 될 것이다.

③ 아리스토텔레스는, 동정은 부당하게 불행을 겪는 사람에 대한 것이고, 두려움은 우리와 비슷한 사람에 대한 것이라고 말한다. 그러나 왜 시간적 구분만으로 인물의 구분이 필연적으로 되는가? 다시 말해, 우리가 주인공에 대해 현재의 불행에 대해 감정을 느끼는 경우 그 주인공은 부당하게 불행을 겪고, 우리가 참화가 임박한 주인공에 대해 감정을 느끼는 경우 그가 우리와 비슷해야 할 이유가 있는가?

이다.[37] 그리고 『창작술』에 기술되어 있듯이, 그러한 내적 유사성에 비극의 효과가 주로 달려 있다. 그런 유사성 없이는 우리의 완전한 공감은 들어설 자리가 없을 것이다. 아리스토텔레스가 주장하는 유사성은 도덕적인 성격의 유사성이다. 그의 주인공은 (『창작술』 13장에서) 결점이 없는 완벽한 사람이 아니고, 더할 나위 없는 악한도 아니다. 그렇다고 우리는 그를 평균적이거나 평범한 성질을 지닐 뿐인 사람으로 이해해서는 안 된다. 그는 실제로 도덕적인 높이나 품위 면에서 보통의 수준을 넘어선 사람이지만, 약점과 불완전으로부터 벗어나 있지 않다.[38] 그의 인간성은 풍부하고 충만하고 다른 사람들이 소유한 요소들로 구성되어 있어야 하지만, 보다 조화롭게 혼합되거나 보다 유능한 성질의 것으로 혼합된 것이어야 한다. 우리가 어떤 의미에서 우리 자신을 그와 동일시할 만큼, 그의 불운을 우리 자신의 불운으로 여길 만큼의 인간 본성이 그 사람에게 있어야 한다. 이와 더불어 그는 외적인 품위와 지위 면에서 우리보다 높다. 그는 위대함의 높이에서 추락하는 왕자이거나 유명한 사람이다. 이렇게 제시된 대조가 주는 인상적인 효과와 별도로, 관객과 이상적인 거리를 두고 자리 잡은 주인공에는 이점이 있

---

37 『창작술』 13장 1453a 5-6에서(앞의 각주를 보라) 두려움은 우리와 비슷한 사람에 대한 것이지만, 동정은 부당하게 불행을 겪는 사람에 대한 것이다. 『연설술』 2권 8장 1386a 24-25: "사람들은 나이, 성격, 성향, 지위, 집안이 비슷한 자들을 동정한다"에 그런 유사한 조건들이 우리 자신에게 두려움을 느끼게 한다는 점이 추가되어 있다. 『연설술』의 '비슷함'은 『창작술』 13장의 범위 밖에 있는 다양한 외적 형태의 유사성들을 포함한다는 점을 우리는 주목할 수 있을 것이다.

38 이 책의 8장을 보라.

다. 우리는 우리 자신의 것과 너무 닮은 삶의 외적 조건들과 대면하지 않는다. 직접적인 현실의 압박은 제거된다. 우리는 우리 자신의 물질적 생존을 고통스럽게 걱정하도록 생각하게 되지 않는다. 여기에 비극적 감정들이 예술의 영역에서 겪는 세련화과정의 일부가 있다. 그 감정들은 자아의 사소한 관심으로부터 풀려나고, 보편화되는 길에 들어선다.

비극적 두려움은, 예술의 조건을 거치면서 변경되지만, 어떠한 활기 없는 감정도 아니다. 그것은 정말이지 개인적인 재앙을 으깨는 듯 파악하는 것과는 다르다. 소포클레스의 『오이디푸스 왕』을 읽거나 관람할 때 우리는 오이디푸스와 유사한 상황에 우리가 처할지도 모른다는 두려움에 사로잡히지 않는다.[39] 하지만 오싹함이, 즉 공포나 막연한 예감의 전율이 우리 몸에 스며든다.[40] 그런 느낌은 직접적인 것이지, 반성한 것이 아니다. 정신의 긴장, 즉 우리가 닥쳐올 재앙을 기다리며 느끼는 괴로운 예감은 우리가 그때 우리의 것으로 합치는 생존을 지닌 주인공과의 공감으로부터 솟는다.[41] 우리 앞에서 벌어지는 사건들은 거의 우리와 직접적으로 관

---

39 코르네유(*Discours ii. De la Tragédie*)는 그러한 공포가 전혀 없다는 근거로 『오이디푸스 왕』이 동정만을 일으킬 뿐, 두려움을 일으키지 않는다고 주장한다. 그러나 만일 우리가 두려움을 올바로 이해한다면, 그 작품은 빼어나게 두려움의 비극이다.

40 『창작술』 14장 1453b 3-6: "왜냐하면 플롯은 눈으로 보지 않고, 사건의 발생을 듣는 사람이 일어나는 일들에 전율하고 동정심을 느끼도록(phritten kai eleein) 구성되어야 하기 때문이다." 다음 참조. 플라톤의 『국가』 3권 387c(서사시 이야기에 대해): "듣는 사람들로 하여금 … 몸서리를 치게 만드는 것들."

41 다음 참조. 플라톤의 『국가』 10권 605d: "작가들에게 우리 자신을 내맡기고 공

련된 것처럼 보인다. 우리는 우리도 고난을 당할 것 같은 느낌을 갖는 분위기로 인도된다.[42] 하지만 두려움의 대상은 우리를 가까운 곳에서 위협하는 명확한 악이 아니다. 타인의 실수 또는 불운을 보면서, 상황이 주는 강한 충격 속에서, 우리는 '인간의 불확실한 운명'을 읽는다. 상상력이 생생하게 그려내는 실현되지 않은 재앙은 그 위험이 가까이 있는 듯한 강한 인상을 마찬가지로 산출한다.[43] 진정한 비극적 두려움은 거의 특정 개인과 관계가 없는 감정이 되고, 이런저런 특정 사건에 부착되지 않고 우리에게 인간 운명에 대한 이미지가 되는 행동의 일반적인 경로에 부착된다. 우리는 그렇게 전개된 결말들이 지닌 위대함에 경외하며 전율한다. 이러한 경외감에서 두려움과 동정의 감정은 섞인다.

우리는 비극의 본질적인 효과가 동정과 두려움 간의 친밀한 협력을 유지하는 데 달려 있다는 점을 이제 볼 수 있다. 아리스토텔

감하며 그들을 따르네."

42 다음 참조. 『연설술』 2권 5장 1383a 8-10: "그러므로 연설자는 사람들이 두려움을 느끼는 편이 나을 때에는 그들을 그러한 사람들로, 다른 사람들도 그런 감정을 더 많이 느꼈으니까 그들이 그러한 감정을 느낄 수 있는 사람들이라고, 설정해야 한다."

43 이 사실을 무대 위의 재현의 결과로서 아리스토텔레스는 동정(eleos)과 관련하여 주목한다. 『연설술』 2권 8장 1386a 31-34: "필연적으로, 몸짓과 목소리와 옷차림(필사본 Aᶜ: 감각)으로써, 일반적으로 연기로써 효과를 올리는 사람들이 더 동정심을 일으킨다. 왜냐하면 이들은 일어날 것으로든 일어난 것으로든 화(禍)를 눈앞에 둠으로써 그것을 가까이 있는 것으로 보이도록 만들기 때문이다"('몸짓으로써 효과를 올림'에 대해서는 『창작술』 17장 1455a 29-30 참조). 드라마에서 일어나는 두려움(phobos)에 대한 언급이 『연설술』에 전혀 없다는 점을 우리는 주목할 수 있을 것이다.

레스에 따르면, 많은 현대인이 주장하듯[44] 비극에 의해 동정만 유발되어서는 안 된다. 코르네유가 옹호하듯[45] 동정이나 두려움이 유발되어서도 안 되고, 엘리자베스 시대의 저술가들에서[46] 아리스토텔레스의 용어 중 하나가 변경되어 통용되었듯이 동정과 '경탄'이 유발되어서도 안 된다. 아리스토텔레스가 요구하는 것은 동정과 두려움 둘 다이다.[47] 그는 어떤 비극들에서는 일차적으로 극을 주도

44 예를 들어, 실러가 그의 논문 『비극 예술론』에서 주장하듯. 실러는 그의 편지나 다른 저술들에서는 때때로 동정뿐만 아니라 두려움도 말한다. 그러나 그가 말하는 두려움은 아리스토텔레스가 말하는 두려움이 아니다. 그것은 단지 끔찍한 사건이 아직 미래에 있을 동안에 느끼는 불안으로서, 사건이 일어난 후에 동정으로 변하는 두려움이다.

　고대의 비극에서 두려움은 강력한 필수적인 요소였다. 근대의 비극에서 ―세익스피어를 제외한다면― 동정이 두려움보다 우세하다. 18세기에 두려움은 완전히 배제될 정도에 이르렀다.

45 P. Corneille, *Discours ii. De la Tragédie*, 1660. 코르네유는 이런 견해가 아리스토텔레스에 의해 지지된다고 생각한다. "아리스토텔레스에 따르면, 그러한 정화를 이룰 목적으로 두 감정 중 하나로 충분하다. 그렇지만 동정은 두려움 없이 일어날 수 없지만 두려움은 동정이 없이 거기에 이를 수 있다는 차이점이 있다." 그러나 이미 보여준 바와 같이, 아리스토텔레스적인 의미에서 두려움 없이 동정이 있을 수 있다.

46 예를 들어, Sir Philip Sidney, *An Apology for Poetrie*, London 1580: "경탄과 동정의 효과를 일으키며 … 세상의 불확실성을 가르치는 … 고급의 탁월한 비극."

47 두 감정은 플라톤의 다음 작품들에도 인지되어 있다. 『파이드로스』 268c: "다시, 만일 어떤 사람이 소포클레스나 에우리피데스에게 다가와 사소한 일에 대해 아주 긴 이야기를 짓고 중대한 일에 대해서도 아주 짧은 이야기를 지을 줄 안다고 말하고, 그가 원하는 대로 동정심을 일으키는 이야기를 짓다가도 다시 반대로 두려움을 주는 위협적인 이야기를 지을 줄 안다고 말한다면, … 어떻겠는가?" 『이온』 535e: "왜냐하면 저는 매번 무대 위에서 관객들이 눈물을 흘리며 겁에 질린 시선으로 내 이야기에 놀라는 모습을 내려다보기 때문입니다." 『국가』 3권 387b-d에서, 동정과 두려움은 둘 다 '호메로스와 여타 작가들'에 의해 산출되는 감정적 효과에 속하는 것들로 언급되고, 동정은 두려운 일들(ta

하는 인상이 두려움이고, 다른 비극들에서는 동정이라는 점을 틀림없이 인정할 것이다. 그는 아마도 더 나아가 열등한 비극은 일반적으로 비극적이라 불리는 두 감정 중 하나만을 유발할지도 모른다고 말할 것이다.[48] 그러나 완전한 비극적 효과는 그 두 감정의 결합을 요구한다. 비극의 뚜렷한 기능인 카타르시스는 달리 실행될 수 없다.

저자가 알려져 있지 않지만 확실한 아리스토텔레스의 전통을 어느 정도 담고 있는 것으로 보이는 조각글 『희극론』에[49] "비극은 두려움을 동정과 적절한 비율로 섞기를 추구한다"(hē tragōdia symmetrian thelei echein tou phobou)는 표현이 나온다. 동정은, 베르나이스가 설명하듯, 두려움과의 동질성을 통해 기이함과 감상주의로부터 보호된

phobera)을 겪는 타인들을 공감함으로써 야기된다. 『국가』 10권 605d-606b에서는 동정만 '호메로스나 비극 작가 중 한 사람'에 의해 환기된다.

48 '동정과 두려움' 대신 '동정이나 두려움'이란 말이 나오는 구절들에서 선택 접속사는 그것에 고유한 효력을 유지한다. 『창작술』 11장 1452a 38-b 1에서, 비극의 전체 인상보다는 상황의 반전(peripeteia)과 결합된 특정 종류의 인지(認知, anagnōrisis)가 갖는 효과가 지적되고 있다: "왜냐하면 그러한 종류의 인지와 상황의 반전은 동정이나 두려움을 산출할 것이기 때문이다. 그리고 비극은 그러한 감정들을 산출하는 행동의 재현인 것으로 전제되어 있다." 우리는 다시 『창작술』 13장 1452b 35-1453a 7에서 다음의 구절들에 접한다: "그것은 두려운 것도 동정심을 일으키는 것도 아니기 때문이다. … 그것은 도덕 감정을 충족시키지도 동정이나 두려움을 일으키지도 않기 때문이다. … 동정도 두려움도 일으키지 않을 것이다. … 그 결과는 두려운 것도 동정심을 일으키는 것도 아닐 것이다." 다시 말해, 여기에 언급된 플롯들은 모두 완전한 비극적 효과를 산출하기는커녕 비극의 한 가지 효과도 갖지 못한다.

49 이 글은 팔렌(1867)과 주제밀(1876)이 각자 편집한 『창작술』의 끝에 인쇄되어 있고, 베르나이스(142쪽 이하)에 의해 상세하게 논평되어 있다.

다. 두려움은 동정과의 협조를 통해 좁은 이기심의 옷을, 개인적인 위험에 의해 고무된 통속적인 공포의 옷을 벗는다.[50] 자기 이익에 빠진 걱정이나 불안은 타인과의 공감을 불가능하게 만든다. 이런 의미의 "두려움은 동정을 쫓아낸다."[51] 비극의 두려움은, 피를 통해 흐르는 내부 전율을 일으킬 수 있지만, 어떤 재앙이 닥치는 모습을 직접 볼 때처럼 정신이나 감각을 마비시키지는 않는다. 그러한 두려움은, 일상의 두려움과 달리, 타인의 삶과의 상상적인 결합에 토대를 두고 있기 때문이다. 관객은 자신을 벗어나 고양된다. 그는 비극적 고난을 당하는 사람과 하나가 된다. 그리고 그를 통해 인간성 전체와 하나가 된다. 드라마의 한 가지 효과는 그것을 통해 사람이 하나 대신 여럿이 된다는 점이라고 플라톤은 말했다. 그것은 사람으로 하여금 자신에 고유한 개별성을 무언극의 본능 상태에서 잃게 만든다. 그렇게 함으로써 그것이 그 사람에게 거짓임을 드러낸다. 아리스토텔레스는 다음과 같이 대꾸할지 모른다. 맞다. 그는

---

50 볼테르는 프랑스 비극에서 인정 많음은 동정을 대신하고, 경악은 두려움을 대신한다는 생-에브르몽의 권철을 인용하여 동조를 얻는다. 그는 "생-에브르몽이 프랑스 극장의 숨겨진 상처를 건드렸다는 점을 부인할 수 없다"고 말한다. 또한 두려움의 개념은 빈번히 단순한 공포의 개념이었다. 그래서 17세기 프랑스에서는 비극을 감상적인 것과 소름끼치는 것의 결합으로 보게 되었다.

51 『연설술』 2권 8장 1386a 21-22: "끔찍한 것(to deinon)은 동정심을 일으키는 것(to eleeinon)과 다르고, 동정심을 몰아낼 수 있는 것(ekkroustikon tou eleou)이고, … ." 이 말은 헤로도토스의 『역사』 3.14에 전하는 이야기에 대한 설명으로 부가되어 있다. 다음 참조. 2권 8장 1385b 33-34: "왜냐하면 잔뜩 겁에 질린 사람들은 자신들의 감정에 사로잡혀 있기에 동정을 느끼지 못하기 때문이다." 『리어왕』 5막 3장: "하늘의 이 판단은 우리를 떨게 하지, / 우리한테 동정을 일으키지 않는다."

자신을 벗어난다. 하지만 그것은 공감력이 증대함으로써 이루어진다. 그는 자신의 사소한 고난들을 잊는다. 그는 개인의 좁은 영역을 버린다. 그는 자신과 인류의 운명을 동일시한다.

⚜

창작을 보편적인 것의 재현으로 보는
일반론과 연결된 카타르시스 이론

우리는 여기에서 다시 창작을 보편적인 것의 재현으로 보는 아리스토텔레스의 이론으로 되돌아간다. 비극은 집약된 힘으로써 창작 예술에 속한 그런 최고 기능을 예시한다. 그것이 기술하는 성격, 그것이 우리에게 친숙하게 만드는 인물들의 행동과 운은 유형적인 보편적인 가치를 소유한다. 플롯의 예술적 단일성은, 극의 몇몇 부분들을 밀접하게 내적으로 응집하도록 묶어줌으로써, 인간 운명의 법칙을, 고난의 원인과 결과를 드러낸다. 우리를 오싹하게 하는 사건들은, 일어난 대로의 각각의 것이 달리 그럴 수 없다는 발견이 놀람의 충격에 더해지면, 그 효과가 한층 강화된다. 그것은 이전에 진행되었던 것과 유기적인 관계를 맺는다. 불가피한 것과 예기치 못한 것의 결합이 있게 된다.[52] 동정과 두려움은, 인간이 겪는 고난의 보다 넓은 양상과 연결되어 유발되고 서로 밀접하게 연

---

52 『창작술』 9장 1452a 4. 여기에서 핵심은 '예상과 다르게'(para tēn doxan)와 '상호 인과관계 속에서'(di' allēla)의 결합에 있다.

결된 상태를 유지하며, 보편화된 감정들이 된다. 순수하게 개인적이고 이기적인 면모는 떨어져 나간다. 자신의 것보다 더 큰 고난을 대면하게 된 관객은 공감적인 도취를 경험하고, 자신으로부터 나와 고양됨을 경험한다. 인간을 개별적인 자아를 넘어서는 데로 데려가는 바로 그러한 감정의 전이에 뚜렷한 비극적 즐거움이 놓여 있다. 동정과 두려움은 삶에서 그것들에 달라붙은 불순한 요소로부터 정화된다. 비극적인 자극의 고조에서 그러한 감정은 변형되어 최종적으로 고귀한 감정적 만족이 된다.

정화 과정으로 간주된 카타르시스는 방해되는 요소, 즉 고통 — 이것은 실제 대상들에 의해 일어났을 때 동정과 두려움의 일부가 된다— 의 축출을 아리스토텔레스에서 의미했을지도 모른다.[53] 그러한 축출의 사실만으로도, 위에서 지적된 답변의 핵심 노선에 덧붙여,[54] 플라톤에 반대하는 논변의 요점을 그는 가졌을 것이다. 『필레보스』에서 플라톤은 혼합된(michtheisai) 즐거움이나 불순한 (akathartoi) 즐거움이 고통과 섞여 있는 것이라고 기술한다. 그리고 비극의 즐거움은 혼합된 종류에 속하는 것으로 말해진다.[55] 아리스

---

53 다음 참조. Plutarchos, *Symp. Qu.* iii. 8(음악적 카타르시스에 대한 언급): "비가 (悲歌)와 이에 적합한 아울로스[그리스 피리. 역자]가 처음에 감정을 부추기며 눈물을 흘리게 하고, 그렇게 청중의 혼을 동정심으로 인도하다가 점차 고통을 없애고 먹어치우듯이." 이는 카타르시스적 방법 일반에 관련해서도 도움을 주는 구절이다.

54 앞의 162-63쪽을 보라.

55 『필레보스』 50b: "이제 이야기는 비가(悲歌)들과 비극들에서, 드라마 속에서뿐만 아니라 삶의 온갖 비극(tragōdia)과 희극(kōmōdia) 속에서도, 그리고 다른 무수한 일들에서도 고통이 즐거움과 함께 섞여 있다는 점을 우리에게 밝혀주

토텔레스의 이론은 비극이 작용하는 감정들은 정말로 실생활에서
많은 고통이 뒤섞인 것이지만, 예술가의 손을 거치면서 고통스런
요소가 추방되거나 압도된다고 주장한다.

하지만 앞쪽에서 우리는 한 단계 더 분석을 수행하여, 고통이 어
떻게 즐거움에 굴복하는지 그리고 왜 그런지를 보여주었다. 고통,
불안, 걱정의 아픔은 실제 세계에서 그러한 감정에 부착된 이기적
인 요소로부터 일어난다. 그 고통은 이기주의의 얼룩이 제거될 때
추방된다. 감정들을 보편화하고 그것들로부터 우연적이고 개별적
인 영역에 속한 방해 요소를 제거한다는 관념이 현대적 관념이고,
이 관념은 우리가 아리스토텔레스의 것이라고 말할 근거가 없다는
반론이 제기된다면, 우리는 그것이 아리스토텔레스가 의미한 바
가 아니더라도 적어도 그의 이론으로부터 자연스럽게 나오는 내용
이라고 답변할 수 있을 것이다. 그의 일반적인 창작 이론은 그러한
결론을 가리킨다.

다음으로, 비극적 카타르시스가 감정의 구원이라는 개념뿐만 아
니라, 더 나아가 그렇게 구원된 감정의 정화라는 개념을 포함한다
고 가정해 보자. 이런 해석을 수용하면서 우리는 비극에다 직접적
인 도덕적 목적과 영향을 귀속시키지 않는다. 비극은, 정의에 따
른다면, 느낌들에 작용하지, 의지에 작용하지 않는다. 그것은 덕성
에 장애가 되는 어떤 것들을 제거할지 몰라도 사람들을 더 나은 사

네." 다음 참조 『필레보스』 48a: "사람들이 비극 관람을 재미있어 하다가도 이와
동시에 눈물을 흘리는 모습이 기억나지 않는가?"

람들로 만들지 않는다. 일시적인 인위적인 흥분 아래에서 격정을 정화함은 여전히 도덕적인 개선과는 멀리 떨어져 있다. 감정 체계가 일정한 위험 요소를, 감정의 특정 요소들을 ─이것들은 내버려 둔다면 위험한 에너지를 발산하고 덕성의 발휘가 의존하는 활발한 기능들의 자유로운 활동을 방해할 것이다─ 벗어 던지도록 만듦으로써 드라마가 간접적으로 도덕적인 영향력을 발휘한다는 점을 아리스토텔레스는 인정할지도 모른다. 고귀한 감정들의 자극은 아마도 시간이 지나면 의지에 영향을 미칠 것이다. 그러나 카타르시스가 반복적으로 작용함으로써 나오는 간접적인 효과가 무엇이든, 아리스토텔레스가 비극에 대한 정의에서 그렇게 먼 결과를 생각하고 있지 않고, 예술의 직접적인 목적, 예술이 이행하는 미적 기능을 생각하고 있다고 우리는 확신할 수 있다.

～

감정을 카타르시스적으로 다루는 것은
어떤 조건 아래에서 가능한가?

예술이 갖는 일정한 조건 아래에서만 비슷한 감정들에 의해 동정과 두려움을 동종요법적으로 치료할 수 있다. 다루는 주제가 보편화를 허용하지 않는다면, 두려움은 적절한 정도의 동정과 결합될 수 없다. 드라마의 행동은 그것을 통해 우리가 세계를 지배하는 보다 높은 법칙들을 분간할 수 있을 정도로 중요하고, 그것의 의미는 그런 정도로 넓혀져 있어야 한다. 개인의 사생활은, 그것의 내적인 성질이 아무리 비극적이라고 하더라도, 결코 최고 비극의 주제가 될 수 없다. 그것의 결과들은 광범위한 중요성을 지닌 것이 아니다. 그것은 상상력을 충분한 힘으로써 움직이지 않는다. 부르주아 사회라는 제한된 범위 내에서는 위대한 행동이 거의 전개될 수 없다. 입센(H. J. Ibsen)의 드라마처럼 주인공이 —때로는 높이 솟은 희망의 열정으로 가득 찬 채로, 그리고 빈번히 개인이 지닌 힘의 한계를 오인하는 이기적인 자기 주장의 정신 속에서— 자신의 정상적 생활을 방해하는 조건들에 맞서 싸우는 내용의 편협한 드라마는 거의 비극적 품위로 상승할 수 없다. 우리는 —한정된 시야를 가지고 일정한 태도의 위풍으로 치장된 행위의 바탕에까지 깔린 비열한 동기들을 지닌— 아주 좁은 무대를 알고 있다. 그러한 극은 생존의 평탄한 수준에서 움직인다. 인물들은 그들에 부과된 임무를 감당하지 못한다. 그리고 실패와 좌절된 희망을 목격하면서 인간적으로 동정할 여지를 발견할 수 있어도, 여전히 그것은 일상적이고도 울적한 실패일 뿐이다. 아무도 입센이 쓴 극들이 보여주는 극적 구성과 흥미유발의 기술을 의문시할 수 없다. 그러나 사소한 것에 대한 짓누르는 감각은 털어지지 않고, 행동은 비극적 두려움 —이보다 훨씬 더, 진정한 비극에 의해 남겨진 마지막 느낌인 엄숙함과 경탄— 의 환기를 방해하는 사소함의 흔적을 항상 내부에 지닌다. 만일 우리가 개인적 고난과 경험을 넘어 상승하고 가까이에서 감정을 불안하게 하는 대신에 그것을 진정시키는 경험을 하려면, 인물뿐만 아니라 상황에도 보이는 위대함의 성질이 어느 정도 절대 필요한 것으로 보인다. 비극적 카타르시스는 고난이 광범위한 양상 중 하나에서 전시될 것을 요구한다. 배우들의 행위와 운이 보다 넓은 문제에 부착되고, 관객 자신이 특수한 경우를 넘어 고양되고 세계의 보편적인 법칙과 신적인 계획에 대면하게 될 것을 요구한다.

　감정이 자극될 뿐만 아니라 그것이 진정되려면, 정신의 동요가 즐거운 평온으로 해소되려면, 허구적인 재현에 의해 유발된 감정은 이기적이고도 물질적일 뿐인 요소의 옷을 벗고, 사물들이 얻는 새 질서의 일부가 되어야 한다. 사랑이 본질적으로 비극적 동기가 될 수 없는 이유도 바로 그것일 것이다. 격정이 배타적이고 이기적일수록, 그 격정은 카타르시스적 취급을 거부한다. 자극된 감정들은 삶의 영속적인 객관적인 실재들에 그 토대를 두어야 한다. 그리고 개인적인 변덕이나 감상과 독립되어 있어야 한다. 보통의 소설에서, 이기적이고도 자기중심적인 관심 속에 있는 사랑의 격정은 일반화를 허용하지 않는다. 그렇지 않으면 그것에 대한 이야기는 전형적인 독립적인 행위로 넓혀진다. 사랑 이야기가 진정으로 비극적인 드문 사례들은 이 자리에서 역설된 요점을 증명하는 데로 간다. 『로미오와 줄리엣』에서 비극은 단지 진정한 사랑 이야기의 불행한 결말에 있지 않다. 다른 일정 조건들이, 극적인 관심을 제공하는 데 기여하는 점들을 넘어, 비극적 효과를 산출하도록 요구된다. 두 가문의 불화가 있고, 이들의 높은 사회적 지위는 상호 적대감을 공공의 관심사로 만든다. 큰 기쁨을 새로 발견한 연인들은 모든 외적인 의무를 어기는 행동을 한다. 그들의 격정이 지닌 근원적인 힘과 깊이는 그들을 그들이 속한 사회 구조와 충돌시킨다. 그들의 비극적인 최후는 곧바로 그들에게 다가온다. 죽을 때조차 그들의 행위가 미치는 결과는 개인의 영역을 넘어 펼쳐진다. 그들이 남긴 사랑의 무덤 위에 두 가문은 화해한다.

비극은, 여기에서 설명되었듯이, 보편적인 인간 요구를 충족시킨다. 비극이 작동하는 수단인 두려움과 동정은, 어떤 사람들이 주장하듯, 희귀한 비정상적인 감정들이 아니다. 모든 인간은, 아리스토텔레스가 말하듯,[56] 그런 감정들의 영향을 받기 쉽고, 어떤 사람들은 당해낼 수 없을 정도로 그런 영향을 받는다. 고대 세계처럼 현대 세계에도, 그 감정들은 여전히 근본적인 본능 속에 있다. 당장은 수면 아래에 있더라도, 항상 현존하고, 활성화될 준비가 되어 있다.[57] 그리스인들은 ―기질, 상황, 그리고 종교적인 믿음으로부터― 우리보다 더 그 감정들의 영향에 민감하고 그것들로부터 병적인 형태로 고난을 겪었을지도 모른다. 실제로 그리스 비극의 시원은 거친 종교적 흥분, 바쿠스적인 도취일 뿐이었다. 이러한 목적 없는 도취가 예술의 법칙 아래에 들어왔다. 그것은 이상적인 감정의 가치가 있는 대상들에 의해 품위가 높아졌다. 작가들은 인간의 동정과 두려움의 전이가 어떻게 예술의 자극 아래에서 기쁨으로 해체될 수 있는지, 그리고 그 고통을 인간적 공감의 정화된 흐름에서 피할 수 있는지를 찾아냈다.

---

56 『정치학』 8권 7장 1342a 5-7.
57 S. H. Butcher, *Some Aspects of the Greek Genius*, Ed. 3, London 1904, 154-55쪽 참조.

7

/

드
라
마
의

단
일
성

행동의 단일성이 으뜸가는 단일성이다

아리스토텔레스는 말한다.[01] "플롯의 단일성(unity)은, 어떤 사람들이 생각하듯, 주인공의 단일성에 놓여 있지 않다. 왜냐하면 한 사람의 삶에서 단일성으로 환원될 수 없는 사건들은 무한히 다양하기 때문이다. 그리고 또한 그렇게 해서 한 사람에 속한 많은 행동이 있게 되는데, 이로부터 우리는 하나의 행동을 만들어낼 수 없다. 따라서 헤라클레스 전(傳), 테세우스 전이나 이와 같은 종류의 다른 작품을 만든 작가들은 모두 잘못 생각했던 것으로 보인다. 그들은 헤라클레스가 한 사람이었으니까 헤라클레스에 대한 이야기도 틀림없이 하나라고 생각한다." 이러한 점이 8장에 설정된 비극의 원칙이고, 호메로스는 그곳에서 비극작가에게조차 진정한 모범으로 제시된다. 정확히 같은 원리가 23장에서 서사시 창작에 대해 주장되는데, 그곳에서 시간의 단일성은, 인물의 단일성처럼, 저절로 사건들을 단일한 것으로 묶지 않는다는 점이 추가된다.[02] 스타티우스(P. P. Statius)의 『아킬레우스 전(傳)』 같은 서사시들만 그러한 근본 원리에 위배되는 것은 아니다. 주인공의 삶과 성격이 궁극적인 동기가 되고, 전기적이거나 역사적인 관심이 드라마적 관심을 대체하는 많은 근대 드라마들도 그러하다.

---

01 『창작술』 8장 1451a 15-22.
02 『창작술』 23장.

비극의 첫째 필요조건은 행동의 단일성이다.[03] 단일성은 아리스토텔레스에서 한계의 원칙이다. 이것이 없으면 대상은 apeiron, 즉 제한되지 않은 것, 한정되지 않은 것, 우연적인 것의 영역 속에 빠진다. 단일성에 의해 플롯은 개체적이게 되고 또한 이해할 수 있게 된다. 단일성이 클수록 그것은 구체적이고 개체적인 것으로서 더 완전하게 될 것이다. 이와 동시에 그것은 보편성과 전형성을 획득할 것이다.[04]

❧

유기체적 전체로서의 비극: '시작, 중간, 끝'

더 나아가, 비극에서 행동의 단일성은 유기체적인 단일성이다. 외적인 전체의 형태로 자신을 드러내는 내적인 원리이다.[05] 그것은 확실히 다수성에 대립되지만, 다채성과 다양성 개념에 대립되지는 않는다. 왜냐하면 그것은 한 가지 의미에서는 단순하지만, 생명 현상들의 모든 복잡성을 허용하기 때문이다. 그것이 나타나는 전체

---

03 praxis(행동)의 의미에 대해서는 이 책의 2장 29쪽과 9장 261쪽 이하를 보라.

04 『자연학적인 문제』 18권 9절 917b 8-13에서, 단일성으로부터 도출된 즐거움은 결국 그것이 더 인식적인 것(gnōrimōteron)이라는 사실로 분석된다. "왜 우리는 여러 가지 것을 다루는 서술보다 한 가지 것에 관해 구성된 서술을 더 즐겁게 듣는가? 더 인식적인 것들에 더욱 주의를 기울이고, 그것들을 더 즐겁게 듣기 때문인가? 그리고 한정된 것은 무한한 것보다 더 인식적인 것이다. 그런데 한 가지 것은 한정되어 있고, 여러 가지 것은 무한한 것이다."

05 『창작술』 7장(전체, to holon), 8장(단일성, to hen), 이 책의 3장 94쪽 이하.

(holon)는 그 부분들에서 완전하고(teleion),**06** 이 부분들 자체는 일정한 순서(taxis)로 배열되어 있고,**07** 유기체를 깨뜨리지 않고서는 아무것도 제거되거나 옮겨질 수 없을 정도로 구조적으로 서로 얽혀 있다.**08** 비극의 단일성을 구성하는 하나의 완결된 행동 내에서, 연속적인 사건들은 내적인 인과적 끈에 의해 ―아리스토텔레스가 지치지 않고 강조하는 필연적인, 개연적인 연쇄의 법칙에 의해― 서로 연결된다.

더 나아가, 여기에서 기술된 것과 같은 전체의 조화로운 전개를 위해서는 일정한 크기(megethos)가 없어서는 안 된다. 이 점을 아리스토텔레스는 자주 확인한다. 생물학적 법칙으로서 그것은 모든

---

06 비극에 대한 정의에서(『창작술』 6장 1449b 24-25)는 '완결된 행동'(teleias praxeōs)이란 표현이 나오고, 7장 1450b 25에서는 '완결되고 전체적인 행동' (teleias kai holēs praxeōs)이란 표현이 나온다. 23장 1459a 19에서도 서사시 창작은 전체적이고 완결된 단일한 행동에 관한 것(peri mian praxin holēn kai teleian)이다. 완결된 전체는 필연적으로 완결된 것이다. 『자연학』 3권 6장 207a 7-10에서 전체(holon)와 완결된 것(teleion)은 한정되지 않은 것(apeiron)에 대조되고, 두 개념은 거의 의미가 같다고 선언된다. "그러므로 무한한 것은 우리가 양에 따라 확보할 때 그것 바깥에서 항상 어떤 것을 확보할 수 있는 것이다. 다른 한편으로, 그것 바깥에서 확보할 것이 아무것도 없는 것, 이것은 완결된 것이고 전체이다. 그런 방식으로 우리는 전체를 규정하여, 아무것도 빠져 있지 않은 것이라고 한다. 예를 들어, 어떤 사람 전체나 작은 궤짝 전체." 같은 곳 13-14행: "전체와 완결된 것은 본성상 완전히 같거나 아주 비슷하다." 플라톤의 『파르메니데스』 157e: "우리가 전체라고 부르는 것, 모든 것들로부터 하나의 완결된 것이 된 어떤 하나. 부분은 바로 이것의 부분이겠지?"

07 다음 참조. 플라톤의 『고르기아스』 503e-504a: "(모든 장인과 기술자는) 저마다 자신들이 추가하는 부분들 각각을 일정한 곳에 배치하고 한 부분이 다른 부분과 어울리고 잘 들어맞도록 강제하여, 제작물 전체가 잘 짜이고 질서를 갖춘 것으로 구성되게 하네."

08 『창작술』 8장 1451a 33-34: "그것들 중 어느 하나가 자리가 바뀌거나 제거되면, 전체가 분열되고(분산되고 또는 파괴되고?) 교란될 정도로."

유기체적 구조를 지닌 것들의 건강한 생명과 성장에 적용된다.[09] 그것은 또한 예술의 법칙으로서, 유기체적 미의 으뜸 조건들 중 하나를 나타낸다.[10] 이 마지막 의미로 그것은 『창작술』 7장에서 강조된다. 한 대상은 그것이 무한히 크거나 무한히 작을 경우 예술적 재현에 부적합하다.[11] 이러한 원리에서 트로이아 전쟁과 같은 하나의 전체는 "시작과 끝이 있지만", 서사시로 다루는 것조차도 그 규모가 너무 크다. 그것은 정신에 의해 파악될 수 없다. 그리고 여러 부분으로 된 행동(polymerēs praxis)에 붙는 위험, 즉 고립된 장면들이나 사건들의 연속이 될 위험을 초래한다.[12]

아리스토텔레스는 어떤 극이 펼쳐질 수 있는 가능한 크기에 대한 아주 정밀한 규칙들을 설정하려는 시도를 현명하게도 피한다. 그 주제에 대해 그가 말하는 내용은 눈에 띄게 아주 절제 있고 분별

---

09 『혼에 관하여』 2권 4장 416a 16-17: "자연적으로 결합된 것들의 크기와 성장에는 한계와 정도가 있다." 『동물의 발생에 관하여』 2권 6장 745a 5: "왜냐하면 모든 동물(zōon)에는 크기(megethos)의 일정한 한계가 있기 때문이다." 같은 원칙이 국가(polis)에도 적용된다. 『정치학』 7권 4장 1326a 35-36: "동물, 식물, 도구 등 다른 모든 것에서도 그리히듯이, 국가에도 크기의 한계가 있어야 한다." 5권 3장 1302b 34-1303a 1: "몸은 부분들로 구성되어 있고, 균형을 유지하려면 그 부분들이 고르게 성장해야 하듯이 …, 마찬가지로 국가도 …."

10 『창작술』 7장 1450b 35-37: "아름다운 것(to kalon)은, 생물체든 일정한 부분들로 구성된 어떤 전체든, 그 부분들이 잘 배치되어 있을 뿐만 아니라 일정한 크기를 가져야 한다." 다음 참조. 7장 1451a 10-11: "전체를 통관할 수 있는 한, 길이가 길면 길수록 그 크기 때문에 아름답다." 『정치학』 7권 4장 1326a 34-35: "그렇기 때문에 크기와 더불어 앞서 말한 규정을 갖춘 도시가 또한 가장 아름다울 수밖에 없다."

11 『창작술』 7장 1450b 35-1451a 6, 이 책의 3장 95쪽.

12 『창작술』 23장 1459a 30-b 2.

있다. 그는 무대 재현에 관한 부차적인 외적 조건들에 관한 어떠한 언급도 예술적이지 못한 것으로 배격한다.[13] 그는 예술 작품을 지배하는 미의 법칙에 기댄다. 그리고 이것과 밀접하게 관련되어 있는 능력, 즉 인간이 보통 기억할 수 있고 누릴 수 있는 능력에 기댄다. 전체는 기억이나 정신의 눈이 그것을 품고서 그대로 갖고 있을 수 있는 규모여야 한다고 그는 말한다.[14] 하지만 보다 진정한 예술적 원칙은 7장 1451a 11-15에 서술된 원칙이다. 극은 이야기의 자연스런 전개를 위한 공간을 허용하기에 충분한 크기이어야 한다. 행동은 자유롭게 충분히 전개되어야 한다. 그리고 운명의 결정적인 변화는 사건들의 인과적인 연쇄를 통해 일어나야 한다.[15]

이 규칙은 나중에 구별된 두 가지 상이한 플롯에 유효하다. 이 중 하나는 단순한 행동(haplē praxis)인데, 이곳에서 행동은 처음부터 끝까지 단순한 경로를 벗어나지 않은 채 진행한다. 그리고 다른 하나는 아리스토텔레스가 비극적 감정들을 강화하는 것으로서 선호하는 복잡한 행동(peplegmenē praxis)인데, 이곳에서 파국은 인지(인적 관계를 알아봄, anagnōrisis)와 상황의 반전(peripeteia)이라는 뜻밖의 일

13 『창작술』 7장 1451a 6-7: "경연과 감각적인 공연에 관련한 길이의 한계는 창작술이 관여할 문제가 아니다."

14 비극의 플롯(mythos)에서 크기(megethos)의 한계인 '쉽게 기억할 수 있는 정도' (eumnēmoneuton, 7장 1451a 4)와 더불어 다음 참조. 서사시 창작과 관련하여 『창작술』 23장 1459a 33의 '쉽게 통관(通觀)할 수 있는 것'(eusynoptos)과 24장 1459b 19-20의 "시작과 끝을 통관할 수 있어야 한다."

15 『창작술』 7장 1451a 11-15: "간단히 말하자면, 사건들이 개연성이나 필연성에 의거하여 계속되는 가운데 불행에서 행복으로 또는 행복에서 불행으로 변화가 일어나는 정도가 적절한 크기의 한계이다."

들에 의해 산출된다.[16] 하지만 그런 뜻밖의 일들 자체는 플롯의 조직 속으로 짜여 들어가고,[17] 사건으로 비추어 볼 때 선행한 모든 것의 불가피한, 하지만 예기치 못한 귀결들인 것으로 드러난다.[18] 플롯의 해결(lysis)은, 우리가 앞에서 들었듯이, 모든 경우에서 "플롯 자체로부터 일어나야지,"[19] 신의 힘(Deus ex Machina)이나 우연의 작용에 기대어 일어나서는 안 된다. 이런 경고가 필요하다는 점은 무대의 역사 전체가 입증한다. "그 여자가 무엇 때문에 죽었지?"라는 물음은 형편없는 비극에서 인물 중 하나와 관련하여 나왔다. "무엇 때문이라고? 5막 때문에"가 그에 대한 답변이었다. 이 이야기를 전하는 레싱은 "정말이지 5막은 그전 네 개의 막이 더 긴 삶을 약속했던 많은 사람을 쓸어간 추하고 나쁜 질병이다"라고 덧붙인다.[20]

아리스토텔레스의 '전체' 개념을 비극적 행동에 적용된 용어로서 좀 더 자세하게 들여다보자.

그는 "전체는 시작, 중간, 끝을 갖는다"고 말한다. 그리고 이 세

---

16 『창작술』 10장 1452a 12-18. 상황의 반전(peripeteia)에 대해서는 11장 1452a 22-29와 이 책의 8장 253-55쪽을 보라.

17 『창작술』 10장 1452a 18-21: "상황의 반전과 인지는 플롯의 내적 구조로부터 일어나야 한다. … 어떤 일이 '이것 때문에' 일어난다는 것과 그 일이 '이것 다음에' 일어난다는 것 사이에는 큰 차이가 있다."

18 『창작술』 9장 1452a 1-4.

19 『창작술』 15장 1454a 37-b 2: "그러므로 분명히, 사건의 해결도 분규처럼 플롯 자체에 의해 이루어져야 한다 …." 에우리피데스의 『타우리케의 이피게네이아』에서 오레스테스가 이피게네이아에 의해 발견되는 방식을 비판한 다음 구절 참조. 16장 1454b 33-34: "오레스테스는 플롯이 요구하는 것(ha bouletai ho mythos)이 아니라 작가가 요구하는 것을 스스로 말한다."

20 G. E. Lessing, *Hamburgische Dramaturgie*, 1767/68, Trans.(Bohn), 238쪽.

용어들 각각을 규정한다. "시작은 그 자체로 인과적 필연성에 의해 어떤 것을 따르지 않지만, 그것 뒤에 어떤 것이 자연스럽게 있거나 생겨나는 것이다. 이와 반대로, 끝은 그 자체로 다른 어떤 것을 필연적으로 또는 대체로 자연스레 따르고 그 뒤에 아무것도 따르지 않는 것이다. 중간은 다른 어떤 것이 그것을 따르듯 어떤 것을 따르는 것이다."[21] 사람들은 이러한 정의와 관련하여 몇 가지 어려움을 느끼고 있다. 이들은 묻는다. 어떻게 시작이 인과적으로 선행하는 것과 연결되어 있지 않을 수 있는가? 한 비극의 개시 장면들이 주인공의 나머지 이력과 따로 성립하는가? 그의 이전 이력에 대해 아무것도 그곳에 함축되어 있지 않은가?

이 물음들에 대한 답변은 다음과 같을 것이다. 드라마의 시작은, 의심할 여지없이, 다른 어떤 것의 자연적인 결과이다. 하지만 그것은 이전에 있었던 모든 일로 우리의 생각을 되돌려서는 안 된

---

21 『창작술』 7장 1450b 27-32: "전체(holon)는 시작(archē)과 중간(meson)과 끝(teleutē)을 가진 것이다. 시작은 그 자신이 필연적인 귀결로서 다른 것 다음에 있지 않은 것, 그것 다음에 다른 것이 자연적으로 있거나 생겨나는 것이다. 반대로, 끝은 그 자신이 자연적으로 다른 것 다음에 필연적으로든 대체로든 있는 것, 그것 다음에는 아무것도 없는 것이다. 중간은 그 자신이 다른 것 다음에 있기도 하고, 그것 다음에 다른 것이 있기도 하는 것이다." 다음 참조. 플라톤의 『파르메니데스』 145a: "어떤가? 있는 하나가 전체라면, 그것은 또한 시작과 중간과 끝을 갖지 않겠는가? 아니면, 그것은 그 세 가지 것이 없이도 전체인 어떤 것일 수 있는가?" 153c에도 비슷한 내용이 있다. 『소피스트』 244e: "그렇다면 만일 있는 하나가 전체라면, … 있는 것은 그런 것이기에 중간과 극단들을 가지며, 이런 것들을 가지기에 전적으로 부분들을 가질 수밖에 없습니다." 이에 반대되는 점은 한정되지 않은 것(to apeiron)에 대해 타당하다. 다음 참조. 『필레보스』 31b: "즐거움 자체는 한정되지 않은 것이고, 그 자신 안에 그리고 그 자신으로부터는 시작도 중간들도 끝도 갖지 않는 … 부류에 속하네."

다. 이전의 사건들은 끝없이 우리에게 밀려들지 않는다. 어떤 사실들은 필연적인 것으로서 주어져 있다. 우리는 그 사실들 각각을 그 근원까지 추적하거나 인과의 사슬을 무한히 쫓아가지 않는다.[22] 만일 우리가 그렇게 한다면, 드라마는 끝없이 후퇴하는 움직임의 과정이 될 것이다. 극은 어느 특정 지점에서 시작해야 하고, 어느 특정 지점에서 끝나야 한다. 작가는 행동이 그 자체로 완결된 것이라는 점, 그리고 시작도 끝도 마음대로 선택된 것이 아니라는 점을 보아야 한다. 드라마의 행동 내에서 인과의 엄밀한 연쇄가 지시된다. 그러나 인과의 사슬은 무한히 외부로 뻗어서는 안 된다.

"중간은 다른 어떤 것이 그것을 따르듯 어떤 것을 따르는 것이다"라는 정의는 언뜻 보기에 동어반복에 지나지 않는 것으로 보인

---

22 시작(archē)에 대한 정의에서 ex anankēs mē로 mē의 위치를 변경할 것을 제안하는 것에 반대하여 mē ex anankēs의 순서를 고수하는 타이히뮐러의 입장이 맞다 (G. Teichmüller, *Aristotelische Forschungen*, I, Halle 1869, 54쪽, 250쪽). 앞의 제안에 따라 '필연적으로 다른 것 다음에 있지 않은 것'으로 해석하는 입장은, 그가 말하듯, 절대적인 시작, 즉 최초로 움직임을 일으키는 것(prōton kinoun)을 기술하는 반면, 아리스토텔레스는 여기에서 상대적인 시작을 지적하고자 한다. 그것은 시간적으로 다른 것들 다음에 있지만, 그것들의 필연적인 귀결로서 있는 것은 아니다.

하지만, 그는 아리스토텔레스가 그러한 상대적인 시작을 고집하는 이유가 비극이 자유의 영역 내에 있다는 점이라고 덧붙인다. 그것은 자유 의지의 행위에 의해 시작되어야 한다는 것이다. 이와 같은 것을 아리스토텔레스가 염두에 두었을 개연성은 극히 없어 보인다. 다른 한편으로, 그리스 비극작가들이 일반적으로 인간의 의지가 자유롭게 펼쳐지는 지점에서 행동을 시작하도록 만든다는 점은 사실이다. 이는 소포클레스가 전설들을 취급하는 데에서 보이는 두드러진 특징이다. 어둠의 힘이나 초인적인 힘은 극의 이전 상황들에서는 작동할 수 있지만, 비극 내에서는 행동 중의 인간 의지가 있다. 소포클레스의 『아이아스』, 『필록테테스』, 『오이디푸스 왕』, 『콜로노스의 오이디푸스』가 그 사례다.

다. 그러나 문맥은 '따른다'는 단어가 여기에서 순수하게 시간적인 연쇄가 아니라 인과적인 연쇄를 두드러지게 한다는 점을 보여준다. 이는 '중간'이 '시작'과 달리 이전의 것과 인과적인 관계 속에 있고, '끝'과 달리 다음의 것과 인과적으로 연결되어 있다는 생각이다. 극이 진행하는 어떤 지점에 '중간'을 놓아야 하는지를 명시하려는 시도는 없다. 그 정의들의 목적은 그것을 선행하여 무엇인가를 필요로 하는 시작과, 행동을 마치지 않는 끝과, 시작이나 끝과 연결되지 않은 채 고립된 중간을 배제하는 것이다. 우리는 여기에서 삽화(挿話)적(epeisodiōdēs)이라 부르는 종류의 플롯을 아리스토텔레스가 강조하여 비난하는 모습을 본다. 그런 종류의 플롯에서는 장면들이 내적인 개연성(eikos)이나 필연성(anankaion)의 연결 없이 서로 따른다.[23] 감정을 일으키는 장면들이 연속된다고 비극이 되는 것은 아니다. 바로 이런 진실을 에우리피데스는, 마디가 잘 짜인 전체를 창작하는 대신 가끔 감정의 효과, 인상적인 상황, 조급한 대조와 뜻밖의 일을 쓰기를 좋아하면서 망각하는 경향이 있다.

하지만 그런 정의들은, 『창작술』의 다른 많은 정의처럼, 이상적인 비극을 언급한 것이다. 그것들은 모든 그리스극이 따라야 할 규칙으로 받아들여서는 안 된다. 이는 여기에서 '시작'에 대해 주어진 설명과 18장에서 비극적 플롯의 갈등(묶임, desis)과 해결(풂, lysis)에 대해 주어진 설명 간에 보이는 불일치를 설명할 것이다. 갈등은 결정적인 운명 전환에 선행하는 일련의 사건들이다. 해결은 그것들

---

[23] 『창작술』 9장 1451b 33-1452a 1. 2장 각주 52 참조.

을 따르는 일련의 사건들이다. 엄밀히 말해, 그리고 7장의 정의에 따르면, 극의 '시작'은 또한 갈등의 '시작'이어야 한다. 그러나 갈등은, 18장에 따르면, 빈번히 드라마 밖의 사건들(ta exōthen)을 포함한다.[24] 이것들은 고유한 행동 바깥에 있는 일정한 사건들로서, 드라마에서 전제되고 작품의 전개에 영향을 미치는 것들이다. 소포클레스의 『오이디푸스 왕』과 『아이아스』와 같은 극을 두고서, 아리스토텔레스는 극적인 분규의 일부를 구성하기 위해 사소한 불일치를 감수하고서라도 그러한 외부 사건들을 허용한다. 고대 비극이 종종 근대극의 마지막 막들을 닮은 점은 어느 정도 그런 그리스 극장의 관행에 기인한다. 그것은 거의 절정에서 시작한다. 고유한 의미의 행동은 극도로 압축되고 응집되고, 결말을 향해 재촉하는 더 큰 행동의 마지막 순간을 형성한다.[25]

만일 6장에 나오는 아리스토텔레스의 분석적인 방법과 몇 가지 비극의 요소들에 대한 그의 인위적인 구분이 그 자체로 독자를 잘못 이끌기 쉽다면, 7장과 8장의 연결 규칙들은 발생할지도 모를 어떠한 잘못된 인상이든 시정해야 한다. 이 장들에서 다른 모든 생각

---

24 『창작술』 18장 1455b 24-26: "드라마 밖의 사건들이 드라마 안의 사건들 중 일부와 결합하여 종종 '갈등'(desis)을 구성하고, 나머지는 '해결'(lysis)을 구성한다." 위버벡은 '종종'(pollakis)을 '드라마 안의' 앞에 옮겨놓는데, 이는 절대적으로 필요한 것은 아니지만, 단어들의 보다 자연스런 순서에 맞다.

25 다음 참조. J. Dryden, *An Essay of Dramatic Poesy*, London 1668: "고대인들은 … 청중을, 말하자면, 경주가 마무리될 지점에다 놓는다. 그리고 작가가 경로의 시작점에 올라서 출발하는 모습을 보는 지루한 기다림의 수고를 청중에게 덜어주는데, 청중은 목표지점이 보이는 곳에서 작가가 눈앞에 있을 때까지는 그를 보지 못한다."

보다 눈에 띄는 것은 드라마의 유기체적 구조에 관한 생각이다. 더나아가, 『창작술』의 반복된 표현 '사건들의 구성 또는 결합'(systasis 또는 synthesis tōn pragmatōn)은 사건들의 기계적인 접합을 가리키지 않고, 부분들의 생기 있는 결합을 가리킨다는 점은 명백하게 된다.[26] 그러나 어떻게 유기체적 단일성이 드러나는지 물을 수 있을 것이다. 어떤 관점으로부터 우리는 그것을 가장 선명하게 실현할 수 있는가?

만일 우리가 아리스토텔레스가 『창작술』에서 가르친 내용의 일반적 취지를 올바로 이해했다면 ―그는 이렇게 말할 것이다― 단일성은 주로 두 가지 방식으로 나타난다. 첫째, 그것은 극의 몇몇 부분들 ―생각, 감정, 의지의 결정, 풀 수 없을 정도로 뒤엉킨 외부 사건들― 을 함께 묶는 인과적 연관에서 나타난다. 둘째, 그것은 일련의 사건 전체가, 갈등을 겪는 모든 도덕적 힘들과 더불어, 하나의 목적을 향해 있다는 사실에서 나타난다. 행동은 전진할수록 일정한 지점으로 집중된다. 그것을 관통하는 목적의 실마리는 점점 두드러지게 된다. 모든 부차적인 효과는 계속해서 늘어나는 단일성에 대한 지각에 종속된다. 끝은 피할 수 없는 확실성으로써 시작에 연결되고, 마침내 우리는 전체의 의미 ―목적은 모든 것 중 가장 중요한 것이다(to telos megiston hapantōn)[27]― 를 분간한다. 이 강력하고도 집중된 인상에 단일성의 최고 시금석이 놓여 있다.

---

26 이 책의 9장 274쪽 참조.

27 『창작술』6장 1450a 23.

드라마의 본질인 구도의 통일성에 대해 아리스토텔레스가 파악한 내용은 로우얼(J. R. Lowell)로부터 인용한 다음의 말에서 가장 잘 요약될 수 있을 것이다.[28] "극에서 우리는 연속된 장면들을 기대할 뿐만 아니라, 각 장면이 다소간의 논리적 엄밀성에 의해 다음 장면에는 아니더라도 적어도 뒤에 나오는 어떤 장면으로 이끌리길 기대한다. 그리고 모든 것이 불가피한 파국을 향한 충동의 일부를 각기 구성하길 기대한다. 다시 말해, 부분들은 필연적이고도 조화롭게 연결되고 관련된 채로 유기적이어야 한다. 그 구조가, 그저 자의적이거나 우연히 한 부분이 다른 부분에 연결된 채로 기계적이어서는 안 된다. 앞의 의미에서만 어떠한 창작은 예술 작품이라 불릴 수 있다."

❧

서사시와 드라마에 적용된 단일성 법칙

『창작술』에서 서사시에 대해 세워진 일반적인 단일성 법칙은 드라마에 대해 세워진 것과 거의 같다.[29] 그러나 드라마는 더 촘촘하고 밀집한 전체를 이룬다. 그것의 사건들은 성격의 전개에 더 직접적으로 관련되어 있다. 그것의 사건들은 결코 사건에 지나지 않는 것이 아니다. 부분들의 연쇄는 외부 사실들과 사건들이 나름의 독

---

28 J. R. Lowell, *The Old English Dramatists*, 1892, 55쪽.
29 『창작술』에서 서사시는 주로 드라마의 관점에서 다루어진다. 드라이든의 드라마 비평에서는 그 반대다.

립적인 가치를 갖는 어떤 이야기에서보다 ─도덕적으로─ 더 필연적이다. 그리고 근대의 드라마는 고대의 드라마와 달리 어느 정도 충분한 서사시적 취급을 열망하지만, 그것은 드라마 형태를 결정짓는 조건들을 위반할 수는 없다.

서사시는 더 넓은 영역의 것이기에 많은 삽화(挿話)를 허용할 수 있다. 그리고 이것들은 행동이 끊긴 곳을 메우거나 관심을 다채롭게 만드는 데 기여한다.[30] 삽화들은 아리스토텔레스가 다채로움(poikilia), 즉 윤색과 다양성이라 부르는 것을[31] 서술에 제공한다. 서사시는 더욱이 느리게 전진하고, '지체시키는' 사건들을 도입한다. 이 사건들에 의해 결말은 지연되고, 그 순간 이완된 정신적 긴장은 절정부가 올 때에 다시 강화될 뿐이다. 더 나아가, 다수의 부차적인 행동들 덕분에 서사시는, 본질적으로 단일성을 유지하면서, 많은 비극의 줄거리를 포함한다. 아리스토텔레스의 표현에 따르자면, 그것은 다수의 플롯(polymythos)이다.[32] 반면, 드라마는 그러한 다수의 사건들을 배척한다. 그것은 더 밀집된 조직으로 되어 있고, 전체 구조를 통제하는 종결부를 향해 밀치듯 나아간다. 드라마적인 재현이 지닌 바로 그런 조건들 때문에 극은, 전령들의 입을 통하

---

30 『창작술』 23장 1459a 36-37: "작품에 다채로움을 주는(라틴어역: distinguit, '작품을 장식하는' 참조) 삽화들." 24장 1459b 29-30: "서사시는 청중의 마음을 딴 데로 돌리고, 다양한 삽화들을 끼워 넣는 데 유리하다."
31 『창작술』 23장 1459a 34.
32 『창작술』 18장 1456a 10-12: "또한 작가는 누차 말한 바를 명심하여, 서사시적 구조(epopoiikon systēma)로 비극을 써서는 안 된다. 여기에서 '서사시적 구조'란 다수의 플롯을 가진 구조를 뜻한다."

거나 이와 유사한 수단을 통해서가 아니라면, 관객들 앞에 연속적인 사건들 말고는 다른 것을 내놓을 수 없다. 서사시는, 서술의 형식에 힘입어, 동시다발적인 행동들을 기술할 수 있다.[33] 그래서 『오뒤세이아』는 긴 간격을 거친 다음에, 중단된 채로 남아 있었던 본래의 이야기로 되돌아간다. 동시다발적으로 나란히 일어나는 사건들은 아주 풍부하게 세밀하게 서술되고, 흩어진 실마리들은 속도를 내는 단일한 행동에 의해 서로 연결된다.

이렇듯, 드라마의 행동은 집중되어 있는 반면, 서사시의 행동은 크고 다채롭다. 여기에서 일차적으로 형식의 차이는 두 가지 다른 창작의 전개에서 그것들을 지배하는 사실이다. 서사시는 과거에 대한 이야기이고, 드라마는 현재에서의 재현이다. 서사시 이야기꾼은 천천히 할 수 있다. 그의 상상력은 먼 곳으로 되돌아 여행하고 그곳에서 제멋대로 떠돈다. 그는 이미 완결된 한 권의 책인 과거에 일어난 사건들을 개관한다. 만일 그가 이전 사회에 대한 음송시인인 경우라면, 그와 그의 청중은 모두 이야기를 나눌 시간을 무진장 마음대로 쓸 것이다. 『오뒤세이아』에서 알키노오스 왕은 말한다. "밤은 이루 말할 수 없이 길고, 아직은 홀에서 잠 잘 시간은 아니오. 그러니 그 놀라운 일들에 대해 내게 말하시오. 그대가 홀에서 그대의 고난을 참고 되풀이해 내게 말할 수 있다면야, 난 밝은

---

33 『창작술』 24장 1459b 22-27: "서사시 창작(epopoiia)은 … 큰 이점을 가진다. 왜냐하면 비극에서 우리는 동시에 이루어진 행위들을 재현할 수 없고, 무대 위에서 배우들이 연기하는 행위만을 재현할 수 있기 때문이다. 그러나 서사시 창작에서는 그것이 서술의 형식이기에 동시에 많은 완결된 사건들을 쓸 수 있다."

새벽이 올 때까지도 버틸 수 있소."[34] 이것이 서사시 청중의 진정한 기질이다. 그들은 밤새도록 들을 것이고, 다음 날에 이야기를 이어서 듣길 욕구한다.

드라마의 조건들은 이 모든 것과는 반대다. 현재의 시간에 전개되는 행동의 광경은 과거에 일어났던 사건에 대한 한가한 음송과는 전연 딴판이다. 인상들은 가까울수록 보다 생생하다. 아니, 그것들은 너무나도 생생하게 되어 관객은 현재에 살면서, 그가 따르는 운명을 지닌 주인공과 거의 하나가 된다. 그는 빨리 후편을 보고 싶어 애태운다. 그는 긴 이야기들을, 핵심 관심사인 것과 연결되지 않은 모험담들을 경청할 수 없다. 그의 주의를 집중시키는 행동은 끝점을 향해 서둘러 간다. 드라마의 투쟁과 파국이 자신의 눈앞에서 일어난다는 바로 그 사실에 의해, 그 행동은 부분적으로는 드라마적이고, 부분적으로는 서정시적인 신속성을 얻는데, 이것은 서사시에는 낯설다.

❧

이른바 '세 가지 단일성'

아리스토텔레스가 명한 드라마의 단일성은 행동의 단일성뿐이다. 이 점이 아직도 반복될 필요가 있다는 게 이상하다. 하지만 문학적 전통은 일단 높은 권위의 재가를 얻어 확립되면 뿌리를 깊게

---

[34] 『오뒤세이아』 11권 373-76행.

내리게 된다. 그 결과, 우리는 아직도 대중적인 저술들에 『창작술』의 규칙으로서 '세 가지 단일성'이 언급되는 것을 발견한다.

여기에서 이 유명한 문학적 미신의 역사를 빨리 한번 훑어보는 일은 흥미로울 것이다.[35]

✺

'시간의 단일성':

아리스토텔레스가 우연히 주목한 그리스의 일반적 무대 관행.

이후 드라마 예술의 규칙으로 만들어짐

'시간의 단일성'에 관한 이론, 또는 때때로 불리듯 '날(日)의 단일성'은 『창작술』의 한 구절에,[36] 오직 이 구절에 의거한다. "더 나

---

35 이 교설의 초기 역사에 대해서는 H. Breitinger, *Les Unités d'Aristote avant le Cid de Corneille*, Genève 1897을 보라. 그리고 그것이 프랑스에서 전개된 과정은 Ad. Ebert, *Entwicklungsgeschichte der französischen Tragödie, vornehmlich im 16. Jahrhundert*, Gotha 1856을 보라.

36 『창작술』 5장 1449b 12-16: "시사시와 비극은 길이도 다르다. 왜냐하면 비극은 가능한 한 태양이 일주하는 동안이나 이를 조금 초과하는(exallattein) 한계를 설정하려고 시도하지만(peiratai), 서사시는 시간 제한이 없으며, 둘은 이 점에서 다르기 때문이다. 하지만 초기에는 비극과 서사시에서 똑같이 시간적 자유가 허용되었다."

타이히뮐러는 길이(mēkos)가 여기에서 작품의 외적인 길이라는 점뿐만 아니라, 시간(chronos)이 ―행동이 펼쳐지는 관념적 또는 상상적 시간과 구분된― 음송(또는 재현)에 걸린 실제 시간이라는 점도 보여주고자 했다(G. Teichmüller, *Aristotelische Forschungen*, I, Halle 1869, 54쪽, 206쪽 이하). 그는 자신의 입장을 길이와 관련해서는 입증한 것처럼 보인다. 그것은 『창작술』에서 항상 외적인 길이를 의미한다. 그러나 chronos에 대한 그의 견해는 치명적인 반대에 부딪힐 게

아가, 서사시 창작과 비극은 길이에서 차이가 난다. 비극은 가능한 한 태양이 한 번 회전하는 동안으로 제한하려고 노력한다. 또는 이러한 제한을 약간만 초과하려고 노력한다. 반면, 서사시 행동은 시간적 제한을 갖지 않는다." 우리는 여기에서 그리스 무대의 관행에 대한 거친 일반화에 접한다. 드라마적 행동이 일어나는 상상의 시간은 되도록 24시간의 하루로 제한된다. 하지만 이 관행이 항상 있었던 것은 아니다. 비극의 초창기에, 그다음의 문장이 보여

분명하다. 그중 중요한 몇 가지는 다음과 같다. ① 태양의 일주(mian perihodon hēliou)는 결코 하루 중 12시간을 나타낼 수 없다. perihodos는 천체에 적용될 때 항상 완전한 궤도를, 천체가 일정한 지점에서 출발하여 다시 같은 지점으로 움직임을 의미한다. 그냥 '한 번의 낮'(mian hēmeran)이란 표현을 쓰는 대신, 그렇게 부연한 것은 24시간의 하루 ―낮(hēmera)과 밤(nyx)― 의 의미라는 점을 가리키도록 명시적으로 의도된 것처럼 보인다. ② 리벡이 보여 주었듯이(O. Ribbeck, *Zeitdauer der Tragödie*, in: *Rheinisches Museum* 24, 1869, 135쪽), "초기에는 비극과 서사시에서 똑같이 시간적 자유가 허용되었다"는 부연 설명은 타이히뮐러에 반대되는 입장을 말해준다. 그것은 극 자체 내에서 행동이 일어나는 상상적 시간에 대한 언급임이 틀림없다. ③ 비극(tragōdia)은 『창작술』에서 일관되게 창작의 일종으로서의 비극에 대해 쓰이는 용어다. 그것은 결코 4부극[세 편의 비극 + 한 편의 풍자극. 역자]으로 이루어진 비극 공연에 대해서는 쓰이지 않는다. ④ 만일 시간(chronos)이 외적인 시간이라면, 그리고 '태양이 일주하는 동안'이 '그 시간 내에' 또는 '그 시간 안에 포함되어'라는 자연스런 의미 대신에 12시간의 낮 시간을 '차지하여' 또는 '채워'를 억지로 의미하게 된다면, '가능한 한 … 설정하려고 시도한다'(malista peiratai)는 말은 그 효력을 거의 모두 잃는다.

필자의 텍스트에서 수용한 번역은 위버벡의 설명에 따른 것이다. 길이는 (타이히뮐러의 해석대로) 작품의 실제 길이를 언급하지만, 시간은 행위의 내적 시간을 언급한다. 작품 길이의 차이는 행위가 차지하는 시간의 차이에 의존하게 된다. 대상 말하자면, 그러한 관세는 적어도 드라마에 일반적으로 존재한다. 그러나 그것은 엄격한 규칙과는 거리가 멀다.

여전히 난점이 없지 않은 구절에 대해 이렇게 결론을 내릴 때, 나는 바이워터 교수와 편지를 나누면서 도움을 얻었다.

주듯, 비극 행동에서 시간제한은 서사시 행동의 경우 못지않게 무시되었다.

어떠한 엄격한 규칙도 여기에 설정되어 있지 않다. 어떤 역사적인 사실이 기록되어 있지만, 그것은 널리 보급되어 있는 용례이지, 불변의 용례는 아니다. 비극의 노력은, 그 결과가 항상 성취될 수는 없었지만, 그러한 방향에 있었다. 발전된 아티카 드라마에서조차 관행에 대한 몇 가지 예외가 발견될 수 있다. 『에우메니데스』에서 극의 개시와 다음 장면 사이에 몇 달 또는 몇 년이 경과한다. 소포클레스의 『트라키스 여인들』과 에우리피데스의 『탄원하는 여인들』은 규칙이라 불리는 것을 위반하는 또 다른 두드러진 사례들이다. 아이스퀼로스의 『아가멤논』에서, 트로이아의 함락을 알리는 불-신호들과 아가멤논의 귀환 사이에 얼마만큼 시간적 간격이 있는지 추정될 수 없지만, 적어도 시간의 조건들은 무시되고 사건들의 진전은 상상적으로 가속화된다.[37]

'장소의 단일성'으로 말하자면, 이것도 일반적으로 그리스 드라마에서 준수된 무대 관행이었지만, 때때로 무시되었다. 특히 희극에서는 더 그랬다. 그것은 『창작술』의 어디에서도 암시조차 되어 있지 않다. 그리고 그것은 예술의 규칙으로서 시간의 단일성으로부터 비평가들에 의해 도출되었다.[38]

---

37 『아가멤논』과 관련된 시간-문제에 대해서는 L. Campbell, Book Reviews, in: *Classical Review* 4(1890), 303-05쪽을 보라. '시간의 단일성'이란 문제 일반에 대해서는 A. W. Verrall, *The Ion of Euripides*, Cambridge 1890, Intr. pp. xlviii쪽 이하를 보라.

부차적인 단일성들을 그리스 비극에서 일반적으로 준수한 아주 분명한 이유가 몇 가지 있다. 그리스극의 단순하고도, 고도로 집중된 움직임은 장소의 변화나 장면 간의 간격의 변화를 좀처럼 요구하지 않았다. 아니, 심지어는 허용하지 않았다. 일반적으로, 그러한 변화는 전체가 갖는 단일성의 인상을 해치기 쉬웠다. 더욱이, 종종 주목되어 왔듯이, 합창단은 행동의 분리된 부분들을 잇는 이상적인 끈을 형성했다. 레싱은 합창단이 고향으로부터 너무 멀리 떨어져 있는 것처럼 보이지 않도록 시공간의 제약이 필요하다는 점을 시사한다.[39] 그러나 일단 우리가 그런 존경할 만한 사람들이 계속해서 서 있다는 ―이는 한 자리에서 아무것도 먹지 못하고 서 있는 24시간일 수도 있다― 고통스런 사실을 깨닫는다면, 우리의 고통은 공연이 36시간이나 48시간으로 연장된다고 눈에 띄게 증가되지 않을 것이다. 그래도, 무대그림도 막의 구분도 없었던 극장에서 같은 그룹의 배우들이 계속해서 출현함으로써 연속적이고 부단

---

38 장소의 단일성을 공식적으로 제3의 단일성으로 인정한 것은 1570년 카스텔베트로의 『창작술』 1판에서 유래한다. H. Breitinger, Un Passage de Castelvetro sur l'unité de lieu, in: *Revue Critique*(1879), ii. 478-80쪽을 보라. 위의 논문에서 다음의 두 가지 점이 또한 주목된다. ① 카스텔베트로는 행동의 시간과 재현의 시간을 동일시하며, 스칼리제르의 유고를 바탕으로 1561년에 출간된 『창작술』에 제시된 이론을 수용한다. ② 시드니 경은 1580년 직후에 저술하여 1595년에 출간한 『창작 옹호론』에서 카스텔베트로에서 많은 논증과 사례를 이어받아, 이로써 세 가지 단일성에 관한 자신의 강력한 입장을 방어했다.

또한 다음을 보라. 스핀간(1899), 99쪽: "실제로, 카스텔베트로는 행동의 단일성은 드라마에 핵심적이지 않지만, 시간과 장소에 대한 요구 조건들에 의해 적당한 것이 될 뿐이라고 강조한다."

39 G. E. Lessing, *Hamburgische Dramaturgie*, Trans.(Bohn), 369쪽.

한 행동이 자연스런 재현으로 이어졌다는 점은 사실이다.

이러한 관점에서, 합창단의 출현은 장소의 단일성과 시간의 단일성 쪽으로 기우는 경향이 있다. 다른 관점에서, 합창단은 우리를 시간의 속박으로부터 벗어나게 해 준다. 합창가가 차지한 간격은 작가가 만들길 선택하는 바로 그 가치를 지닌 간격이다. 대사가 차지하는 시간이 다소간에 조금 차이는 있지만 실제 시간에 일치하는 관계를 갖는 반면, 합창단의 노래들은 극의 외적 행동을 정지시키고, 우리를 실제 세계로부터 한층 떨어진 곳으로 데려간다. 그 간격에서 일어난 일은 보통의 계산으로는 측정될 수 없다. 그것은 작품이 요구하는 필요만큼 많거나 적다. 장소의 변화는 감각에 직접 간섭하지만, 시간은 정신에 나타나는 대로의 것일 뿐이다. 상상력은 쉽게 몇 시간을 건너 여행한다. 그리고 그리스 드라마에서 합창단이 노래를 부르는 동안 경과하는 시간은 전적으로 일정하게 이상화되어 있다.

✿

'해가 한 번 돎'에 대한 다양한 해석:
행동의 시간과 재현의 시간을 정확하게 일치시키려는 시도

앞에서 인용한 『창작술』의 구절(5장 1449b 12-16)을 해석하면서, 이전의 비평가들은 그리스어를 아주 느슨하게 다뤘다. 아리스토텔레스는 '비극은 시도한다'(peiratai hē tragōdia)고 말한다. 코르네유와 도비냑은 '시도한다'(peiratai)를 '시도해야 한다'(doit)로 옮긴다. 그럼으로써 사실에 대한 일반적인 진술을 곧바로 규칙으로 바꾼다. 주석가들은 잇따라 같은 과오를 반복한다. 그러나 논쟁의 강세는 다른 점에 모였다. '태양이 일주(一周)하는 동안'(mian periodon hēliou)이란 표현은 무슨 뜻인가?[40] 그것은 24시간의 하루를 말하는가, 아니면 12시간의 하루를 말하는가? 이탈리아의 비평가들은 이 문제에서 서로 의견이 갈렸다. 프랑스인들도 마찬가지였다. 코르네유는[41] 24시간을 선호하는 쪽이라고 밝힌다. 그러나 규칙을 확대하여 36시간을 허용할 것을 제안한다. 그리고 이러한 제한조차도 그는 방해가 되는 것이라고 생각했다. 그는 이상적 시간 관리와 창작적 기만의 원칙 —이 원칙은 현실의 조건들을 보다 더 정확하게 재생할수록 예술이 더 낮다고 할 정도로 동시대인들에 의해 폭넓게 주장되었다— 사이에서 이상할 정도로 망설인다.

어느 순간, 그는 재현이 두 시간 지속된다면, 드라마적 행동도 같은 길이어야 한다고, 그래서 유사성이 완벽할 수 있을 것이라고 말한다. 하지만 개연성을 적절하게 고려해 볼 때 행동이 두 시간으로 압축될 수 없을 경우, 그는 그것이 4시간 또는 6시간 또는 10시간을 끌도록 허용할 것이지만, 24시간을 훌쩍 넘기도록 허용하지 않을 것이다. 24시간이나 36시간의 극한이 초과되기 훨씬 전에, 현실을 그대로 모방한다는 원칙이 무너지지 않았을까? 하지만 그가 그 규칙을 선언하자마자 그의 작가 본능이 그것보다 우세하여, 그는

---

40 앞의 각주 36을 보라.
41 P. Corneille, *Discours iii. Des Trois Unités*, 1660.

다음과 같이 쓴다. "무엇보다도 나는 행동의 길이를 청중의 상상력에 맡길 것이고, 주제가 요구하지 않는다면 결코 시간을 정하지 않을 것이다. … 그곳에서 극이 시작할 때 해가 떠오르고 있다고, 3막일 때는 정오이고, 마지막 막일 때는 해질 때라고 명시하는 일이 필요할까?"

다시에는[42] '태양이 일주하는 동안'이 24시간의 하루를 의미한다는 견해를 의문시한다. 그는 그런 견해가 터무니없고 상식에 어긋난다고 주장한다. "그것은 진실에 가까움을 망칠 것이다." 그는 드라마적 행동의 극한을 12시간으로 고정하지만, 이것은 밤일 수도 있고 낮일 수도 있다. 아니면 절반은 밤, 절반은 낮일 수 있다.[43] 완벽한 비극에서 ―그리고 여기에서 그는 코르네유에 동의한다― 행동의 시간과 재현의 시간은 일치해야 한다. 그는 기탄없이, 그러한 진술이 그리스 비극이 갖는 불가결의 원칙이라고 주장하지만,[44] 나중에 그 진술을 제한한다. 만일 다루는 주제의 성격 때문에 작가가 엄격한 가치의 규칙을 준수할 수 없다면, 그는 '진실에 가까움'에 의존할 수 있을 것이다. 그리고 이것은 아리스토텔레스의 원칙인 것으로 진술된다. "아리스토텔레스는 필연성의 결함을 개연성으로써 보완했다."[45] 이렇듯, 『창작술』에서 개연성(eikos)과 필연성

---

42 A. Dacier, *La Poétique, traduite en Français avec des remarques critiques*, Paris 1692(Trans. London 1705), 5장 각주 21.

43 '또는 조금 초과하는'(ē mikron exallattein)에 대한 도비냑의 다음 번역 참조. '그 시간을 조금 변경하는 것.' 즉, 낮에서 밤으로 또는 밤에서 낮으로 변경하는 것.

44 A. Dacier(1692), 7장 각주 14.

45 A. Dacier(1692), 7장 각주 18. 여기에서 아리스토텔레스의 필연성은 행동의

(anankaion)의 법칙은 무대 위의 장면이 실생활에 대한 판박이라고 상상하도록 청중을 이끌지도 모를 장치로 퇴보한다. 드라마적 모방이 어떤 의미에서 기만인 것으로 의도되어 있다는 잘못된 원칙은[46] 실제 시간과 상상적 시간이 일치할 수 있는지에 관한 그 모든 이상한 추리들의 토대를 이룬다. 그러한 생각이 코르네유에게 있다.[47] 그것을 다시에와 바튜는 극단적으로 밀고 나간다. 볼테르조차 다음과 같은 이상한 입장에 빠진다. "만일 작가가 어떤 음모를 묘사하여 그 행동을 14일 지속되도록 만든다면, 그는 그 14일 동안 일어나는 모든 일을 나에게 설명하지 않으면 안 된다."[48]

시간과 재현의 시간이 정확하게 일치함을 뜻하게 된다. 개연성은 그럴법함이 되는데, 이것은 그런 일치가 없을 때에는 "아주 별난 것이 없다면 무대 장면들 뒤에 있는 내용을 마음속에 그리 가까이 헤아리지 않으려는 청중을 기만할 것이다."

46 S. Johnson, *Preface to Shakespeare*, London 1765: "어떠한 재현이 현실과 혼동된다는 것은, 그리고 어떤 드라마의 이야기가 그 소재 면에서 믿을 만하다든가 잠시라도 믿어진다는 것은 잘못이다."

47 장소의 단일성에 관해 코르네유는 말한다(*Discours iii.*). "그것은 청중을 속이는 데 도움이 될 것이다. 그들은 장소들이 다양하다는 점을 자신들에게 드러내주는 것을 아무것도 보지 못해서, 악의적인 비판적인 반성이 없이는, 그것을 알아차리지 못할 것이다. 그들 중 일부는 그런 능력이 있다."

48 그래서 다시에는 『창작술』18장 각주 3에서 다음과 같이 말한다. "코르네유 씨는 왜 배우들이 장면이 설정된 장소에서 나가는지 청중이 알아야 한다고 확신한다. 그러나 그는 그들이 막간에 무엇을 하는지 알 필요가 있다고 생각하지는 않는다. 배우들이 막간에 무엇인가를 해야 한다고 요구된다고 하지도 않는다. 그들은 그때 내킬 경우 잠을 잘 수도 있고, 이것이 행동의 연속성을 깨뜨리지 않는다고 믿는다. 우리는 아리스토텔레스의 원칙들에 따르면 바로 그에 반대되는 것을 발견한다. 그리고 그럴 경우 비극이길 그만둔다는 점을 발견한다. 왜냐하면 청중이 배우들이 막간에 무엇을 하고 있는지 알지 못한다면, 그것은 확실히 모든 개연성을 파괴할 것이기 때문이다. 그리고 배우들이 아무것도 할

'장소의 단일성'에 대한 언급은 아리스토텔레스에 없다.
그것은 '시간의 단일성'으로부터 도출된다

장소의 단일성은 시간의 단일성으로부터 따르는 당연한 결과라고 일반적으로 주장되었다.[49] 그 규칙을 엄격하게 준수한 최초의 프랑스 작가인 코르네유는 그러한 지침을 아리스토텔레스에서 발견하지 못한다는 점을 인정한다.[50] 그 규칙을 옹호하면서 그는 무모한 방편들로 내몰리는데, 이는 일종의 타협에서 끝난다. 그는 고대인들이 마주치지 않았던 난관에 근대인들이 부딪혔다는 점을 지적한다. 그리스인들은 자신들의 왕이 대중을 만나고 이들과 말하

일이 없다면, 청중이 그 자리에 머물러 있을 이유가 무엇인가? 배우들이 더는 할 일이 없을 때, 어떤 행동의 귀추를 청중이 기대한다는 것은 아주 이상하다. 그리고 배우들이 잠을 자러 갈 정도로 전혀 관여되지 않은 일에 청중이 관심을 갖는다는 것도 그렇다." 이 모든 것의 흔적이 아리스토텔레스에 있지 않다는 점은 말할 필요가 없다.

[49] 볼테르는, "어떤 행동도 동시에 여러 장소에서 진행될 수 없다"는 이상할 정도로 비논리적인 근거로, 장소의 단일성을 행동의 단일성으로부터 끌어낸다. 그러나 단일한 행동이 여러 장소에서 연속적으로 진행될 수 있다는 점은 확실하다.

[50] 『창작술』을 읽어본 적이 없는 다른 사람들은 서슴없이 그곳에 세 가지 단일성이 요구되어 있다고 주장한다. 프리드리히 대왕은 (*German Literature*에서) 셰익스피어의 극들을 캐나다의 미개인들에게나 어울릴 법한 익살스런 소극(笑劇)으로 조롱한다. "이러한 규칙들은 자의적인 것이 아니다. 당신은 그것들을 아리스토텔레스의 『창작술』에서 발견할 것이다. 그곳에 장소의 단일성, 시간의 단일성, 그리고 관심의 단일성이 비극을 흥미롭게 만드는 유일한 수단들로서 기술되어 있다."

도록 만들 수 있었다. 프랑스에서 그러한 친밀성은 불가능했다. 왕들은 격리된 궁궐로부터 친히 밖으로 나올 수 없었다. 자신의 속내 말을 어디서든 주고받을 수 없었고, 몇몇 인물들의 사적 공간에서만 그럴 수 있을 뿐이었다. 따라서 그는 그 규칙의 확대를 얼마간 허용한다. 묘사된 행동이 한 마을 안에서 일어나기만 한다면, 그리고 장면이 같은 막에서 변경되지 않는다면, 그는 장면의 변경을 허락할 것이다. 더 나아가, 장소(추상적인 프랑스어로는 lieu théâtral)는 파리, 로마 등의 일반적인 이름으로만 언급되어야 하고, 무대 장식은 그런 지역과 관련되어 있는 한 변경되지 않은 채로 두어야 한다.[51]

그러한 것이 한 위대한 작가가 상상력이 제대로 작동하도록 열성적으로 고안했던 정밀한 장치들이었다. 그 원칙은, 바튜(C. Batteux)가 주의 깊게 설명했듯이, 만일 관객이 한 장소에 머무는데도 행동의 장면이 변경된다면, 관객은 자신이 비현실적인 공연에 일조하고 있다는 생각이 들 거라는, 그만큼 그런 모방은 결함이 있을 거라는 원칙이었다.

셰익스피어 극의 관행이 ─드라마 예술의 이해관계에서─ 그보다 훨씬 나았다고 우리는 느낀다. 거기에는 움직이는 무대 장치 없이 무대만 달랑 있었고, 감각을 속이려는 모든 시도도 솔직하게 포기되었다. 작가는 상상력의 도움을 부추겨 청중이 우주와 시간을 통과하도록 인도했을 뿐이었다.

---

51 드라이든은 '프랑스 정규 극'에 대해 말한다(J. Dryden, *An Essay of Dramatic Poesy*, London 1668). 그곳에서는 "거리, 창문, 집과 변소가 돌아다니고, 인물들은 가만히 서 있도록 만들어져 있다."

"(우리는) 줄일 것입니다.

거리의 폐단을 ….".(『헨리 5세』 2막 코러스 31-32행)

"(여러분의 상상력은) 시간을 건너뛰고,

수많은 세월 동안 일어난 일을

모래시계(의 짧은 시간으)로 바꿔 놓습니다."(『헨리 5세』 프롤로그 30-

31행)

'단일성들'(Unities)의 문제는 정말이지 현대적인 의미로는 아리스
토텔레스에게 제시되지 않았다. 그러나 그가 그 주제에 관해 써야
할 말을 알았더라고 하더라도, 그는 틀림없이 행동의 단일성을 근
본적인 법칙으로서 여전히 단호하게 고집했을 것이고, 장면의 변
화나 시간의 경과에 대한 구속력 있는 규칙들을 설정하길 꺼렸을
것이다. 행동의 단일성이 유지된다면, 다른 단일성들은 자연히 처
리될 것이다. 행동의 단일성은 정말 장소나 시간이 두드러지게 불
연속적일 경우 훼손될 위험 속에 있다. 스페인에는 주인공이 1막
에서 태어나고 극의 마지막 부분에 늙은이로 다시 등장하는 드라
마들이 있다. 빠진 공간들은 사이에 일어났던 일들을 서술하는 비
드라마적인 편법에 의해 거의 필연적으로 메워진다. 하지만 여기
에서도 모든 것은 드라마작가의 기술에 달려 있다. 우리가 셰익스
피어의 희극 『겨울 이야기』에서 보듯, 단일성이 파괴되지 않고서도
많은 세월이 연속된 막들 사이에 흐를 수 있다.

시간과 장소의 이상화

  결국, 드라마는 시간과 장소를 일정하게 이상화시키지 않고서는 가능하지 않다. 작가가 먼 나라, 먼 시대로 —고대 로마나 아테네로— 우리를 옮겨놓는 데 일단 성공하면, 우리는 드라마의 행동이 펼쳐지는 시간이나 날의 수에 대해 그와 다투려 들지 않는다. 우리는 막이 끝날 때마다 작가의 시간으로는 몇 시냐고 묻지 않는다. 그리고 우리가 극에 나오는 징후들로부터 그것을 알아내려고 시도한다면, 그런 호기심은 대부분 좌절될 것이다. 현실 세계와 이상 세계에서 똑같은 가치를 지닌, 그런 계산을 위한 달력, 시간표는 없다. 우리가 모든 시간을 망각하도록 만드는 일은 작가가 지닌 기술의 일부이다. 그리고 만일 그를 따라가면서 우리가 달과 연(年)을 계산할 수 없게 된다고, 우리는 불가능한 일이라며 소리 지르지 않는다. 한편으로, 상상력은 미숙한 장치에 의해서는 그 세계가 현실의 세계라는 믿음에 빠질 정도로 속지 않기 때문이다. 다른 한편으로, 우리는 상상력이 반응하는 요건들에, 만일 이것들이 그 방법을 아는 사람에 의해 요구된다면, 제한을 둘 수 없기 때문이다. 셰익스피어는 자유롭게, 그가 원하는 대로, 장소와 시간을 다룬다. 하지만 그는 일반적으로, 『창작술』의 규칙들을 엄격하게 지키며 글을 썼던 사람들보다 더 가까이 『창작술』의 교설에 다가서 있다.

하위의 두 단일성에
가끔 종속된 상위의 '행동의 단일성' 법칙

　프랑스 작가들과 미학 평론가들은 아리스토텔레스의 『창작술』이 바탕을 둔 그리스의 사례들로부터 자신들의 드라마 규칙들을 직접 도출하지 않았다. 그리스의 천재보다는 로마의 천재가 그들의 기호에 더 맞았다. 아이스퀼로스나 소포클레스보다는 세네카가 코르네유와 라신의 교사였고, 몰리에르의 희극조차도 플라우투스나 테렌티우스의 영향을 강하게 받았다. 로마 작가들로부터 자신들의 세 가지 단일성을 배운 프랑스인들은 그 후 그 단일성의 권위를 아리스토텔레스에서 발견하려고 시도했다. 그들은 더 한층 중대한 오류를 범했다. 행동의 단일성에다 부차적인 시간과 장소의 단일성을 의거하는 대신, 그들은 행동의 단일성을 다른 규칙들의 준수에 종속시켰다. 그 결과, 보다 풍부한 전개가 필요한 연쇄적인 혼잡한 사건들과 일련의 정신적 갈등들을 12시간 또는 24시간의 공간에 압축하는 일이 드물지 않게 벌어졌다. 행동의 자연적인 과정은 갑자기 멈췄고, 성격의 내적 일관성은 침해되었다. 장면의 변경을 피하기 위해 취해진 면밀한 예방책들로부터도 그와 비슷한 결과가 따랐다. 인물들은, 드라마적 동기들이 데려갈 곳으로 길을 잡는 대신, 단일성들에 위배되지 않도록 다른 곳으로 가도록 강요되었다. 그렇듯 규칙이 외적으로는 준수되었지만, 그것은 『창작술』이 규정한 성격과 사건들의 내적 논리를 희생시켰다. 근대 무대의 실패와 성공은 모두 아리스토텔레스의 원칙, 즉 행동의 단일성이 드라마에서 보다 고차적인 통제 법칙이라는 원칙이 맞다는 점을 증명한다. 시간의 단일성과 장소의 단일성은, 그것들이 예술적으로 중요하다는 점을 주장할 수 있는 한, 부차적으로 그리고 오직 파생적으로만 가치 있다.

8

이상적인 비극 주인공

아리스토텔레스는 동정과 두려움을 산출하는
비극의 기능으로부터 이상적인 주인공 유형을 도출한다

비극에 대한 정의 자체를 제외한다면, 아마도 『창작술』에서 13장
에 나오는 이상적 비극 주인공에 대한 기술만큼 많은 비평을 불러일
으킨 구절이 없을 것이다. 그러한 인물에 필요한 성질들은 그곳에
서 비극의 기능이 동정과 두려움의 카타르시스를 산출하는 것이라
는 일차적인 사실로부터 도출된다. 동정은 전적으로 결백하지는 않
지만 응분의 대가 이상으로 고난과 마주치는 사람에 대해 느끼는 감
정이고, 두려움은 고난을 겪는 사람이 우리 자신과 같은 본성을 지
닌 사람일 때 일어나는 감정이다.[01] 비극적 인물은 그러한 감정들을
풍부하게 충족시킬 능력이 있는 플롯을 매개로 제시되어야 한다.
따라서 전체적으로 또는 부분적으로 비극적 효과를 산출하지 못하
는 일정 유형의 인물들과 일정 형태의 파멸들은 즉시 배제된다.

먼저, 순조로운 운명에서 역경으로 변화를 겪는, 출중하게 훌륭
한[02] 사람의 광경은 동정도 두려움도 일으키지 않는다. 그것은 우
리에게 충격이나 거부감을 준다(miaron estin). 다음으로, 완전히 비
극적 성질을 결여한 것은, 그와 반대로 곤궁한 처지에 있다가 번영
을 거두는 변화를 맛보는 나쁜 사람의 재현이다. 동정과 두려움은

---

01 이 책의 6장 176쪽 이하를 보라.
02 『창작술』 13장 1452b 34의 '훌륭한 사람'(epieikēs)은 문맥상 1453a 8의 '출중하게
덕망 있고 정의로운 사람'(ho aretē diapherōn kai dikaiosynē)과 동일하다.

여기에서도 없다. 정의감(to philanthrōpon)마저[03] 충족되지 않는다. 그러한 광경이 남긴 인상은 정말로 동정(eleos)에 정확히 반대된다. 그것은 그리스인들이 의분(義憤, nemesis), 즉 부당한 행운에 대한 의로운 분노 또는 도덕적인 분개로써 표시된다.[04] 더 나아가, 지독한 악인(ho sphodra ponēros)의 파멸이 있다. 이런 파멸은 도덕적 감정은 만족시키지만, 더 높은 수준의 독특한 비극적 성질들을 결하고 있

---

03 팔렌은 여기에서 phianthrōpon을 일상적인 의미로, 즉 고통과의 인간적인 공감으로 ―그 고통이 마땅한 것이어서 그 공감이 동정에 미치지 못하더라도― 받아들인다. 그러나 18장 1456a 21-25의 구절과 비교해 보면 보다 특별한 의미가 제시된다. 잔꾀 많은 악한이 속임을 당하고, 용기 있는 악한이 패배하는 경우가 정의감을 충족시키는 사례로 제시된다. 그것은 도덕 감정을 채우고, 정의감을 만족시키는 일을 가리키는 것처럼 보인다. 첼러, 주제밀 등도 그렇게 받아들인다. 본래, 그것은 인간적인 공감이다. 그리고 이 감정은 (마땅한 또는 부당한) 고난의 광경에 의해, 또는 악을 행하는 자의 처벌에 의해 일어난다. 『연설술』 2권 9장 1386b 26-30에서 부당한 고난과의 공감 ―즉, 동정― 은 마땅한 불운에 대한 만족이라는 다른 측면을 갖는다. 그것은 지금 정의감이라 불리는 것이다. "부당하게 불운을 겪는 자들을 보고 고통을 느끼는 사람들은 마땅히 불운을 겪는 자들을 보고 즐거워하거나 고통에서 벗어날 것이기 때문이다. 예를 들어, 아비를 죽인 자들이나 피에 굶주린 자들이 처벌받을 때, 선량한 사람은 아무도 고통스러워하지 않을 것이다. 왜냐하면 그러한 경우들에서는 기뻐해야 하기 때문이다." 록(W. Lock) 박사는 여기에서 philanthrōpon에 부과된 의미를 가진 흥미로운 사례를 구약의 외경 『지혜의 서』로부터 내게 제시해 주었다. 1장 6절: "왜냐하면 지혜는 인간을 사랑하는 영(靈, philanthrōpon pneuma)이고, 신을 모독하는 말을 하는 자를 내버려두지 않기 때문이다."
   '인간 감정을 충족시키는 것'이란 뜻의 philanthrōpon은 나중에 보다 일반적인 방식으로 쓰인 (예컨대, 플루타르코스에 흔한) '즐겁게 해 주는 것', '만족시켜주는 것'이란 뜻과 비교될 수 있다.

04 『연설술』 2권 9장 1386b 9-12: "그리고 사람들이 의분함이라고 부르는 것은 동정함에 가장 대립된다. 왜냐하면 그것은 남의 부당한 불운들에 고통스러워함에 어떤 의미에서 대립되고, 남의 부당한 행운에 고통스러워함은 같은 도덕적 성격에서 비롯하기 때문이다."

다. 마지막으로, 아리스토텔레스는 자신이 보기에 모든 예술적 조건들을 충족시키는 경우를 언급한다. 그것은 도덕적으로 양극단의 중간에 서 있는 사람의 경우이다. 그는 선한 쪽에 기울어져 있지만 출중하게 선하거나 정의롭지는 않다.[05] 그는 불운에 휘말리지만, 그것은 계획적인 악의 결과가 아니라, 커다란 성격 결함이나 치명적인 행동 실수를 통한 것이다.[06] 더욱이, 그는 지위나 행운의 면에서 빛이 나는 사람이다. 이런 조건을 내놓는 주된 동기는 틀림없이 파멸의 현저한 본성이 보다 더 뚜렷하게 제시될 수 있다는 점이다.

여기에 열거되지 않은 경우가 하나 더 가능하다. 선한 사람이 역경으로부터 번영으로 건너가는 사람으로 재현되는 경우가 있을 수 있다. 아리스토텔레스의 원칙에 따른다면, 이것은 비극에 고유한 효과를 산출하지 못할 것이다. 왜냐하면 행동의 과정 속에서 우리는 닥친 파멸의 광경에 의해 마음이 심히 움직일 수 있지만, 전체적인 인상은 비극에 낯선 것이다. '행복한 결말'은 그리스 극 문학 및 모든 극 문학에 빈번하지만, 플롯에다 이중적인 이해(利害)의 실마리와 이중적인 대단원 ─선한 자에게는 번영을, 악한 자에게는 불운─ 을 붙인다는 동일한 혹평을 일반적으로 받는다.[07] 아리스토텔레스는 "청중이 허약하기 때문에" 그런 식으로 구성된 극이 일반적

---

05 『창작술』 13장 1453a 16-17: "열등한 사람보다는 우등한 인물."

06 『창작술』 13장 1453a 8-10: "악덕이나 악성 때문이 아니라 어떤 실수 때문에 불행에 빠진 인물", 15-16: "악성 때문이 아니라 커다란 실수 때문에."

07 『창작술』 13장 1453a 30-33: "어떤 사람들이 1위의 것으로 놓는 비극은 사실 2위의 것이다. 그것은 『오뒤세이아』처럼 이중의 구성을 가져서, 나은 자들과 못한 자들에게 반대되는 결말이 따른다."

으로 최고로 간주된다는 점을 주목한다.⁰⁸ 그 효과는 앞서 언급한

08 『창작술』 13장 1453a 33-34: "관객들이 허약하기 때문에 1위의 것으로 여겨진다." 트위닝의 다음 글 참조(T. Twing, *Aristotle's Treatise on Poetry*, London 1789, 2권, 116쪽). "초서(G. Chaucer)의 (작품 『켄터베리 이야기』에서) 수사(修士)는 진정 아리스토텔레스적인 비극 개념을 가졌다.

> 비극이란, 옛날의 책들이 우리의 기억을 살리듯,
> 커다란 부귀영화를 누리며 살다가,
> 높은 지위에서 떨어져
> 불행에 빠진 뒤 비참한 최후를 맞는
> 인물에 대한 어떤 이야기를 말하는 것을 뜻합니다.
> (The Prologue of the Nonnes Preestes Tale 中)

그러나 기사(騎士)와 여관 주인은 허약한 관객(theatai astheneis)이었다.

> 기사가 말했다. 수사 양반, 그런 이야기는 그만하시오!
> 지금까지 한 이야기로도 정말 너무나도 충분합니다.
> 그 이상으로 훨씬 더 그렇습니다. 조그만 슬픔으로도
> 많은 사람들에게는 너무나도 충분하다고 생각됩니다.
> 저로서도, 사람들이 편하게 큰 부를 누리며
> 살다가 갑작스럽게 몰락했다는 이야기를 듣자면
> 비통하기 그지없습니다.
> 그 반대라면 기쁘고 마음이 편안해지지요.
> 어떤 사람이 가난한 처지에 있다가
> 출세하여, 행운을 누리며
> 부귀영화 속에 머물렀다는 이야기처럼 말입니다.
> 이런 이야기가 즐겁다고 생각합니다.
> 그러니 이런 이야기를 하는 게 좋겠습니다.
> (The Nun's Priest's Tale, 2767-79행)

아리스토텔레스의 견해는 *Spectator* 지(紙)[스틸(R. Steele)과 애디슨(J. Addison)이 1711-12년에 공동 발간한 문학 일간지. 역자] No. 40, *Tatler* 지(紙) No. 82[스틸이 1709-11년에 발간한 문학 및 사회 저널. 역자]에 주장되어 있다. 다른 한편으로 다음 참조. J. Dryden, *Dedication of the Spanish Friar*, 1681: "비극

정의감의 효과이다. 보상과 처벌은 정확히 공과(功過)에 일치한다. 아리스토텔레스 자신은 그로부터 나온 쾌감이 오히려 희극에 고유하다고 생각한다. 희극에서는 모든 불화가 조정되고 철천지원수가 친구가 되어 헤어진다. "아무도 죽이거나 죽임을 당하지 않는다."[09]

의 결말을 행복하게 만드는 일은 그렇게 사소한 일이 아니다. 죽이는 것보다 살리는 것이 더 어렵기 때문이다. 단검과 독배는 늘 준비되어 있다. 행동을 최후의 극단까지 가져간 다음에 개연적인 수단으로써 모든 것을 다시 회복하는 일은 작가의 기술과 판단을 요구하고, 그에게 공연 중 많은 격통을 치르게 할 것이다."

존슨 박사는 『리어 왕』에 대한 비평에서 '창작적 정의(正義)'에 관한 극단적인 견해를 다음과 같이 표명한다(vol. ii. 164-5쪽). "셰익스피어는, 자연스런 정의감과 독자의 기대에 어긋나게, 코딜리아의 미덕이 옳은 대의 속에서 사라지게 내버려 두었다. 그리고 훨씬 더 이상한 점은 그것이 역사에 대한 믿음에도 어긋난다는 것이었다. 하지만 그런 진행은 *Spectator* 지(紙)의 필자 '관객'(Spectator)에 의해 정당화된다. 그는 테이트가 셰익스피어의 작품을 각색하여 코딜리아에게 성공과 행복을 선사한다고 비난한다. 그리고 자신이 생각하기에 '그 비극은 절반의 아름다움을 잃었다'고 선언한다. 데니스는, 그의 말이 맞든 틀리든, 카토[카이사르에 대항하다 자결한 스토아 철학자. 역자]에 대한 호의적인 수용을 확보하고자, '그 마을이 아주 잘못된 혐오스런 비평으로 망가졌다고, 그리고 창작적 정의를 불신하고 비방하려는 시도들이 이루어졌다'고 언급했다. 악인이 성공하고, 유덕한 자가 실패하는 극도 좋은 극일 수 있다는 것은 의심할 여지가 없다. 그것은 인생사를 재현한 것일 뿐이기 때문이다. 그러나 이성적인 존재라면 모두 본성적으로 정의를 사랑하므로, 나는 정의의 준수가 극을 나빠지게 만든다는 주장에 쉽게 동의할 수 없다. 또는 여타 우수한 점들이 동일하다면 청중은 박해받은 덕의 승리에 동의할 수 없다. 현재의 경우에서 관중이 결정을 내렸다. 테이트의 시절부터 코딜리아는 항상 승리한 채 행복하게 물러났다. 그리고 이런 일반적인 동의에다 나의 감정이 무엇인가를 덧붙일 수 있다면, 나는 수년 전 코딜리아의 죽음에 너무 충격을 받아 그 극의 마지막 장면들을 내가 편집자로서 수정하기 전에는 다시 그 장면들을 견뎌낼 수 있을지 모를 정도였다고 말하고 싶다."

09 『창작술』 13장 1453a 35-39. 다음 참조. *Scholia in Euripidem, Orestes*. 347쪽(W. Dindorf 편집): "비극의 결말은 비탄이나 고난으로 끝나지만, 희극의 결말은 헌

또는 괴테가 비슷한 맥락에서 표현하듯 "아무도 죽지 않고, 모든 사람이 하나가 된다."

13장에서 불행한 결말을 강조한 부분은 에우리피데스가, 극의 구조에서는 결함이 있을지 몰라도, "여전히 가장 비극적인 작가"로 선언되는 인상적인 구절의 열쇠가 된다.[10] 우리는 이 말을 그곳과

주와 화해로 끝난다. 이로부터 이 드라마는 희극적인 결말을 사용하는 것으로 보인다. 왜냐하면 메넬라오스와 오레스테스 사이에 화해가 있기 때문이다." Arg. to *Alcest*. 87.9(W. Dindorf): "그 드라마는 사튀로스 극에 가깝다. 기쁨과 즐거움 쪽으로 가서 끝나기 때문이다. 비극들과 다르게, 비극 창작에 어울리지 않는 점으로서 오레스테스와 알케스티스가 불운에서 출발하여 행복과 기쁨의 상태에서 끝난 채 떠나기 때문이다. 이런 점은 오히려 희극(kōmōdia)에 속한 특징이다." A. Dante, *Epistle*, x. 10 참조.

10 『창작술』 13장 1453a 29-30: "에우리피데스는, 다른 점들에서는 잘 다루지 못하지만, 가장 비극적인(tragikōtatos) 작가로 보인다." 이 칭찬은 그러한 비극들의 효과가 부분적으로 무대상의 재현에 의존한다는 이전의 언급에 의해 더욱 제한된다. 13장 1453a 27-28: "왜냐하면 무대상에서, 그리고 극 경연에서, 그러한 극들은 잘 연출되면 효과 면에서 가장 비극으로 보이기 때문이다."

무대상의 '강력한 비극적 효과'(tragikōtatai phainontai, tragikōtatos ge phainetai)는 아리스토텔레스가 달기에는 심각한 단서이다. 왜냐하면 그는 훌륭한 비극이 그것에 고유한 효과를 단지 읽는 것을 통해 산출할 것을 요구하기 때문이다(14장 1453b 3-6). 주제밀(Introd. 29쪽)도 다소 제한적인 의미로 쓰인 tragikos의 용법을 다른 두 구절 —14장 1453b 38-39: "그것은 비극적이지 못하고 거부감만 낳는다. 아무런 고난도 따르지 않기 때문이다"(여기에서 tragikon은 비극적 고난을 함축한다)와 18장 1456a 21: "아가톤은 도덕감을 충족시키는 비극적 효과를 산출한다"— 에서 비교한다. 뒤 구절에서 그 말이 '도덕감을 충족시키는'(philanthrōpon)과 연결되어 제한적으로 쓰인 것은 아주 주목할 만하다. 그곳에서 악인의 패배는 진정한 비극적 개념에 부응하지 않는다고 언급된다. 그것은 단지 '도덕감을 충족시켜줄' 뿐이다. 따라서 tragikon은 현저하게 극적인 것 이상을 결코 의미할 수 없다. 13장 1453a 29-30에서 핵심 생각은 에우리피데스의 고난적이고도 감동적인 힘이다. 다음 참조. 『자연학적인 문제들』 19권 6절 918a 10: "왜 음송이 노래들에서 비극적인 효과를 산출하는가?" 그다음 문장에서 '고난적

『창작술』의 여타 구절들에 나오는 표현들과 함께 그 의미를 제한하여 읽어야 한다. 그러나 그 표현이 지닌 힘으로부터 어떤 점을 도출해야 하든, 아리스토텔레스는 그곳에 주어진 에우리피데스에 대한 평가를 이 작가가 진정한 비극적 결말을 선호한다는 점과 직접 연결한다.[11]

❦

몇 가지 배제된 인물 유형:
비난할 데 없이 선함, 지독히 악함

이제 몇 가지 배제된 인물 유형으로 돌아가, 아리스토텔레스의 결론들을 좀 더 자세히 검토해 보자. 먼저, 훌륭한(epieikēs) 또는 전혀 비난할 데가 없는 인물은 비극 주인공이 되기에 부적합한 것으로 생각된다. 그 이유는 완전히 부당한 고난은 혐오감을 일으키기 때문이다. 왜 동정을 일으키지 않느냐고 우리는 물을 수 있다. 확실히, 우리는 최고의 의미에서 부당하게 불행을 겪는(anaxios), 결백한 수난자에 대해 동정을 느끼지 않는가? 이에 대해 때때로, 그러한 사람들은 스스로 고난의 고통을 경멸한다는 답변이 나왔다. 그들은 우리의 공감을 전혀 필요로 하지 않을 정도로 내적 위안을 누

인 (것)'(pathētikon)은 tragikon의 동의어로 쓰인다. 플라톤의 『국가』 10권 602b: "이암보스 운율로든 서사시 운율로든 비극적 창작에 접하는 사람들은 …"에서 tragikon은 비극뿐만 아니라 서사시의 슬픈 서술을 포함한다.

11 『창작술』 13장 1453a 23-26.

린다. "그대가 날 울리고자 한다면, 먼저 그대 스스로 고통을 느껴야 하오"(Si vis me flere dolendum est primum ipsi tibi, Horatius, *Ars Poetica*, 102행). 정말 진실을 담을 정도의 말이라고 할 수 있지만, 그 말은 냉소적인 반응으로 보일 수 있다. 우리가 남의 불행에 대해 느끼는 동정은 그것을 참아내는 그의 용기에 우리가 감탄할 때 가라앉을 수도 있다. 하지만 아리스토텔레스의 대답은 아마도 다를 것이다. 그도 『연설술』에서 "두려움은 동정을 쫓아낸다"고 말하듯,**12** 동정이 그것보다 강한 감정에 의해 격퇴된다고 말할 것이다. 거부감을 주는 것(miaron)을 그곳에서 언급한 것은 모욕당한 정의감이 보다 부드러운 감정들을 대체할 것이라는 점을 암시한다. 레싱은, 요지에서 아리스토텔레스에 동의하면서 ―아리스토텔레스의 이론은 아니지만― 자신이 선호하는 이론, 즉 비극에 직접적인 도덕적 목적을 부여하는 이론을 강화할 기회를 갖는다. 그는 "스스로 저지른 죄 없이도 비열할 수 있는 인간 존재들이 있을 정도로 그 자체 아주 끔찍할 뿐인 생각"에 대해 말한다.**13**

그러한 테마를 비극에 부적합한 것으로서 무조건 배척하는 일은 우리를 놀라게 할지도 모른다. 아리스토텔레스는 도덕적인 감정에 충격을 주지 않는 죽음을 맞는 무결점의 여주인공을 찾기 위해 그리스 무대를 벗어나면 안 되었다. 잘못 자리 잡은 재능만이, 또는 드라마에 도덕적 교훈을 꼭 넣으려는 결의만이, 합당한 처벌로서

---

12 이 책의 6장 182쪽에 인용된 『연설술』 2권 8장 1386a 21.

13 G. E. Lessing, *Hamburgische Dramaturgie*, 1767/68, Trans.(Bohn), 435쪽.

그녀의 고난을 필요로 하는 어떤 결함이나 실수를 안티고네에서 발견할 수 있다. 그녀는 서로 다투는 의무들 중 하나를 선택해야만 하는 처지에 있었다. 그러나 누가 그녀가 올바르게 선택했다는 점을 의심할 수 있는가? 그녀는 하위의 의무를 상위의 의무에 희생했다. 그리고 그렇게 한 그녀의 행동이 형식적인 완전함에 미치지 못했다면, 이 결함은 불완전한 세계에 있는 모든 인간의 행동에 내재한 일면성에 놓여 있었다. 그녀가 저지른 죄는 '결백한 죄'였다.[14] 아리스토텔레스도 자신의 원칙들에 따라 그녀를 완전한 의미의 훌륭한 사람이라고 부를 수밖에 없을 것이다.

하지만 그가 완벽한 인물을 주인공의 자리에 허용하길 주저한 점은 거의 비극의 역사에서 정당화되어 왔다. 그러한 인물은 드물게 선택되었고, 더욱이 드물게 성공을 거두었다. 그러나 그 구절에서 지적된 이유가 진짜 이유인 것 같지는 않다. 비난할 데 없는 선함은 그것을 드라마적으로 흥미롭게 만들기에 필요한 성질을 좀처럼 갖지 못한다. 그것은 의지의 결정적인 행동들로 이어질 동력을 원한다. 그리고 이런 동력은 다른 사람들을 행동으로 재촉하고 힘들의 충돌을 야기한다. 드라마 인물은 주제넘은 에너지를 얼마간 함축한다. 그는 원만하거나 완벽한 전체가 아니다. 그는 제한된 영역 내에서 자신을 실현하고, 한 방향으로 열정적으로 밀치고 나간다. 그는 일반적으로 이기주의의 기미를 갖는다. 이 기미에 의해 그는 상황들에 또는 주변에 모인 조연들의 의지들에 통제력을 행

---

14 소포클레스의 『안티고네』 74행: "정당한 범죄를 감행하고 나서."

사한다. 다른 한편으로, 비이기적인 겸손한 경향을 지닌 선량함은 부동적이고 비호전적이기 쉽다. 되받아치길 거부하면서 그것은 행동을 정지로 이끈다. 그것이 강력한 주도권을 결하고 있지 않는 곳에서조차, 옳음에 대한 그것의 비인격적인 열망은 인간적 약점이나 ─자신에게 끌어온 운명과 싸움을 벌이는─ 열정의 광경과 같은 드라마적 매력을 갖지 못한다.

마치니(G. Mazzini)는 새로운 드라마 개념을 구상했는데, 그곳에서 인간은 더는 생존의 법칙들에 대항하는 자로서, 또는 자신의 본성과 벌인 외부적 투쟁의 희생자로서 등장하지 않는다. 그는 세계사를 드라마로 갖는 세속적 갈등에서 선의 힘과 공조하며 섭리의 동맹자로서 등장한다. 우리는 그러한 드라마가 진정한 의미에서 비극일 수 있는지 의심할 수 있다. 순교자의 죽음, 빼앗긴 희망을 찾아 인도하는 주인공의 죽음, 불굴의 정신으로 고난을 참고 고난으로써 도덕적 승리를 성취하는 인류의 은인의 죽음은 우리에게 경이와 경탄의 감정을 채운다. 그러나 그것은 두려움이나 비극적 경외의 전율을 유발하기 힘들다. 아리스토텔레스는 그러한 전율이 진정한 비극에 필수적인 요인이라고 제대로 느꼈다.[15] 그 이유는 아마도 비극이, 그 순수한 개념에서, 운명과의 ─이 운명이 정신 내부의 힘에 의해 표현되든 아니면 정신 외부의 힘에 의해 표현되든─ 불공평한 싸움에 끼어든 치명적인 어떤 의지를 우리에게 보여

---

15 코르네유(P. Corneille, *Discours ii. De la Tragédie*, 1660)는 순교자를 무대에서 추방하는 것에 반대한다. 이러한 자신의 견해를 지지하여 자신의 작품에 나오는 주인공 폴리왹트를 인용하지만, 이는 아주 의문의 여지가 있는 사례이다.

주기 때문일 것이다. 갈등은 개인이 소멸할 때 비극적인 결과에 이르지만, 그의 파멸을 통해 교란된 세계 질서는 복원되고, 도덕적인 힘들은 지배력을 다시 주장한다. 순교자의 죽음은 우리에게 패배가 아니라, 그 개인의 승리를 제시한다. 그것은 개인이 고위의 권력들과 같은 쪽에 정렬된 갈등의 결말을, 그리고 결국 도덕적 승리의 감정에 빠진 고난의 감정을 제시한다.

　다음의 경우는 역경으로부터 행운으로 상승되는 악한 사람의 경우이다. 아리스토텔레스는 이런 경우가 비극의 정신에 가장 낯선 것이라고 말한다. 아무도 이러한 관찰을 의문시하지 않을 것이다. 하지만 우리는 그것을 받아들이는 다시에(A. Dacier)가 제시한 이유는 수용할 수 없다. "악한 자의 번영보다 더 감정을 순화하는 데 반대되는 것은 없다. 그런 번영은 감정을 고치는 대신 부양하고 강화한다. 그것들이 우리를 행복하게 만든다면, 누가 자신의 악덕들을 제거하려고 애쓰겠는가?"[16] 나쁜 행동들을 하는 가운데에서도 행운은 삶에서 아주 흔하게 생긴다. 그럼에도 그것은 단호하게 비극으로부터 배제되어야 하고, 정말이지 모든 예술로부터 배제되어야 한다. 그것은 임박한 공포에 대한 생생한 지각을 일으킬 수 있다. 아리스토텔레스는 이것조차 부정하지만 말이다. 그것은 확실히 동정을 일깨우지 않고 ―우리는 아리스토텔레스와 더불어 덧붙일 수 있을 것이다― 우리의 정의감에 위배된다. 예술이 우리의 미적 감

16　A. Dacier, *La Poétique, traduite en Français avec des remarques critiques*, Paris 1692(Trans. London 1705), 13장.

성을 통해 우리를 감동시켜야 하고, 정의감과 아무런 직접적인 관련이 없다는 점을 인정하더라도, 그런 미적인 효과 자체는 고통과 불안의 효과일 것이다. 실생활의 광경으로부터 일어나는 회의와 혼란은 재생되고 아마도 강렬해질 것이다. 드라마에서 우리의 우주관은 조화되어야지, 혼동에 빠져서는 안 된다. 우리는 이성적 능력을 만족시키는 형태로 인과의 연결을 발견하길 기대한다. 악의 승리에 의해 도덕 법칙의 작동을 정지시키는 일은 변덕이나 맹목적인 운의 지배를 도입하는 것과 같다.

다음으로, 아리스토텔레스는 지독한 악행의 타도를 —이것이 그가 명시적으로 말하듯 도덕적인 감정을 만족시킴에도— 비극에 적합하지 않은 것으로 제쳐놓는다. 고난이 정당한 것일 때 우리는 동정을 느낄 수 없다. 고난을 겪는 사람이 우리 자신들의 본성으로부터 아주 멀리 떨어져 있을 때, 우리는 두려움을 느낄 수 없다. 여기에서 다시 아리스토텔레스의 판단은, 구체적인 사례들에 의해 검증될 때, 전폭적인 지지를 받는다. 하지만 그것은 바로 그의 규칙들이 거기에 부적합하다는 점이 극명하게 드러나는 사례들 중 하나이다. 그런 시야의 제약은 드라마적 성격에 미적인 기준 대신 순수 윤리적인 기준을 적용하는 것으로부터 발생한다. 범죄는 범죄로서 예술에 들어설 자리가 없다는 점은 맞다. 그것은 비속하고, 추하다. 그러나 범죄는 다른 시각에서 제시될 수 있다. 대규모의 단호하고도 지적인 사악함은 범죄자를 일상사 수준 이상으로 상승시키고, 그에게 기품의 옷과 같은 것을 입힐 수 있다. 악한 방식으로 작동하는 단순한 의지력 안에, 초인간적인 에너지를 가진 채 주변을 지배하는 뭔가 끔찍하고도 숭고한 것이 있다. 그러한 힘의 잔해는 우리 안에 비극적 공감을 어느 정도 일으킨다. 이는 부당한 고난이 불어넣은 진짜 동정이 아니라, 그토록 눈부신 재능의 허비와 오용에 대한 상실의 감정이자 유감의 감정이다.

하지만 그런 유능한 위풍당당한 악행을 묘사하기 위해서는 셰익스피어(W. Shakespeare)와 같은 재능이 필요하다. 리처드 3세와 같은 인물에 극의 모든 관심을 집중시키는 일은 위험한 작업이었다. 그리고 우리는 셰익스피어 자신이 보다 성숙한 재능의 시기에 그런 것을 감행했을지 의문을 품을 수 있다. 고대의 드라마는 이러한 커다란 실험에 견줄 만한 것을 전혀 제공하지 못한다. 그러한 실험에서는, 사랑 없고 비인간적인 완전히 타락한 의지가 그토록 구현되고, 모든 것은 그 의지의 목적들에 가차 없이 맞춰지고, 그렇지만 잔혹한 기질로써 삶을 조롱할 만큼 충분히 삶으로부터 거리를 두고 선다. 리처드 3세의 사악함은 이아고의 사악함과 차원이 다르다. 이아고에서 우리는 영웅적 범죄자가 아니라 비열한 등급의 음모가를 만나는데 ―냉정하게 잔인한, 리처드보다도 더 악의적인, 그리고 악 그 자체를 즐거워하는― 그의 음모 능력은 거의 천재적인 수준에 이른다. 리처드는, 똑같이 양심의 가책을 결하고 '적나라한 악행'을 자랑으로 여기지만, 왕족의 목적과 사태에 대한 통찰력을 갖춘 군주이다. 그의 범죄적 걸작은 지성에 의해 꾸며내어지고, 예술적 마무리를 통해 완벽하게 수행된다. 도덕적인 감정은 그러한 드라마의 끝부분에 이르기까지 반쯤 유보된 채로 유지된다. 그 인물의 악함은 거의 권력에 대한 지각 속으로 사라진다. 비극적 동정은 그곳에서 주인공에 대한 것일 수 없다. 그의 희생자들에 대한 것일 수는 더욱 없다. 공포와 위풍은 보다 온순한 감정에 대한 여지를 전혀 남기지 않는다.

실러(F. Schiller)는 다음과 같이 주목한다.[17] "미적 판단과 도덕적 판단 간에 일정한 모순이 있다. 예를 들어, 도둑질은 절대적으로 천한 것이다. … 그것은 항상 도둑에게 찍힌 지울 수 없는 낙인이고, 미학적으로 말하자면 그는 항상 천한 대상으로 남을 것이다. 이 점에서 심미안은 도덕보다 덜 관대하기조차 하다. 그 법정은 더 엄하다. … 이런 견해에 따른다면, 물건을 훔치는 사람은 진지한 그림을 제시하길 바라는 작가에 의해 항상 배척의 대상이 될 것이다. 그러나 그 사람이 동시에 살인자라고 한다면, 그는 이전보다 더 도덕 법칙에 의해 비난을 받아야 한다. 그러나 미적 판단에서 그는 한 단계 더 높이 승격된다. … 수치스러운 행동에 의해 자신의 품격을 떨어뜨리는 사람은 어느 정도 범죄에 의해 승격될 수 있고, 이렇게 해서 우리의 미적 평가에서 복권될 수 있다. … 교활하고 끔찍한 범죄에 직면해서 우리는 더는 그런 행동의 질을 생각하지 않고, 그것의 무시무시한 결과들을 생각한다. … 즉시 우리는 떨기 시작하고, 모든 미묘한 감식력은 침묵으로 몰린다. … 한마디로 말해, 천한 요소는 끔찍한 일 속에서 사라진다."

아리스토텔레스는 예술의 이런 효과를 감지한 것으로 보이지 않는다. 하지만 그 구절로부터, 그리고 15장으로부터도,[18] 도덕적 타

---

17 F. Schiller, *Aesthetical Essays*, 251쪽(Bell and Sons).

락에 관한 모든 예술적 묘사가 금지된다는 점이 추론되어서는 안 된다. 에우리피데스의 메넬라오스는 '이유 없이 나쁜' 인물의 사례로 두 번 인용된다.[19] 이 표현은 드라마적 동기와 극의 구조에 의해 요구되는 나쁨이 있을 수 있다는 점을 함축한다.[20] 그것은 대조된 인물들 —서로 상대에 대해 뚜렷이 부각되거나 각자 상대를 보완하는 인물들— 의 명암을 요구하는 더 넓은 법칙에 속할 것이다. 이렇게 해서 우리는 안티고네와 이스메네, 오뒤세우스와 네오프톨레모스, 리어와 글로스터 백작, 햄릿과 레어테즈, 브루투스와 안토니우스와 같은 쌍들을 갖는다. 이 원칙이 일단 인정되면, 그것은 윤리적 유형의 극단적 차이를 허용할 것이다. 아리스토텔레스는 그 원칙을 엉성하고 부가적인 방식으로만 허용한다. 또한 그는 그것의 범위와 중요성을 알아차리지 못한 것으로 보인다.

⚘

아리스토텔레스의 이상적인 주인공: hamartia의 의미

우리는 이 장에서 윤곽이 그려진 비극의 이상적인 주인공에 이른다. 그는 혼합된 요소들로 구성되어 있다. 결코 최고로 선하지 않고, '우리 자신과 비슷한'(homoios) 사람이다. 이 표현은, 따로 쓰일 때, 보통의 미덕과 평균적인 능력을 지닌 사람을 기술하는 것처

---

18 『창작술』 15장 1454a 16-24, b 8-15.
19 『창작술』 15장 1454a 28-29, 25장 1461b 19-21.
20 이 책의 5장 141쪽을 보라.

럼 보일 것이다. 그러나 아리스토텔레스의 저술은 그 부분들을 따로 떼어내어 읽어서는 안 된다. 그리고 2장과 15장을 현재의 구절과 비교해 보면, 그런 인물이 현실에 바탕을 두고 있으면서도 일정한 도덕적 고양에 의해 그 현실을 초월한다는 점이 우리에게 드러난다.[21] 우리는 아리스토텔레스가 좀 더 나아가, 능력 면에서 ―심지어는 미덕 면에서― 비극의 주인공은 보통 수준보다 높아야 한다는 점, 그 주인공은 보다 깊은 감정의 상태를 또는 고도의 지력이나 의지력을 소유해야 한다는 점, 그리고 도덕적으로 나쁨보다는 오히려 도덕적으로 평범함이 비극적 효과에 치명적이라는 점을 명시적으로 말했길 바랄 수 있을 것이다. 사실, 우리는 비극의 주인공이 고귀한 성격의 인물이지만 기본적인 감정과 정서에서 우리 자신과 비슷하다는 결론에 도달한다. 하지만 그는 우리의 열렬한 관심과 공감을 얻을 정도로 크게 우리의 공통된 인간성을 공유한 채로 이상화된다. 그는 아주 고상한 위치에서 추락한다. 그리고 그의 삶을 결딴내는 재앙은 계획적인 사악함이 아니라 어떤 커다란 실수 또는 과실로 거슬러 올라갈 수 있다.

이 마지막 표현은 이해가 쉽지 않다. 그것은 다양하게 해석되었다. hamartia란 말은 용법상 다양한 뉘앙스를 허용한다. hamartēma의 동의어로서, 그리고 한 가지 행위에 적용된 것으로서,[22] 그것은 특정 상황들에 대한 부적절한 앎에 기인하는 실수를 가리킨다. 엄

---

21 이 책의 5장 148쪽을 보라.
22 예를 들어, 아이스퀼로스의 『결박된 프로메테우스』 8행: "그 죗값으로 그 자는 신들에게 벌 받아 마땅하오"(천병희 옮김).

격한 용법에 따르자면, 우리는 그 상황들이 알 법한 것들이었을 거라는 제한조건을 덧붙여야 한다.[23] 그래서 그것은 특수한 경우에 대한 성급하거나 부주의한 시야로부터 일어나는 판단 실수를 모두 망라할 것이다. 그것은 피할 수 있는 것이었을 것이기 때문에 어느 정도 도덕적으로 비난할 만한 실수이다. 그러한 종류의 실수는 동정이나 참작을 요구할 권리를 가장 많이 갖는다.[24] 그러나 hamartia는 보다 느슨한 의미로는, 피할 수 없는 무지에 기인한 실수에 적용되기도 한다. 이 경우 보다 적절한 용어는 불운(atychēma)이다.[25] 하지만, 양쪽 모두에서, 실수는 고의가 아니다. 그것은 앎의 부족으로부터 일어난다. 그리고 그것의 도덕적 성질은 개인이 스스로 자신의 무지에 대한 책임이 있는지 없는지에 달려 있을 것이다.

이와 별개로 여전히 한 가지 행위를 가리키는 것으로서 제한되어, 도덕적인 의미로 고유하게 쓰이는 hamartia(잘못)가 있다. 이것

---

23 『니코마코스 윤리학』 5권 8장 1135b 16-20: "그런데, 해(害)가 예상과 다르게 생길 때, 그것은 불운(atychēma)이다. 반면, 예상과 다르지는 않지만 악덕 없이 생길 때, 그것은 실수(hamartēma)다(왜냐하면 잘못의 근원이 어떤 사람 안에 있는 경우 그 사람은 실수하는 것이지만, 그것이 그 사람 바깥에 있는 경우 그는 불운을 당한 것이기 때문이다). 반면, 알고서 이전에 숙고하지 않은 채 잘못 행동할 때, 그것은 부정행위(adikēma)이다." 『연설술』 1권 13장 1374b 6 참조.

24 『니코마코스 윤리학』 3권 2장 1110b 33-1111a 2: "비자발적인 행위는 개별 사항들에 대한 무지, 즉 행위가 성립하는 곳과 행위에 관계되는 것들에 대한 무지에서 비롯한다. 바로 이런 것들에 동정과 용서가 있다. 그것들을 모르는 사람은 비자발적으로 행하기 때문이다." 1장 1109b 31-32: "비자발적인 것들의 경우에서는 용서가 생긴다."

25 『니코마코스 윤리학』 5권 8장 1135b 12의 '무지와 더불어 행한 실수'는 ⓐ 어떤 사람이 모르서 한 것들 = 본래적인 의미의 hamartēmata(실수들)와 ⓑ 어떤 사람이 무지로 말미암아 한 것들 = atychēmata(불운한 것들)를 포함한다.

은 그 행위가 의식적이고 고의적이며, 신중하지 못한 데에서 일어나는 결함이나 잘못이다. 분노나 격정 상태에서 저질러진 행위들이 그러한 것이다.[26]

마지막으로, 그 단어는 성격의 약점을 가리킬 수 있다. 이것은 한편으로 단절된 하나의 실수나 결함과 구별되고, 다른 한편으로 타락한 의지에 자리 잡은 악덕과 구별된다. 이러한 용법은, 드물긴 하지만, 여전히 아리스토텔레스에 나온다.[27] 이런 항목 아래에 인간적인 약점이나 도덕적인 허약성이 포함되고, 악한 의도에 의해 오염되지 않은 성격의 결점이 포함될 것이다. 우리의 구절에, 이 마지막 의미를 지지하는 논거가 상당히 있다. 왜냐하면 여기에서 그것은 순수하게 도덕적인 의미를 가진 다른 단어들과 연결되어

---

26 『니코마코스 윤리학』 5권 8장 1135b 22-26에서 그러한 행위는 부정행위(adikēma)라 불리지만, 행위자는 부정(adikos)하지 않다: "왜냐하면 사람들이 그렇게 해를 입히고 잘못할 때 그들은 부정하게 행하고, 이 행위들은 부정이지만, 그렇다고 그것들 때문에 그들이 부정하거나 나쁜 것은 아니기 때문이다. … 그렇기 때문에 분노로부터 나온 행위들은 사전 계획에 의한 행위라고 판단되지 않아야 마땅하다." 그러나 『니코마코스 윤리학』 3권 1장 1110b 26에서 화가 난 상태나 술에 취한 상태에서 행하는 사람은 모르거나 알지 못한 상태에서 행하는 사람이다. 그렇지만 그는 무지로 말미암아 행하는 사람은 아니다. 그러므로 그러한 행위들은 실수들(hamartēmata)이다.

27 그래서 결함(hamartia)은 악덕(kakia)에 대립된다. 『니코마코스 윤리학』 7권 4장 1148a 2-4: "자제력 없음(akrasia)은 단적으로든 어떤 신체 일부에 관련해서든 결함이라 비난받을 뿐만 아니라, 일종의 악덕이라 비난받는다." 그러나 hamartia는 때로는 전적인 무지 상태나 선택된 무지 상태로부터 행하는 부정한(adikoi) 사람들의 악한 상태에 대한 완곡한 표현으로서 느슨하게 사용된다. 『니코마코스 윤리학』 3권 1장 1110b 29: "그러한 실수(hamartia)로 말미암아 부정한 사람들(adikoi)이 되고, 일반적으로 나쁜 사람들(kakoi)이 된다."

있기 때문이다. 이 단어들은 더군다나 하나의 단절한 행위를 기술하지 않고,[28] 보다 지속적인 상태를 기술한다.

　다른 한편으로, 『창작술』에 소포클레스의 『오이디푸스 왕』이 아리스토텔레스의 이상적인 비극이라는 점을 지시하는 점들이 많다. 그런데 오이디푸스는 성급하고 충동적인 기질의 소유자이고 자기주장을 너무 내세우는 사람으로서, 대체로 자신의 파멸이 현저한 도덕적 결함에 기인했다고 말할 수 없다. 그의 성격은 그의 운명에서 결정적인 요소가 아니었다. 그는 진정한 의미에서 상황의 희생자였다. 어떠한 사람이더라도 그랬다. 친부 라이오스를 살해했을 때 그는 아마도 어느 정도 도덕적으로 비난받을 만했다. 그러나 그 행위는 확실히 도발된 뒤에 일어났다. 아마도 자기 방어였을 것이다.[29] 그의 삶은 실수의 연쇄였고, 무엇보다 치명적이었던 것은 친모 이오카스테와의 결혼이었다. 무지에서 비롯한 모든 부차적인 행동은 그곳에서 정점에 이른다. 하지만 그것은 어떤 종류의 비난도 부가될 수 없는, 순수하게 무의식적인 범죄였다. 만일 오이디푸스가 아리스토텔레스에게 13장의 표현을 연상케 한 인물

28　『창작술』 13장 1453a 8-9: "현저하게 좋거나 정의롭지 않지만, 악덕이나 악성 때문에 불행에 빠지지는 않는 인물." 15-16: "악성 때문이 아니라 커다란 실수 때문에." 그렇지만, '커다란'(megalē)이란 말이 정신의 질이나 행동에 보이는 결점에 자연스럽게 적용되는 형용사는 아니라는 점이 인정되어야 한다.

29　소포클레스의 『콜로노스의 오이디푸스』 992-994행:

> "지금 이 자리에서 누군가 다가와 올바른 사람인 자네를
> 죽이려 한다면, 자네 같으면 죽이려는 자가 자네의
> 아버지인지를 묻겠는가, 아니면 당장 되갚아주겠는가?"(천병희 옮김).

이라면, 우리는 그 말을 도덕적인 의미에 묶어둘 수 없다. 그것은 성격의 결함 또는 격정적이거나 경솔한 한 가지 행위를 명시한다. hamartia가 앞에서 언급한 세 가지 의미를 포함할 수도 있는데, 영어로는 이를 한 단어로 포괄할 수 없다.[30] 만일 더 넓은 의미가 수용된다면, 아리스토텔레스의 언급이 지닌 의미심장함이 더 깊어질 것이다. 도덕적으로 비난받을 만한 것이든 아니든 한 가지 커다란 실수, 성격상의 한 가지 커다란 결점, 이러한 것들 각각은, 그리고 그러한 것들 모두는 생사의 비극적 주제들을 수반한다.

어쨌든, 아리스토텔레스처럼 올바른 앎을 행동의 요소로서 많이 강조했던 철학자라면 도덕적 실수와 순수 지적인 실수 간에 어떠한 선명한 구분의 선도 그을 수 없다. 도덕적 실수는 쉽게 단순한 판단의 결함으로 조금씩 변해간다. 그러나 그 단순한 결함은 범죄처럼 강력하게 작동할 수 있다. 좋은 의도가 행동을 올바른 것으로 만들지는 않는다. 브루투스의 고상한 무사무욕은 그의 실천

---

30 명사 hamartia(실수), 동사 hamartanō(실수하다)가 연속적으로 나오는 문장들에서 자발적인 범행에서 비자발적인 범행의 의미로 옮겨가는 사례는 다음 참조. 소포클레스의 『콜로노스의 오이디푸스』 966-968행:

> "사실 나만 떼어놓고 보면, 자네는 내게서 어떤 죄과(hamartia)도
> 발견할 수 없을 것이네. 그것을 갚기 위해 내가 이렇게
> 나 자신과 내 육친에게 죄를 지을(hēmartanon) 수밖에 없는 죄과 말일세"
> (천병희 옮김).

첫째 줄의 hamartia는 의식적인 죄로서, 그것은 신이 내린 속죄로서 비자발적인 죄를 그에게서 일으켰을 것이다.

적 통찰의 부족을 보상할 수 없다. 우주의 계획에서 무의식적인 실수는 완전성의 법칙을 위반한다. 그것은 세계의 도덕적 질서를 교란한다. 동기의 구별 ―행위자의 도덕적 유죄 또는 무죄― 은 여기에서 문제가 되지 않는다. 그렇듯 비극에서도, 무지로 실수하는 사람들은 의식적으로 죄를 짓는 사람 못지않게 선고를 받는다. 아니, 비극적 아이러니는 때때로 바로 이 점, 즉 어떤 내재적인 약점 또는 결점 때문에 ―이것은 인간의 근시안일 수도 있고, 어떤 격정으로 인한 실수 또는 판단 실수일 수도 있다― 한 사람이 지닌 바로 그 탁월성들이 그를 자기 파멸로 재촉한다는 점에 놓여 있다. 근대 드라마에서 오셀로와 고대 드라마에서 오이디푸스는 ―이들이 저지른 도덕적 죄는 크게 다르다― 결점들이 없지 않은 고귀한 인물들이 ―이들은 어둠 속에서, 그리고 최선의 것을 위해 행동한 것처럼 보였다― 일으킨 파멸을 보여주는 두 가지 극명한 사례이다.

13장의 규칙 아래에 맥베스와 같은 인물을 포함시키고자 한다면, 우리는 아마도 아리스토텔레스의 말에다 너무 큰 압력을 가하게 될 것이다. 하지만 그 구절의 생각은 그렇게 의미를 확대하는 구실을 쉽게 한다. 맥베스는 범죄의 목적으로 시작하지 않는다. 그의 본성은 원래 고귀함이 없지 않았다. 그러나 그와 더불어 hamartia, 즉 근본적인 결점은 야심의 얼룩이다. 이 야심은 그 자신에 속한 것보다 더 강한 성격의 자극과 불굴의 힘을 지닌 의지의 자극을 받아 그 안에 서서히 퍼지는 독약처럼 작동한다. 이와 같은 경우에서, 우리가 격정의 지배가 증가되는 모습을 추적할 때, 비극적 두려움은 경외감으로 강화된다. 그러한 격정은 성격적 결함이나 약점에서 시작하여 연속적인 단계들에서 자신을 확대하고, 그러다가 잘못 디딘 첫 발걸음이 결국 범죄가 되고 범죄가 새로운 범죄를 낳는다. 그러한 시작과 끝을 묶어주는 일, 하나의 것이 다른 하나의 것에 함축되어 있다는 점을 보여주는 일은 위대한 비극의 본질에 속한다. 그 사이에 끼어든 중간 과정은 안 보이게 된다. 인과적 연쇄는 처음의 hamartia가 비극적 결과의 무게를 지탱할 정도로 전체를 결합한다.

❧

아리스토텔레스의 규칙은 진정한 비극적 충돌의 여지를 남기지 않는다는 반론에 대한 검토

비극의 인물에 관한 아리스토텔레스의 이론은 다른 노선의 두 가지 비평을 연상시켰다. 한편으로, '실수로'(di' hamartian)란 그의 규칙은 '진정한 비극적 충돌'의 여지를 남기지 않는다는 주장이 있다. 주인공의 운명은 인간 의지의 통제 밖에 있는 힘들에 의해 결정된다. 인간에 속한 능력들의 내적 제한으로 인한 단순한 실수가 파멸을 가져온다. 그래서 성격이 운명인 최고 형태의 비극은 즉시 배제된다는 것이다. 외부 운명에 관한 드라마밖에 아무것도 남지 않는다.

이러한 반론은 비극적 hamartia가 실제로 단순한 사건, 불운(atychēma)에 지나지 않고, 이런 상황에서는 이성과 예지가 헛수고라는 점을 전제한다. 그런데, 그 단어가 여기에 쓰인 것처럼 그렇게 제한된 것이라고 하더라도, 드라마에 본질적인 힘들의 충돌은 빠져 있지 않을 것이다. 만일 한 사람이 외부에 있는 힘들과 —이 힘들이 '운명'을 구성하는 우주의 힘들, 고착된 생존 조건, 불가피한 삶의 법칙이든, 아니면 그의 의지와 충돌하고 이를 방해하는 다른 의지들에 존재하는 힘들이든— 불화의 처지에 놓인다면, 그 결과는 비극적 갈등일 것이다. 고대의 드라마는 주로 —결코 '전적으로'는 아니다— 나중 단계에 얼마나 많은 의도가 개입될 수 있든, 그렇게 뜻하지 않게 시작된 갈등의 재현이다. 자신의 운명과 투쟁하는 한 사람의 모습은 의지력 및 도덕적 성질들을 전시할 기회를 충분히 제공한다. 『오이디푸스 왕』은 파멸로 이끈 애초의 실수가 인간 본성이 지닌 필연적인 맹목성과 허약성으로부터 솟아나기 때문에 비극적 갈등을 그럼에도 감동적으로 묘사한다.

그러나 우리가 그런 비평가들의 취지에 양보하고, '진정한 비극적 충돌'은 그곳에서 성격과 격정이 운명을 결정하는 충돌, 그곳에서 개인이 의지 행위에 의해 갈등에 —이 갈등에서 양편에 편입된 힘들은 주로 도덕적인 힘들이다— 들어가는 충돌이라는 점을 허용하더라도, 아리스토텔레스의 표현은, 우리가 그것을 올바로 해석했다면, 여전히 그러한 사례들 중 가장 흥미롭고 중요한 사례를 포함할 것이다. 그렇다면 최대의 약점은 도덕적 약점일 것이다. 그 결과 생기는 충돌은 일반적으로 다음의 둘 중 하나일 것이다. 개인이 경솔함이나 격정 때문에 올바른 것으로 잘 알려진 것을 위반하고, 자신의 것이 아닌 영역에 침입하여, 자신의 성격에 반작용하는 갈등을 초래하고 비극적 참사에서 극에 달한다. 아니면 그 충돌은 내적인 도덕적 힘들 간의 충돌일 것이고, 그 갈등이 일어나는 장소는 그 사람의 마음속일 것이다. 그래서 여기에서 우리는 양심의 투쟁들, 동요하는 의도, 분할된 의지를 얻게 된다. 이것은 이전의 그리스 비극작가들에서는 드물게 발견되는 드라마적 동기들이지만, 에우리피데스와 더불어 드라마의 영역에 들어섰고 그 이후 확고한 자리를 잡았다. 따라서 비평가들의 반론은 어느 정도 타당하지 못한 것으로 보인다. 이와 더불어, 이미 지적했듯이, 아리스토텔레스의 이론은 얼마간 결함이 있다. 그것은 비극의 두 가지 예외적인 유형을 고려하지 못한다. 그중 하나는 순수한 의지와 뒤죽박죽인 세상 간의 반목을 드러내는 유형이고, 다른 하나는 커다란 범죄적 의도와 그것이 직면한 보다 높은 도덕적 힘들 간의 반목을 드러내는 유형이다.

❧

아리스토텔레스의 말을 교묘히 변명하거나, 그의 규칙에 모든 극을 강제로 일치시키려는 비평가들의 시도

다른 비평가 그룹은 어떠한 상황에서도 아리스토텔레스의 권위를 부인하길 꺼려했다. 이는 로저 베이컨(R. Bacon)의 말, "아리스토텔레스는 사도 바울이 신학에서 갖는 것과 같은 권위를 철학에서 갖는다"에 의해 진지하게 준수되었다. 르네상스 이후, 아리스토텔레스가 이미 행사한 일반적인 지적인 권위는, 특히 프랑스에서, 문학의 전 영역으로 확장되었다. 옛날의 것이든 근대의 것이든 잘 구성된 비극은 모두 『창작술』의 규칙들과 일치하도록 기대되었다. 문학사의 사실들이 『창작술』의 텍스트에 부합하길 거부했을 때, 이 텍스트의 의미는 곡해되거나 교묘히 변명되었다. 그래서 마침내 원래의 규칙들이 그것들이 배제하도록 의도된 바로 그 의미를 지닐 수밖에 없는 일이 허다했다. 아리스토텔레스의 오류 불가능성은 어떤 기회에 다시에가 『창작술』의 한 구절과 성서의 말들 간의 불일치를 감히 발견하고자 한 이탈리아 주석가를 가볍게 처리할 정도에까지 이르렀다. 그는 그런 반론을 간단한 귀류법을 통해 해치운다. "아리스토텔레스가 자신이 내린 판단들의 근거로 제시한 자연의 감정들에 신성과 성서가 어긋날 수 있기라도 하듯이, 그 주석가는 반론을 제기한다."[31] 성서 비평에서 우리에게 익숙한 해석의 방법들이 『창작술』에 적용되었다. 아리스토텔레스의 말들은 성서의 문자적 해석을 지지하는 가운데 의지했던 바로 그 방편들에 의해 설명되고 옹호되었다.

코르네유는 아리스토텔레스의 텍스트에 어휘를 덧붙이고 구절을 떼어내는 기술에 능한 사람 중 하나였다. 그는 창작의 원칙들에 관한 수많은 명석한 진술을 남겼지만, 해설서인 그의 작품은 너무 자주 아리스토텔레스의 규칙들을 —그가 『창작술』에 친숙해지기 전에 썼던— 자신의 극들에 일치시키려는 충동을 느낀다. 단 하나의 사례가 —이것은 레싱이 인용한 사례들 중 하나이다— 난점들

---

31 A. Dacier, *La Poétique d'Aristote, traduite en Français avec des remarques critiques*, Paris 1692(Trans. London 1705), 13장, 각주 1.

을 조화시키는 데 그가 사용한 편법을 보여줄 것이다. 우리는 『창
작술』 15장에서 성격은 선(chrēsta)해야 한다는 말을 듣는다. 이 단어
는 도덕적인 의미 말고는 어떤 의미도 지닐 수 없다. 코르네유는,
이런 요구사항이 엄격하게 받아들여질 때, 다수의 훌륭한 극들을
폐기처분할 것이라는 점을 알고, 아리스토텔레스가 요구하는 것은
"유덕한 성향 또는 범죄적 성향의 화려하거나 고양된 성격"이라고
추정한다.[32] 그는 자신의 극에 등장하는 클레오파트라를 예로 든
다. 이 여주인공은 "극단적으로 사악하다." "그녀는 어떠한 살인도
꺼려하지 않는다." "그러나 그녀의 모든 범죄는 혼의 일정한 위풍
과 연결되어 있는데, 이것은 그 안에 고양된 뭔가를 지녀서, 우리는
그녀의 행동들을 비난하면서도 그것들이 흘러나온 원천에는 감탄
할 수밖에 없다."

  본질적으로 그런 비평은 틀리지 않다. 그러나 그것은 아리스토
텔레스의 선한 성격들(chrēsta ēthē)에 대한 설명은 아니다. 그것은 아
리스토텔레스가 말하고 있는 것이 아니라, 아리스토텔레스가 말했
어야 한 것이다. 레싱이 주목하듯,[33] 그러한 견해에 따른다면 아리
스토텔레스가 말한 "선함은 도덕으로 선함뿐만 아니라 도덕적으로
악함과 일치하는 종류의 것일 수밖에 없다." 그와 비슷하게 그릇된
방식으로 아리스토텔레스에 충실한 풍조에서, 그리고 그와 비슷하
게 언어적 용법을 무시하고, 다른 주석가들 ―보쉬, 다시에, 메타스

---

[32] P. Corneille, *Discours i. Du Poème Dramatique*, 1660.
[33] G. E. Lessing, *Hamburgische Dramaturgie*, 1767/68, Trans.(Bohn), 437쪽.

타시오— 은 선한 성격들이 '아주 주의를 끄는' 성격들을 의미할 수 있다고 확신한다. 그럼으로써 그 단어를 도덕적인 의미에 못마땅하게 제한시키는 것으로부터 구해준다.[34] 레싱은 여기에서, 이러한 해석의 오류들을 피하고 그 단어들이 지닌 분명한 의미들을 그대로 유지하지만, 전적으로 비-아리스토텔레스적인 근거들을 바탕으로 그렇게 한다. 그는 악덕이 미적 취급에 의해 고상하게 될 수 있다는 생각보다 "더 위험한 생각을 코르네유는 품을 수 없었을 것이다"고 말한다. "만일 우리가 그런 생각을 실행한다면, 모든 진실, 모든 망상은 끝이 나고, 비극이 주는 모든 도덕적 혜택도 끝이 난다. … 우리가 악덕 속에 든 추함을 감춘다면, 악덕의 불행한 결과들을 보고 악덕을 단념하려는 욕구를 갖는 일은 정말 바보스런 짓일 것이다." 그는 여전히 자신의 커다란 전제, 즉 비극의 직접적인 관심사는 사람들을 더 낮게 만드는 일이라는 전제의 영향 아래에 있었다.

아리스토텔레스의 권위가 입증되어 왔던 또 다른 방식이 있다. 극들은 작품들 자체에 명백한 폭력을 대가로 치르고서 그의 것으로 추정된 규칙들과 조화되었다. 셰익스피어도 이러한 해석의 악덕을 피해가지 못했다. 도덕적인 결함(hamartia) 개념에 의해 주도된 것처럼 보이는 게르비누스(G. G. Gervinus)는 비극적 파멸이 있는 곳 어디에서든 어떤 비난받을 만한 실수를 찾아내려는 경향을 띤

---

34 다음 참조. J. Dryden, *The Preface to Troilus and Cressida*, 1679(이곳에서 그는 분명히 『창작술』 15장을 요약하고 있다): "먼저, 그 방식들이 분명해야 한다. 즉, 극의 모든 성격에서 개인의 일정한 경향들이 나타나야 한다."

다. 그러한 실수는 주인공뿐만 아니라, 또한 드라마의 조연들에게 일어나는 불운의 원인 또는 부분적인 원인인 것으로 입증된다. 그는 안전에 방심한 채 맥베스의 환대를 수용한 던컨의 죽음에서, 에드거와는 대조적으로 '현명하고 신중한 예지'가 없었던 코딜리아의 죽음에서 —그는 이 두 사람의 운명의 차이를 정당화한다— 그리고 '캐시오를 위한 위험한 중재'의 죄가 있고, '순결하고 선량해서 어리석음에 빠지는' 데스데모나의 죽음에서 '창작적 정의(正義)' (poetic justice)를 발견한다.

꿍

아리스토텔레스의 방식은 잠정적이지 독단적이지 않다

이렇게 이상하도록 곡해하는 비평들을 제쳐놓더라도, 우리는 모든 시대와 장소를 구속하는 창작 규칙들의 법전을 제정했다고 받아들여지고 있는 자신의 모습을 보고 아리스토텔레스가 다소 놀랐을 것이라는 점을 믿어도 좋을 것이다. 그러한 대조는 정말이지, 아리스토텔레스 자신의 잠정적인 방식과 그가 쓴 것을 토대로 내린 독단적인 결론들 간에 있는 호기심을 끄는 대조이다. 그는 자신의 방향을 느끼고, 태평하게 착상을 내던지며 오해의 여지에 대해 대비함이 없이 자신이 이전에 말했던 것을 잠자코 수정하거나 보완한다. 그는 어느 날 산재된 각각의 언명에 붙을 원대한 의미는 전혀 생각하지 않았다. 고립된 표현들의 의미를 곡해하지 말라고 우리에게 경고하는 것은 『창작술』의 조각글 형태 및 텍스트 상의 틈새들과 오류들만이 아니다. 아리스토텔레스 자신의 방식도 암시적이고 불완전하다. 그는 다른 비평가들을 자신 앞에 두고 그들을 두려워하며 글을 쓰지는 않았다. 그는 자신의 생각이 띤 일반적인 경향에 이미 친숙한 청중, 말하지 않은 부분을 메우고 자신의 규칙들을 적절한 모습과 전망 속에 놓을 수 있는 청중을 가정한다.

바로 이 13장에서, 그는 처음부터 이상적인 비극의 설계도를 그리고자 한다.[35] 그것은 『창작술』에서 기술적으로 단순한 것(haplē)이 아니라 '복잡한 것'(peplegmenē)으로 알려진 유형의 것이다. '복잡한' 비극은 운명의 변화(metabasis)가 상황의 반전(peripeteia)이나 인지(인적 관계를 알아봄, anagnōrisis)와 또는 이 둘과 결합되어 있는 비극이다.[36] 아리스토텔레스가 여기에서 비극 예술에서 좋은 것을 규정하

---

[35] 『창작술』 13장 1452b 31: "가장 훌륭한 비극의 구성."

[36] 『창작술』 10장 1452a 16-18. peripeteia의 정확한 의미는 논쟁의 여지가 있다. 이전의 번역어 '운명의 반전'(Reversal of Fortune)은 이제는 지지될 수 없다. 3판(1902)에서 나는, 팔렌(J. Vahlen, *Beiträge zu Aristoteles' Poetik*, Vienna 1865)이 제시하고 록 박사(W. Lock, The Use of peripeteia in Aristotle's *Poetics*, in: *Classical Review* 9, 1895, 251-53쪽)가 흥미롭게 해명한 견해를 수용하여 '의도의 반전'(Reversal of Intention)으로 옮겼다. 그 견해에 따르면, peripeteia는 그 안에서 행위자들 중 한 명의 의도가 의도된 바에 반대되는 결과를 산출하도록 뒤집히는 어떤 사건이다(『창작술』 11장 1452a 22-23: "상황의 반전이란 행동들이 그것에 반대된 것으로 선회하는 변화를 말한다"). 그러나 바이워터 교수(I. Bywater, *Festschrift Theodor Gomperz dargebracht zum siebzigsten Geburtstage*, Wien 1902, 164쪽 이하)는 그 용어에 그렇게 전문적인 제한된 의미를 부여하는 것에 반대하는 강력한 이유들을 제시한다. 그는 그 정의에서 행동들(ta prattomena)은 일정한 장면에서 발생하는 사건들만을 자연스럽게 가리킬 것이라고 주장한다. 또, 팔렌이 그 단어에 부과한 의미는 "일상적인 무대 용어가 지니기엔 인위적이다"고 주장한다. 또, 그것은 그 단어에 대한 정의를 벗어나고 "아리스토텔레스가 『오이디푸스 왕』의 peripeteia에 대해 설명할 때 우연히 표현한 부분(11

고 있지 않고, 가장 좋은 것을 규정하고 있다는 점을 우리가 주목했

장 1452a 25-26: "사자(使者)는 오이디푸스의 마음을 가볍게 해주고 모친에 대한 두려움으로부터 벗어나게 해 줄 목적으로 왔지만, …")에 —이 부분에서 사자에게 귀속된 의도는 극 자체에 의해 완전히 보장되지는 않는데도— 너무 많이 의존한다"고 주장한다. 그리고 그 의미는 『링케우스』의 대(大) 장면에 대한 『창작술』의 서술과 조화시키기가 매우 어렵다고 주장한다. 그는 peripeteia가 단일한 장면의 과정에서 일어난 상황의 완전한 변화를 지시하도록 의도되었을 뿐이라고 주장한다. 이에 따르면 앞의 정의에서 tōn prattomenōn(행동들의)은 eis to enantion(반대되는 것으로)이 아니라 metabolē(변화)에 연결된다. 그럼에도 peripeteia라는 용어는, 점차 극의 위기로 인도되는 일반적인 움직임(metabasis)의 과정에서 일어나는 두드러진 변화를 가리키는 말로서, 'metabasis'란 용어와 여전히 구분될 것이다.

나는 대체로 그러한 주장에 동의한다. 그러나 내가 생각하기에, 아리스토텔레스가 정의내린 peripeteia가 '상황의 완전한 변화' 또는 '상황의 반전'과 같은 표현이 전하는 것보다 더 예리하고 덜 모호한 개념을 제시한다는 말을 보태고 싶다. 하지만 원어의 의미에 보다 가까운 동의어가 없기 때문에, 우리는 '상황의 반전'(Reversal of Situation)이란 표현을 쓸 수밖에 없다. 11장 1452a 22-23에서 비극의 peripeteia는, 내가 잘못 생각한 것이 아니라면, 일정한 목적을 산출하는 경향이 있는데도 완전히 다른 결과에 이르는 일련의 사건들 또는 연속된 행동들을 암시한다. 상황은, 말하자면, 그것에 대처하려고 노력하는 행위자에게 대든다. 그의 주변을 돌면서 움찔하는 그를 덮친다. 동정심을 일으키는 것들(ta eleina)로 열거되면서 『연설술』 2권 8장 1386a 11-12에 다음 구절이 나온다는 점은 주목할 만하다. "좋은 것이 나올 것으로 기대된 것으로부터 나쁜 결과가 나오는 일도 동정심을 일으키는 것이다."

그렇다면, '의도의 반전'은 peripeteia의 본질에 속하지 않을 것이다. 다른 한편, 그것은 peripeteia의 한 가지 요소를 이루어 드라마의 효과를 높일 수 있을 것이다. 따라서 록 박사가 인용한 사례들 —『베니스의 상인』의 샤일록, 헤로도토스의 아드라스토스, 에스더서(書)의 하만과 모르데카이, 요셉과 그의 형제들에 관한 이야기— 은 완전히 전형적이지는 않지만 적절한 예시들이다. 더 나아가, 록 박사는 다음과 같이 언급한다. "peripeteia가 행동들에 대해 갖는 관계는 아이러니가 언어에 대해 갖는 관계와도 같다. 후자의 경우, 단어들은 상황에 의해 간과되고 말하는 사람이 의도한 것보다 더 풍부한 의미로 채워진다. 전자의 경우, 행위들은 똑같이 행위자의 통제를 벗어난 채로 간과되고 그가 의도한 것과 전혀 반대되는 의미로 채워진다." 이 진술도 비슷하게 제한될 필요가 있어 보인다.

더라면, 많은 오해를 피할 수 있었을 것이다. 그는 이상적인 비극을, 이에 상응하는 이상적인 주인공과 더불어, 기술하고 있다. 다른 유형의 플롯과 성격이 기각되는 방식은, 의심할 여지없이, 너무 성급하고 간략하고, 드라마에서 성격이 차지하는 부차적인 위치에 관한 6장의 몇몇 언급들에 보이는 것처럼 과장이 섞여 있다.[37] 하지만 무조건적인 거부를 함축하는 말을 하면서 두 개의 선택지 중 덜 선호되는 것을 제쳐놓는 일은 아리스토텔레스 방식이 지닌, 특히 그의 보다 대중적인 논문들이 지닌 특징이다. 이상적인 비극은, 그가 여기에서 윤곽을 그리듯, 동정과 두려움을 비상한 결합으로써 일으키게 될 비극이다. 이 두 감정은 가장 완벽한 예술의 조건들 아래에서 그것의 최대 능력으로 강화된다. 우리는 그러한 요구조

모든 peripeteia가 그러한 서술의 영향하에 들어오는 것은 아니다. 그러나 뒤집힌 의도는, 그로써 사건에 부가된 새로운 의미와 더불어, peripeteia가 취할 수 있는 특별한 형태들 중 하나이다. 그런 의미로 변경된 peripeteia가 때로는 근대의 비평에서 '운명의 아이러니'로 알려진 것에 근접한다는 점은 주목할 만한 가치가 있다.

하지만, 11장 1452a 22-23에 정의내린 peripeteia의 의미와 별개로, 아리스토텔레스는 또한 그 단어를 보다 느슨하고도 대중적인 의미로, 즉 '한 사건에서 다른 사건으로의 단순한 발전이나 전개'의 의미로 사용한다. 프리카드 씨는 『동물 탐구』의 8권 2장 590b 13의 한 구절을 주목하도록 나에게 요청했다. 그곳에서 peripeteia는 다족류가 게를 먹고, 게가 붕장어류를 먹고, 다시 붕장어류가 다족류를 먹는 사건의 전환에 적용된다. 이러한 보다 느슨한 의미로 나는 『창작술』 16장 1454b 29의 '사건의 전환에서'(ek peripeteia)를 받아들인다. 그것은 오뒤세우스가 그의 유모에 의해 인지되는 장면(『오뒤세이아』 19권 396행 이하)에 대해 쓰이고, 설득하려는 신중한 의도를 지닌 인지(anagnōrisis pisteōs heneka)와 대조된다. 록 박사가 '우연히' 제공한 해석은 이것과 조금 다를 뿐이다. 그는 폴뤼비우스에서 '사건'이나 '흉사'를 나타내는 그 단어의 쓰임새를 대조해 본다.

[37] 이 책의 9장 270쪽 이하를 보라.

건들에 이르지 못한 모든 비극을 그가 완전히 나쁜 비극으로 비난할 것이라고 추론할 수 없다. 열등하지만 흥미로운 비극이, 그 안에 끔찍한 것과 애처로운 것의 결합이 완전한 비극적 개념에 상응하지 않아도, 여전히 있을 수 있다. 아리스토텔레스는 아마도 이렇게 말할 것이다. 그러한 극은 다소간에 완벽함에 미치지 못할 것이지만, 그것은 비극이길 멈추지 않는다.

이러한 고찰들에 적절한 무게를 싣는다면, 비극적 주인공의 성격에 대해 여기에 제시된 표현은 여전히 불완전하고 불충분한 것으로 남을 것이다. 하지만 아리스토텔레스의 말들에서 가끔 그렇듯, 그것은 깊은 진리를 품고 있다. 그리고 그것은 작가의 마음에 직접 제시되었던 것을 넘어서 적응력을 품고 있다. 만일 우리가 우리 자신의 인격을 작가의 창작에 몰입시키고자 한다면 필요할 것이라며, 그는 앞에서 규정된 조건들을 고집한다. '잘못된 방식으로 결점 없는'(faultily faultless) 주인공은, 더할 나위 없는 악당과 마찬가지로, 약한 면모와 강한 면모가 모두 우리에게 공통된 인간성의 영역 안에 머무는 주인공처럼 그렇게 생생한 공감을 불어넣을 수 없다.

근대의 드라마에 확장된 비극적 hamartia 개념

근대 문학, 특히 셰익스피어의 모든 드라마는, 아리스토텔레스의 공식이 너무 엄격하다는 점을 입증하면서도, 또한 비극적 hamartia 개념에 든 새로운 의미들을 드러냈다. 그 개념이 지닌 드라마적 가능성들은 확장되고 심화되었다. 햄릿, 오셀로, 리어, 맥베스, 코리올라누스에서 우리는 어떤 성격적 결함으로 인한 고귀한 본성의 파멸을 본다. 매우 다양한 방식으로, 가장 드라마적인 동기는 본성의 약점 또는 결점이 비극적 참사에서 극에 달할 때까지 자라나고 팽창하는 과정이라는 점이 입증되었다.

9

/

비극에서 플롯과 성격

플롯(mythos) 또는 행동(praxis)은 아리스토텔레스에 따르면 으뜸 요소이다: '행동'의 의미

아리스토텔레스가 비극을 분석하여 내놓은 여섯 가지 요소[01] 중 플롯(mythos)이 맨 앞자리를 차지한다. 다음으로, 순서상 성격(ēthos)이 위치하고, 그다음으로 생각(dianoia)이 위치한다. 이 용어들 각각은 얼마간 설명이 필요하다.

드라마에서 플롯은, 그 말의 가장 완전한 의미에서, 창작술에서 실생활에서의 '행동'과 동의어로 쓰이는 말이다.[02] 우리는 행동 (praxis)이 아리스토텔레스에서 순수하게 외적인 행위가 아니라 외부로 작용하는 내적 과정, 즉 인간이 가진 이성적 개성의 표현이라는 점을 이미 주목했다.[03] 때때로 그 말은 엄밀하고도 제한된 의미에서 '행동' 또는 '행함'을 나타내기 위해 사용된다. 때로는 행함이 그곳에서 가장 중요한 요소이면서도 한 가지 요소일 뿐인 올바른 행동(잘 행함, eupraxia)의 측면을 나타내기 위해 사용되기도 한다. 더 나아가, 그것은 '행함'(doing)뿐만 아니라 '살아감'(faring)을 지시할 수 있다. 따라서 플롯에 의해 '행동'이 재현되는 드라마에서, 그것은 외적 행운(eutychia)과 불운(dystychia)을 포함할 수밖에 없다. 더 나아

---

01 『창작술』 6장. 외관(opsis), 노래(melopoiia), 언어적 표현(lexis), 플롯(mythos), 성격(ēthos), 생각(dianoia).
02 『창작술』 6장 1450a 3-4: "플롯이란 행동의 모방이다."
03 이 책의 2장 29쪽을 보라.

가, 아리스토텔레스는 그 말을 정신적 삶의 과정들에 대해 사용한다.[04] 그리고 마지막으로, 어떤 맥락에서 그것은 거의 감정들(pathē)과 동의어이다.

드라마에서 praxis는 일차적으로, 내부의 의지력으로부터 솟아나서 외부적인 행함으로 드러나는 종류의 행동을 가리킨다. 'drama'라는 말 자체가 바로 이런 내용을 가리킨다. 그 명사가 나오는 동사 dran은 행함의 개념을 나타내기 위해 사용된 단어들 중 가장 강한 것이다. 그것은 외적인 강력한 형태로 표현되는 활동을 특징짓는다.[05] 드라마에서 성격들은 기술되지 않는다. 그것들은 자신의 이야기를 행하고 그렇게 자신을 드러낸다. 우리는 그것들을 들어서 알지 않고, 그것들이 우리 눈앞에서 공연됨으로써 안다.[06] 이런 의미의 행동이 없다면 작품은 형편없는 드라마가 아니라, 아예 드라마이지도 않을 것이다. 그것은, 서사적 형식이든 서정적 형식이

---

04 『정치학』 7권 3장 1325b 16-23: "그러나 활동적인(praktikon) 삶이, 어떤 사람들이 생각하듯, 다른 사람들과의 관계에서 성립할 필요는 없다. 행동으로부터 결과를 얻기 위해 생기는 사유들만 활동적인 것도 아니다. 그 자체가 목적이고 그 자체로 추구되는 관조와 사유가 훨씬 더 활동적이다. 왜냐하면 우리의 목적은 잘 행함(eupraxis)이고, 그래서 그것은 또한 일종의 행동(praxis)이기 때문이다. 그리고 대외적인 행동들에서도 특히 엄밀한 의미에서는 사유에 의해 행동을 주도하는 사람들이 '행동한다'(prattein)고 우리는 말한다."

05 "서술의 형식이 아니라 행동의 형식으로"가 비극에 대한 정의에 나온다(6장 1449b 26-27). 다음에서도 그렇다. 『창작술』 3장 1448a 27-28: "소포클레스와 아리스토파네스는 행동하는 사람들과 행하는 사람들을 모방하기 때문이다." dran(능동적으로 행함)과 paschein(수동적으로 겪음)의 빈번한 대조와 형용사형 drastērios(능동적인) 참조.

06 dran의 장엄한 용례, 예를 들어, '엘레우시스에서 (의식으로서) 행해진 것들(ta drōmena)' 참조.

든, 드라마가 아닐 것이다.

그러나 이것은 아리스토텔레스가 이해하는 praxis 개념을 남김 없이 말하지는 않는다. 그가 플롯에 부여한 굉장한 위치를 설명하는 이유 중 하나는 근본적으로 중요하다. 그는 비극이 인간 삶의 이미지인 행동 —그 삶의 최고 번영이나 불행— 에 대한 모방이라고 설명한다. 그리고 인간 삶 자체는 단지 정신의 성질로 구성되어 있지 않고, 행동의 방식으로 —외면뿐만 아니라 깊은 내면을 가진 도덕적 활기나 활동력의 형태로— 구성되어 있다.[07] 드라마의 플롯 또는 praxis는 그러한 가장 의미 있는 행동의 방식을 재생한다. 그것은 격렬한 행함에서 갑자기 멈추지 않는다. 더군다나 그것은 순전히 외적인 행운이나 불운에 대한 재현이 아니다. 아리스토텔레스가 사용한 단어들은 '행운과 불운의 모방'(mimēsis eutychias kai dyscheias)이 아니라 '행동과 삶의 모방'(mimēsis praxeōs kai biou)이다. 외적인 운의 전환들을 통해 파멸이 일어나긴 하지만, 앞의 표현은 비

---

07 『창작술』6장 1450a 16-18: "왜냐하면 비극은 인간에 대한 모방이 아니라, 그들의 행동과 삶에 대한 모방이기 때문이다. 그리고 〈삶은〉 행동에서 성립하고, 삶의 목적은 일정한 행동이지 성질이 아니다"(텍스트 독법에 대해서는 텍스트 선별 각주를 보라). 두 번째 문장의 단어들과 관련하여 (앞의 각주 4에 인용된) 『정치학』7권 3장 1325b 21 참조. 『자연학』2권 6장 197b 2-5: "그렇기 때문에 우연은 행할 수 있는 것들(prakta)에 관련되어 있음이 틀림없다. 이 점은 행운은 행복과 같거나 이것에 가까워 보이고, 행복(eudaimonia)은 잘 행함(eupraxia)이기에 일종의 행동이라는 사실을 통해 볼 수 있다." 플라톤은 이미 모든 모방 예술이 '행동 중의 인간'을 모방한다는 점을 주목했다. 『국가』10권 603c: "이 모방술(=창작술)은 강요된 행동이나 자발적인 행동을 하는 인간, 이 행동들을 통해 잘 행동했거나 잘못 행동했다고 생각하는 인간을 모방한다고 우리는 말하네."

극 전체의 본질과 의미를 요약하기엔 너무 외적이고, 너무 피상적이다. 그런 전환들은 행동의 내적 의미를 드러내는 매개물이다.

그렇다면, 플롯은 비극이 재현해야 할 '행동'의 핵심을 포함한다. '행동'(action)이라는 말은, 앞에서 말한 내용으로부터 분명하듯, 넓은 의미의 폭을 두고 해석될 필요가 있다. 그것은 행한 일들, 사건들, 상황들뿐만 아니라 정신적 과정들, 외부 사건들의 기초를 이루거나 이것들로부터 결과하는 동기들을 포괄한다.[08] 그것은 일정한 결말을 향해 함께 작동하는 그 모든 힘을 나타내는 개괄적인 표현이다.

❧

성격(ēthos)과 생각(dianoia)은 그다음이다.
이 두 요인은 함께 가장 넓은 의미의 성격을 이룬다

다음으로 우리는 ēthos와 dianoia에 이른다. 이 말들은 미학적으로 적용될 때 몇 가지 난점을 제시한다. 아리스토텔레스는 정말로 그 말들의 의미를 명료하게 하기 위해 비상한 노력을 기울인다. 왜냐하면 그는 6장에서 적어도 각 단어에 대해 두 가지 정의 또는 해석을 제공하고, 이는 다시 ēthos와 관련해서는 15장의 관찰들,

---

08 다음 참조. J. Dryden, *An Essay of Dramatic Poesy*, London 1668: "모든 계획의 변경이나 방해, 모든 갑작스런 감정, 그리고 이것의 전환은 행동의, 특히 가장 고귀한 행동의 일부를 이룬다. 단, 우리는 그것들이 닥치기 전까지는 어떤 것도 그것이 행동이라고 지각하지 못한다."

dianoia에 관련해서는 19장의 관찰들에 의해 보충되기 때문이다.[09]

09 하디 씨(R. P. Hardie, The *Poetics* of Aristotle, in: *Mind* 4, 1895, 350-64쪽)는 행동(praxis)의 표현이나 모방은 플롯(mythos)이라 불리는 반면, 성격(ēthos)의 모방과 생각(dianoia)의 모방을 나타내는 특별한 말은 없다는 점을 주목한다. 따라서 ēthos와 dianoia가 ① 눈에 보이는 행동에 함축된 것으로서, ② '성격의 모방'과 '생각의 모방'이란 뜻으로서 애매하게 쓰이고, 여기에서 청중이 행위자들의 마음속에 어떤 일이 진행되고 있는지를 알기 위해서는 일정한 양의 말(logos)이 요구되고, 이러한 앎이 없이는 행동이 올바로 이해될 수 없다는 점을 주목한다.

드라마의 성격은 다음과 같은 구절들에 규정되어 있다.

(i) 『창작술』 6장 1450a 5-6: "여기에서 성격이란 그로써 우리가 행위자들에게 일정한 성질들을 부여하는 것을 의미한다." 다음 참조. 6장 1450a 18-19: "성격은 사람의 성질을 결정한다." 이 구절들은 인물들의 성질(poioi tines)이 성격에 의해서만이 아니라, 성격과 생각에 의해 결정된다고 말하는 6장 1449b 36-1450a 3의 구절과 다소 불일치한다.

(ii) 『창작술』 6장 1450b 8-11(이곳에서 ēthos는 앞에서 말한 ②의 의미, 즉 '성격의 모방'이다): "성격은 도덕적인 의도(prohairesis)를 드러내주는 것이다. 그것은 어떤 사람이 어떤 종류의 것들을 (의도적으로) 선택하거나 기피하는지를 보여준다. 그러므로 이 점을 분명하게 해주지 않는 말들은, 또는 말하는 사람이 무엇인가를 (의도적으로) 선택하거나 피하는 내용이 없는 말들은 성격을 표현하지 않는다"(독법에 대해서는 텍스트 선별 각주를 보라). 이 문맥에서는 ⓐ 성격, ⓑ 생각을 표현하는 드라마의 말들(logoi)이 지시되어 있다. 연설술의 말들을 위한 규칙은 다음의 구절 참조. 『연설술』 3권 16장 1417a 15-18: "서술은 연설자의 성격에 관련된 것이어야 한다. 무엇이 연설에서 성격을 만들어내는지를 우리가 안다면 그렇게 될 것이다. 그중 한 가지는 도덕적인 의도를 분명하게 드러내는 것이다. 그리고 성격이 어떠한지는 도덕적인 의도가 어떠한 것이냐에 달려 있고, 그 의도가 어떠한지는 행위의 목적에 달려 있다."

(iii) 『창작술』 15장 1454a 17-19: "말했듯이, 도덕적인 의도를 분명하게 드러내는 말이나 행동은 성격을 표현할 것이다. 그 의도가 좋을 때 성격이 좋을 것이다."

(『연설술』에서 ēthos가 다양하게 쓰이는 방식들에 대해서는 E. M. Cope: *The 'Rhetoric' of Aristotle*, Cambridge 1877, Introduction, 108쪽 이하 참조.)

드라마의 생각은 다음과 같이 설명된다.

(i) 『창작술』 6장 1450a 6-7: "생각은 증명이 이루어지는 모든 곳에서 요구된

하지만 분명하고 일관된 견해는 우리에게 남아 있는 상태의 6장으로부터 뽑아낼 수 없다. 그리고 이러한 사실은, 다양한 정의가 주어져 있다는 사실과 연결되어, 텍스트에 생략되고 끼워진 부분들이 있을 수 있다고 의심할 근거를 얼마간 제공했다. 다음에 나오는

다. 또는 그것은 언표된 일반적인 격언(gnomē)일 수 있다." gnomē는 일반적인 격언이고, apophainesthai는 '언명하다'는 뜻으로서 격언과 연결되어 쓰인 고유어(verbum proprium)다. 6장 1450b 13의 "일반적인 격언이 언명된다"도 그렇다. gnomē는, 도덕적인(moral) 격언이지만, 성격보다는 생각을 제시한다. 아마도 그것이 논증의 출발점이나 결론이라고 생각되기 때문일 것이다. 격언들이 『연설술』 2권 21장 1395b 14에서 연설술적 추론들과 관련하여 쓰이는 것을 보라. 그곳에서 그것들은 연설들에 성격적인(ethical) 특징을 부여한다고 얘기된다.

(ii) 『창작술』 6장 1450b 4-5: "세 번째의 것은 생각이다. 이것은 (주어진 상황에서) 가능하고 적절한 것을 말하는 능력이다." 1450b 12-13: "다른 한편, 생각은 (드라마의 인물들이) 어떤 것이 그렇다거나 그렇지 않다고 증명하는 곳에서, 또는 일반적인 격언이 언명되는 곳에서 발견된다." 여기에서, 1450a 6에서처럼, 생각은 '생각의 모방'이란 뜻이고, '증명하다'(apodeiknyousi)의 주어는 드라마의 인물들이다.

(iii) 『창작술』 19장 1456a 36-b 2: "생각에는, 말에 의해 야기되어야 하는 모든 효과가 포함된다. 이것의 부분들은 증명과 반박, 그리고 동정이나 두려움이나 분노 등의 감정 야기이다. 더 나아가, 중요함과 사소함의 야기이다." 여기에서 생각은, 드라마의 말들에 나타나는 것으로서, 연설술의 영역 내로 들어온다 (1456a 34-35: "생각에 관련된 점들은 『연설술』에서 말했던 것을 전제하도록 하자").

나는 핀슬러(G. Finsler, *Platon und die Aristotelische Poetik*, Leipzig 1900, 79쪽)가 '감정 야기'(to pathē paraskeuazein)란 표현이 극중 인물들(dramatis personae)이 자신들의 말들로써 서로에게 산출하는 감정 효과들을 지칭하지, (흔히 해석되듯) 청중의 마음속에 감정을 환기시키는 것을 가리키지 않는다고 주장한 것이 옳다고 생각한다. 그리고 언급된 감정들(pathē)이 동정과 두려움뿐만 아니라 분노 등의 감정도 뜻한다는 점을 주목할 필요가 있다.

하디 씨는 이러한 견해에 가깝지만, 그 표현을 '드라마의 인물들이 감정을 관객들에게 제공한다'는 의미로 받아들인다. 그러나 이는 paraskeuazein이란 말이 결코 지닐 수 없는 의미이다.

부분에서 우리는 몇 가지 넓은 결론 쪽으로 논의를 제한하고자 한다. 이 결론들마저도 모두 문제없이 통과되지는 않을 것이다.

ēthos란 용어는 일반적으로 '성격'(character)으로 옮겨진다. 그리고 그것은 많은 문맥에서 영어의 자연스런 동의어이다. 그러나 만일 우리가 성격을 가장 넓은 의미에서, 한 사람의 인격적·내적 자아를 드러내는 모든 것 ─그의 의지와 감정뿐만 아니라 지적인 능력─ 을 포함하는 것으로서 말한다면, 우리는 아리스토텔레스가 쓴 ēthos의 의미를 넘어간다. 『창작술』에서 ēthos와 dianoia는 각기 성격의 한 측면이다. 그것들은 구체적이고도 살아 있는 개인을 구성하도록 합일하는 별개의 두 가지 요인이다. 성격은 가장 포괄적인 의미에서 그 두 가지 요소에 달려 있고, 이것들은 다시 행동의 원인인 것으로, 그 행동의 질을 결정하는 것으로 선언된다.[10] ēthos는, 아리스토텔레스가 설명하듯, 성격에 있는 도덕적 요소이다. 그것은 의지의 일정한 상태나 방향을 드러낸다. 그것은 도덕적 의도, 개인이 가진 지속적인 성향과 경향, 기풍과 감정에 대한 표현이다. dianoia는 생각, 즉 모든 이성적인 행동에 함축된 지성적인 요소이다. 그것을 통해서만 ēthos가 외적으로 표현될 수 있다. 그리고 그

---

10 『창작술』 6장 1449b 36-1450a 3: "행동은 행동하는 사람들에 의해 이루어지고, 이들은 성격과 생각 면에서 일정한 성질의 사람들일 수밖에 없다(왜냐하면 그것들을 통해 우리는 행동의 질을 규정하고, 그것들, 즉 생각과 성격은 행동들의 두 가지 자연적인 원인이기 … 때문이다)." 다음 참조. 『니코마코스 윤리학』 6권 2장 1139a 34-35: "왜냐하면 잘 행함(eupraxia)과 이에 반대되는 행동은 생각과 성격 없이는 있을 수 없기 때문이다." 그러나 『창작술』 6장 1450a 5와 a 18-19("성격은 사람의 성질을 결정한다")에서 '성격'은 보다 느슨한 의미로 쓰였다.

것은 추상의 과정에 의해서만 ēthos로부터 분리될 수 있다.

우리가 드라마에서의 ēthos와 dianoia로 건너갈 때, 우리는 ēthos 자체가 극 중 인물들의 말과 행동 모두에서 —실제 삶에서 ēthos가 두 가지로 나타난다는 사실에 대응하는 방식으로— 드러난다는 점을 발견한다.[11] 그러나 우리는 놀랍게도, 행동에서 드러나는 ēthos가 가볍게만 다루어지고 있다는 점을 관찰한다. 더욱 놀라운 것은, dianoia가 실제 삶에서 행동의 두 원인 중 하나로 서술되지만, 그것이 드라마에서 그와 비슷하게 나타난다는 명확한 인식이 없다. 이런 인식이 빠진 이유는 아마도 행동이 『창작술』에서 비극의 독립된

---

11 앞의 각주 9 참조. 보상케 씨는 플롯과 성격 묘사를 예리하게 주목하면서, ēthos가 "사람들이 오늘날 이해하는 의미의 성격을 의미하고, 그것이 셰익스피어나 새커리에서 보이는 예술적인 묘사의 대상"이라는 주장에 반대한다(B. Bosanquet, *A History of Aesthetics*, London 1892, 70쪽 이하). 원문의 내용은, 다른 관점에서긴 하지만, 그의 주장을 지지한다. 『창작술』에서 ēthos가 '우리가 좋은 성격 또는 나쁜 성격을 말하듯', '유형적인, 일반적인' 어떤 것, 보다 개인적인 특징이 없는 일정 유형의 성향이나 도덕적인 기질을 뜻할 뿐이라는 그의 견해에 동의하기란 더욱 어렵다. 우리는 근대의 미묘하고도 정교한 성격 묘사가 아리스토텔레스의 마음속에 떠오르지 않았다는 점을 정말 쉽게 인정할지도 모른다. 그러나 그가 단지 도덕적인 유형의 윤곽을 그리는 것뿐만 아니라 개별적으로 묘사하는 것을 생각했다는 점은 꽤나 확실해 보인다. 이는 15장의 성격들에 관한 규칙들을 가정했을 때에만, 특히 플롯에 권고된 필연성이나 개연성의 법칙이 극중 인물들의 말과 행동에도 적용된다는 조건을 가정했을 때에만, 이로부터 따르는 것으로 보인다(1454a 28-36). 이러한 내적 합리성은 확실히 개별적인 성격의 강한 토대를 요구한다.

하디 씨는, 성격이 플롯과 관련하여 논의되어 있는 13장을 지시하며, "구절 전체의 흐름은 성격이 아리스토텔레스에게 단지 일반적인 유형을 반드시 의미하지는 않고, 그것의 복잡성은 정확히 플롯의 복잡성과 같은 수준에 있다는 점을 함축한다"고 비슷하게 주목한다(R. P. Hardie, The *Poetics* of Aristotle, in: *Mind* 4, 1895, 350-64쪽).

별개 요소로서 다루어지고, 다른 요소들로부터 가능한 한 구별된 상태를 유지했다는 점일 것이다. 이는 정말이지, 또한 삶의 현상들을 다룰 때처럼, 예술적인 전체의 유기적 부분들을 다룰 때 아리스토텔레스가 쓰는 고도의 분석적 방법에서 비롯하는 폐단의 일종이다. 그것은 부분들의 교차적 결합으로부터, 그것들의 궁극적인 종합으로부터 우리의 관심을 딴 데로 돌리는 경향이 있는 방법이다. 원인이야 어쨌든, 드라마의 dianoia는 우리의 텍스트에서 행동이 아닌 말에서만 구현되는 것으로서 명시되어 있다.

드라마적 대화에서, 개인들은 수학 문제와 같은 추상적인 진리를 논하지 않는다.[12] 그들은 자신들의 행위를 설명하며 다른 사람들에게 영향을 미친다. 두 가지 요소, 즉 ēthos와 dianoia는 정말 동일한 대화에서 나란히 발견될 수 있다. 그러나 그렇다 하더라도, 그것들 간에는 우리가 감지할 수 있을 만큼의 차이가 있다. 도덕적 선택 또는 의지의 결정이 드러나는 곳에서는 항상 ēthos가 나타난다.[13] dianoia 아래에는 말하는 사람의 지성적인 반성들이 포함된

---

[12] 다음 참조. 『창작술』 6장 1450b 9-11: "그러므로 이 점을 분명하게 해주지 않는 말들은, 또는 말하는 사람이 무엇인가를 선택하거나 피하는 내용이 없는 말들은 성격을 표현하지 않는다"와 『연설술』 3권 16장 1417a 18-20: "그렇기 때문에 수학의 논증들에는 성격이 들어 있지 않다. 그것들에는 도덕적인 의도(prohairesis)도 있지 않기 때문이다."

[13] 열등한 작가들은 윤리적인 독백들이 잘 구성된 플롯을 대체하도록 시도했던 것처럼 보일 것이다. 『창작술』 6장 1450a 28-30: "더 나아가, 어떤 사람이 성격을 표현하는(ēthikas), 그리고 언어적 표현과 생각의 면에서 잘 다듬어진 말들(rhēseis)을 내놓는다고 하다라도 (잘 짜인 플롯을 가진 극만큼) 그는 비극의 효과를 산출하지 못할 것이다." 다음 참조. 플라톤의 『파이드로스』 268c-269a

다. 그 자신의 진술들에 대한 증명, 반대자들의 진술에 대한 반박, 그리고 삶과 행동에 관련된 그의 일반적인 격률이 ―행동에 의해 유도되고 연쇄적인 추리의 일부를 이루는 것으로서― 포함된다. 아리스토텔레스가 그렇게 대화 속의 dianoia를 강조한 것은 의심할 여지없이 정치적 논쟁과 법정 변론이 그리스 극장에 행사한 결정적인 영향력과 연결된다. 민회나 법정의 논쟁(agōn)은 드라마의 논쟁으로 재생된다.

아리스토텔레스는 강조하듯
다른 요소들을 '행동'에 종속시킨다

플롯과 성격에 관한 아주 중요한 몇 가지 문장이 6장 1450a 15-24로부터 여기에 인용되어야 한다. "비극은 인물들의 모방이 아니라 행동과 삶의 모방이다. 그리고 그 삶은 행동으로 이루어져 있고, 삶의 목적은 일종의 행동이지, 성질이 아니다. 그런데 성격은 인간의 성질을 결정하지만, 인간이 행복하거나 불행한 것은 그의 행동에 의해서이다. 따라서 드라마의 행동은 성격을 재현하기위한 것이 아니다. 성격은 행동들에 부차적인 것으로서 들어온다. 그러므로 사건들과 플롯은 비극의 목적이다. 그리고 목적은 모든

에서 그러한 말들(rhēseis)은 비극의 수단들(ta pro tragōdias)이지 비극 자체(ta tragika)는 아니다.

것 중 중요한 것이다. 더 나아가, 비극은 행동 없이는 성립할 수 없지만, 성격 없이는 성립할 수 있다." ēthos가 플롯에 종속된다는 점을 애써 강조함으로써,[14] 아리스토텔레스는 그 진술을 조금 과장하기에 이른다. 그 두 가지 요소는 서로 날카롭고도 불가능한 대립 속에 놓인다. "비극은 행동 없이는 성립할 수 없지만, 성격 없이는 성립할 수 있다."[15] 분명히, 이 마지막 언급은 전적으로 말 그대로의 의미로는 주장될 수 없다.[16] 그가 의도한 의미는 아마도 개별 행

14 『창작술』 6장 1450a 19-21: "그러므로 드라마의 행동은 성격을 재현하기 위한 것이 아니다. 성격은 행동들에 부차적인 것으로서 들어온다"와 1450b 3-4: "비극은 행동의 모방이다. 그리고 이러한 모방이기 때문에 주로 행동하는 사람들의 모방이다."

15 『창작술』 6장 1450a 23-24. 그다음 문장들에서도 비슷한 과장이 있다. 1450a 24-25: "요즈음 작가들 대부분의 비극들은 성격을 전달하지 못한다"와 1450a 27-28: "제욱시스의 그림에는 성격 표현이 없다."

16 성격과 플롯이 드라마에서 차지하는 위치에 관한 논의에서 단어들의 애매한 사용에 의해, 우리가 『창작술』에서 그에 상응하는 단어들의 사용에서 또한 실제로 의식하듯, 자주 혼동이 야기되었다. 두 용어의 일반적인 의미 대립에서 '성격'은 그것의 완전한 드라마적 가치를 갖지 않는다. 그것은 '행동을 산출하는 성격들'을 의미하는 대신에, 극을 읽음으로써 우리 마음에 남겨진 성격의 추상적인 인상을 나타낸다. 이와 비슷하게 '플롯'은 인물들의 특수한 본성으로부터 추상화되면서 보이는 극의 '스토리'로 간주된다. 특히, 그것은 조마조마하게 하는 기적이나 서스펜스를 지시한다 ― 하지만 이 관념은 mythos란 단어 안에 필연적으로 들어 있지는 않다. 이러한 의미에서, '플롯'은 약하지만 '성격 묘사'는 좋은 극은, 우리에게 인간 본성에 대해 무엇인가를 말하지만, 비-드라마적이다. 다른 한편으로, '플롯'은 강하지만 '성격'에 대한 묘사가 약한 극은 인간 본성에 대해 말해 주는 바가 거의 없을지도 모르지만, 드라마적일 수 있다(그것이 비극적일 수가 있는지는 더욱 의심스럽다). 이러한 관점에서 '성격' 없는 드라마는 있을 수 있어도, '플롯' 없는 드라마는 있을 수 없다고 말할 수 있을 것이다.

　'플롯'은, 이 말의 완전한 의미에서, '행동'(praxis란 그리스어가 갖는 넓은 의

위자들의 도덕적 성격이 행동의 전개에서 전혀 중요하지 않을 정도로 약하게 묘사되는 비극이 성립할 수 있다는 점일 것이다. 개인들은 단지 유형일 뿐이거나, 오직 부류의 특성들에 의해서만 두드러지거나, 아니면 드라마적 행동이 자라나는 차별화된 성질들을 결하고 있을 수 있다.[17] 이를 확증하는 방식으로 곧바로 "요즈음의 작가들 대부분이 쓴 비극들은 성격을 결하고 있다"라는 문장이 추가된다. 나중의 비극작가들은 기발한 플롯 장치에 의해 성격을 묘사하는 솜씨의 부족을 메우려고 했던 것으로 보인다. 앞에서 인용한 대립의 다른 측면, 즉 "비극은 행동 없이는 성립할 수 없다"도 의문시될 수 없다. 왜냐하면 행동은 드라마의 본질적 차이(종차, differentia)이고, 그것은 항상 통제적인 제일원칙으로 남아야 하기 때문이다. 6장 1450a 38-b 3에 나오는 그림에 의한 예시는 —이것은 다소 억지스런 해석들을 겪었던 부분이다— ēthos가 플롯이나 행동

미)을 뜻한다. 그리고 그것은 일반적인 의미로 이해된 '플롯'의 주요부를 이루는 상황들과 사건들을 포함할 뿐만 아니라, '행동을 산출하는 성격들'이란 완전한 드라마적인 의미에서 '성격'을 또한 포함한다. 그러므로 이렇게 이해하면, '성격'과 '플롯' 간의 대립은 명백히 불가능하다.

이러한 근거들을 토대로, 우리는 '성격'이 일반적인 의미에서 '행동'을 위해 존재한다고 말할 수 있다. 그러나 '성격'이 완전한 의미에서 '행동'을 위해 존재한다는 말은 타당할 수 없다. 후자의 경우에서 의도된 바는 오히려 드라마에서 '성격'들의 의미가 그것들이 '행동'에서 차지하는 위치로부터 생긴다는 점이다.

17 보상케(B. Bosanquet) 씨는 *A History of Aesthetics*, London 1892, 73쪽에서 아리스토텔레스의 의도를 조금 다르게 설명한다. "그는 단지 혼란과 그 해결인 것으로서의 플롯을 개별적인 인간 성격의 묘사와 대조하지 않았을 수도 있다. 오히려 행동에서나 사건의 진전에 기여하는 말에서 드러난 인간을, 대화자들의 이런 저런 유형의 성향을 강조할 의도만을 가진 독백이나 대화와 대립시키길 의도했을 수 있다"(앞의 각주 13 참조).

에 부차적인 위치를 차지하는 이유를 더욱 밝혀준다. "가장 아름다운 색채일지라도, 아무렇게나 칠해지면, 분필로 그린 초상화의 선만큼 즐거움을 주지 못할 것이다."[18] 여기에서 스케치의 윤곽은 플롯의 윤곽에 대응한다. 플롯과 분리된 ēthos는 아름다운 색채가 뒤발라진 것과도 같다. 색채도 형상과 떨어져서는 전혀 즐거움을 주지 못한다. 플롯은 토대, 디자인이다. 이것을 매개로 ēthos는 그 의미와 드라마적 가치를 획득한다.

　논의의 전체적 요지는 마침내 다음과 같이 요약된다. "플롯(mythos)은 비극의 제일 원리이자, 비극의 혼과도 같다(hoion psychētē tragōias)."[19] 여기에 나타난 유비는 영어 단어들로부터 곧바로 드러나는 것보다 더 깊다. 그 비유의 정확한 요점은 아리스토텔레스의 철학에서 혼이 몸에 대해 갖는 관계에 의존한다.[20] 극은 살아 있는 유기체와도 같다. 그것에 생명을 불어넣는 원리는 플롯이다. 동물과 식물의 세계에서 혼이나 생명의 원리가 일차적인 운동력, 즉 유기체의 전개가 나오는 출발점(archē)이듯, 비극에서 플롯의 경우도 그렇다.[21] 그런 핵 주위에 부분들이 성장하고 떼를 짓는다. 그것은

18　『창작술』6장 1450b 1-3.
19　『창작술』6장 1450a 37-38.
20　『혼에 관하여』 2권 4장 415b 7-21을 보라. 이곳에서 혼은 몸의 운동인, 형상인, 목적인인 것으로 설명되어 있다.
21　아리스토텔레스의 생물학적 저술들에서 '형성하다'(synhistanai)라는 말이 끊임없이 사용되고 있다는 점은 그 말이 『창작술』에서 비극의 형성과 유기체적 구조에 적용되어 갖는 의미와 비교되어야 한다. 『동물의 발생에 관하여』 2권 1장 733b 20-21: "(정액이) 안으로 들어가 어린 동물들이 형성되고 제 모습을 갖춘다." 2권 4장 739b 33: "일단 태아가 형성되면, ⋯." 3권 753b 3: "노른자위는 형

운동의 근원, 극의 출발점이자 토대이다. 그것 없이 극은 존재할 수 없을 것이다. 더 나아가, 혼이 몸에 그렇게 하듯, 극에 내적인 의미와 실재성을 부여하는 것은 플롯이다. 우리는 극이 의미하는 바를 알기 위해 플롯에 주목한다. 여기에 그것의 본질, 그것의 진정한 의미가 놓여 있다. 마지막으로, 플롯은 비극의 시작이자 "비극의 목적(telos)이다."[22] 플롯을 통해 극의 의향이 실현된다. 사건들이 산출하도록 계획된 뚜렷한 감정적 효과는 전체의 예술적 구조에 내재한다. 무엇보다도, 상황의 반전들(peripeteiai)과[23] 다른 결정적인 계기들을 포함하는 플롯이 가장 강력하게 비극적 감정을 일깨우고 비극에 적합한 쾌감을 자극한다.

※

이 이론은 빈번히 논쟁거리가 되었다

행동 또는 플롯의 일차적인 중요성에 관한 아리스토텔레스의 이론은 많은 근대의 비평가들에 의해 의문시되었다. 그들은 플롯은 외적인 뼈대, 성격의 작동을 예시하도록 계획된 하나의 장치일 뿐

성되고 있는 동물들에게 양분이 된다." '형성'(systasis)이란 말도 마찬가지다. 『동물의 발생에 관하여』 2권 6장 744b 27-28: "뼈는 부분들 중 형성의 초기 단계에 생긴다"(『동물의 몸에 관하여』 2권 1장 646a 20 이하 참조). 『천체에 관하여』 2권 6장 288b 16-17: "있는 장소가 각기 다른 요소들로 동물들의 형성이 이루어져 있기 때문일 것이다."

22 『창작술』 6장 1450a 22.

23 이 책의 8장 각주 36을 보라.

이라고 주장했다. 그들에 따르면, 성격은 논리적으로 행동에 앞서고 그 안에 함축되어 있다. 그리고 사건들은 의지로부터 나온 것이라 생각되지 않는 한 아무런 의미도 없고 관심사가 되지 못한다. 행동은 성격에 의해 규정되고, 표현되고, 해석된다. 하지만, 『창작술』 6장이 묻는 물음은 한 가지 요소가 논리적인 분석에서 다른 요소를 포함하는 것으로 결국 보일 수 있느냐는 점이 아니다. 이보다는 우리는 극에 대한 예술적 파악과 드라마적 구조에 관련하여 둘 중 어떤 것이 더 근본적인지를 물어야 한다. 따라서 우리는 잠시, 드라마를 간단하게 분석해 볼 때, 드라마라는 것이 무엇인지, 드라마적 행동을 구성하는 것이 무엇인지 물을 것이다.

ॐ

'드라마적'이란 용어가 갖는 의미에 대한 탐구는
아리스토텔레스의 취지를 입증한다

행동은, 앞에서 보였듯이, 극의 제1의 예술적 필요조건, 극의 존립 여부를 통제하는 조건이다. 그러나 행동만으로는 충분하지 않다. 아무리 끔찍하더라도, 아무리 애처롭더라도, 단절된 행위는 그 안에 드라마적 성질을 갖지 않는다. 행동은, 드라마적이려면, 그것이 전개되고 결과로 나오는 가운데 제시되어야 한다. 그것은 일정한 정신 상태들과 상호 인과적인 관계 속에 있어야 한다. 우리는 그것이 자라나는 곳인 감정들을 보고, 그것을 결말로 이끄는 의지의 동력을 보길 바란다. 더 나아가, 행위자의 마음에 미친 행위의 효과를 ―그곳에 일어나서 다시 새로운 행동 요인들이 되고 그럼으로써 다른 극중 인물들에게 반작용을 하는 감정들을― 추적하길 바란다.

더 나아가, 드라마적 행동은 완전한 전체를 형성한다. 그것은 서로 유기적 관계에 있고 인과 법칙에 의해 묶여 있는 응집된 일련의 사건들이다. 내부 중심, 즉 전체 체계의 선회 축은 플롯이다. 인물들은 이 중심 둘레에 몰려 있으면서 지정된 결말을 향해 사건들의 움직임과 조화되는 한에서만 드라마적이다. 그들은 자유롭고 스스로 결정하지만, 드라마 예술이 지닌 그런 일차적 조건에 의해 규정된 영역 내에서 그 자유를 행사한다. 그들은 자신들의 개성을 완전히 다 드러내지는 않고, 행동의 자연스런 과정이 요구할 정도로만 드러낸다. 그들이 처한 상황과 사정, 그들과 갈등을 빚는 타인의 의지는 정확히 그들의 약점을 찾아내기에, 그리고 그들의 에너지를 꾀어내어 그것을 행동으로 드러내기에 최적화된 것들이다.

그러나 드라마는 완결된 중대한 행동에 표현되는, 그리고 일정한 결말을 향해 가는 그런 감정을 함축할 뿐만은 아니다. 그것은 또한 갈등을 함축한다. 우리는 심지어 아리스토텔레스의 표현을 변경하여, 단지 플롯이 아니라 드라마적 갈등이 '비극의 혼'이라고 말할 수도 있다. 모든 드라마에는 힘들의 갈등이 있다. 사람은 현실의 한계 내에 갇혀 있다. 자신 바깥에는 그의 자유를 제한하는 불가피한 일이 있다. 이것은 자신의 의지와 빈번히 충돌하는 우월한 힘이다. 또한, 자신의 분열된 의지가 지닌 내적 불화가 있다. 더 나아가, 자신의 의지를 방해하는 타인의 의지와의 투쟁이 있다. 성격 묘사는 일정한 종류의 드라마적 갈등들이 재현되어야 한다는 사실에 의해, 그리고 몇몇 적대적인 힘들이 플롯 전체에 대해 맺는 관계에 의해 결정된다. 그러나 갈등은 드라마의 혼이지만, 모든 갈등이 드라마적이지는 않다. 실생활에서, 아리스토텔레스가 지적하듯이,[24] 모든 행동이 외부 행위들에서 드러나지는 않는다. 결코 행위에서 나타나지 않는, 최고의 의미에서 행동이라 불릴 수 있는 사변적인 사유의 침묵적인 활동이 있다. 그러나 드라마의 행동은 본질적으로, 사유나 감정의 영역을 넘어서지 못하는 내부 활동에 놓여 있을 수 없다. 주요 관심사가 내적 갈등에 몰려 있는 곳에서조차, 그러한 갈등은 내적 측면뿐만 아니라 외적 측면도 가져야 한다. 그것은 개별적인 행위들 속에서, 외부 세계와 맺는 구체적인 관계들 속에서 드러나야 한다. 그것은 행위자를 다른 개인들과의 충돌로 데려가야 한다. 따라서 우리는 순수하게 정신적인 갈등들 ㅡ고행자, 예술가, 사상가의 고독한 투쟁과 같은, 정신 자체 내에서 일어나는 작용과 반작용ㅡ 을 드라마의 영역으로부터 배제한다. 그러한 것들은 그것들에 의미를 부여하는 플롯에 들어올 때에만 드라마적이다. 그리고 그 플롯에 의해 그것들은 커다란 사건들의 연쇄에서 이것을 이루는 고리들이 된다.

그러므로 일정한 종류의 성격들만이, 드라마적인 취급을 받을 수 있다.[25] 수동적인 측면의 성격, 격정적인 감정에서만 표현되는

---

24 『정치학』 7권 3장 1325b 16-23(앞의 각주 4에 인용됨).
25 "아리스토텔레스가 당대의 비극에서 드라마의 생명력에 위험하다고 여겼던 경향 ㅡ단순히 정적인 것, 움직임 없는 삶에 대한 경향ㅡ 을 간파했을 가능성이

성격은 서정시 창작에 적합하고, 드라마에는 적합하지 않다. 행동이 드라마의 첫째 필요조건이듯이, 드라마적 성격은 그 안에 얼마간 생기 있고 자발적인 힘을 갖는다. 그리고 이 힘은 상황을 만들고 일정한 틀에 넣을 수 있고, 방해물들을 제거한다. 드라마적 성격은 투쟁적인, 열정적인 유형의 성격이다. 감정들은 의지로 굳어지고, 의지는 행위로 표현되어야 한다. 훨씬 더 드문 경우이지만, 햄릿에서처럼, 성격은 보통의 사람들을 행동으로 촉구하는 동기들에 저항하는 지적인 교묘한 비-활동에 의해 드라마적이게 된다. 그때 사건들은 의지의 자유로운 에너지에 의해서 일어나지 않고, 말하자면 구속된 결단력의 행위들에 의해, 꿈의 세계에서 작동하는 것과 같은 힘들에 의해 일어난다. 햄릿 안에는 격렬한 무위(無爲), 활동하지 않음이 있는데, 이것 자체도 일종의 행동이다. 그와 같은 인물들은 순수하게 수동적이지는 않다. 그들은 나름의 원동력과 저항력을 지닌다. 하지만, 셰익스피어의 극중 인물들 대부분은, 그리스 드라마의 주인공들처럼, 강하고 우뚝 솟은 존재들이다. 그들은 투쟁 정신을 가진 자들이다. 그들은 자신의 전(全) 자아를, 사유와 의지의 모든 힘을 자신들이 행하는 것에 쏟는다. 맥베스나 리처드 3세가 자신들의 운명에 대처할 때 갖는, 저항할 수 없는 충

꽤나 크다. 만일 그렇다면, 그가 다른 쪽의 경우를 과장한 것은 실천적인 지혜의 한 조각이라 할 수밖에 없다. 오늘날에도 이러한 움직임 없는 삶의 드라마는 몇몇 사람들을 이단으로 현혹시킨다. 매테르랭크는 자신의 '정적인 극장'(static Theatre)에서 그런 드라마를 이상으로 삼는데, 이는 바로 모든 드라마의 부정이다"(*Times Literary Supplement*, 23rd May, 1902).

동, 장엄한 의지의 에너지보다 더 놀라운 것은 없다.

그렇다면 플롯은, 때때로 주장하는 것처럼, 내적 생활에 대한 단순한 외면, 우연만은 아니다. 드라마의 행동에서 성격은 규정되고 드러난다. 부분들의 전개에 앞서 플롯에 관한 전체적인 이해가 작가의 마음속에 준비되어 있어야 한다. 인물들은 기본 구도에 따라 드라마적 상황으로부터 성장하고 스스로를 형성할 것이다. 하지만 플롯이 드라마의 첫째 핵심 요소라고 주장한다고 해서, 플롯이 복잡해야 한다는 말은 아니다. 호기심을 유발하도록 플롯의 실타래가 복잡하게 얽혀 있다가 그렇게 자극된 감정들을 구원하도록 다시 풀린다는 말은 아니다. 아이스퀼로스에서도 소포클레스에서도 플롯 자체가 동기가 되지 않는다. 다른 어떤 그리스 비극에서보다 더 실들이 정교하게 얽혀 있고 플롯의 짜임새가 더 촘촘한 소포클레스의 『오이디푸스 왕』에서조차, 드라마의 복잡성은 그 자체가 목적은 아니다. 보통의 그리스 비극은 유독 그 구조가 단순하다. 우리는, 『리어 왕』 및 셰익스피어의 다른 드라마에서처럼, 비극적 결말로 유도하도록 능숙하게 짜인 병발적인 두 가지 행동을 발견하지 않는다. 몇몇 위대한 그리스극들은 뒤얽힌 플롯을 결할 뿐만 아니라, 변함없는 상황을 제공한다. 아이스퀼로스의 『결박된 프로메테우스』에는 외적 움직임이 없고, 주요 상황은 마지막에 처음의 상황과 같다. 일련의 대화자들이 등장하고 퇴장하는 가운데 주인공의 정신적 태도는 확고부동하다. 우리는 상대에게 양보할 수 없는 두 개의 초인적인 의지가 갈등하는 모습을 눈앞에서 본다. 프로메테우스의 대사는 행동의 각 단계이다. 그가 하는 말은 각각 행위에 상당한다. 그것은 물리적 속박을 초월해 상승하는 의지의 진정한 목소리이다. 그 극은 철두철미 행동이다. 그럼에도 그 행동은 그 본질이 외부적으로 행함에 있지 않기 때문에 실제적이다. 『결박된 프로메테우스』에 대해 제기된, 움직임이 부족하다는 비판은 밀턴의 『투사 삼손』에 대해서도 가해졌다. 존슨 박사(S. Johnson)는 그것은 "중간 부분들이 원인도 결과도 갖지 않고, 파국을 재촉하지도 늦추지도 않는 드라마이다"라고 말한다. 하지만 여기에서도, 다소 비슷한 비평이 적용될 수 있다. 삼손의 대사들은 행동의 필수적인 부분을 이룬다. 대화에서 자신을 드러내는 의지력은 행위로 변형되고, 외적인 구속이 제거되자마자 비극적 파국에서 그 정점에 달한다.

우리는 아리스토텔레스와 더불어, 플롯 또는 행동이 드라마의 예술적 구조에서 첫째 요소라고 주장해야 한다. 그러나 이 경우는 또한 그가 살짝 다뤘던 다른 측면을 제시하는데, 이 측면을 보다 더 부각시킬 필요가 있다. 간략하게 말하자면 그 내용은 다음과 같다. 성격으로부터 솟아나고 성격을 반영하는 행동만으로도 더 높은 수준의 드라마적 조건들을 충족시킨다.

여기에 서사시 창작과 드라마 창작 간의 두드러진 차이가 있다. 서사시는 한 민족의 운명이나 인류의 운명에 부착된 위대한 완결된 행동과 관련하고, 한 시대의 삶을 요약한다. 그것의 넓은 화폭을 통과하는 사람들의 이야기와 행위는 사람들 자신이 그 일부일뿐인 더 큰 움직임과 연결되어 있다. 특정한 행동은 그 바깥에 있는 힘들에 의존한다. 주인공은 사건들의 조류에 휩쓸린다. 아슬아

슬한 탈출, 뜻밖의 일, 에피소드, 서사시적 이야기의 불가사의한
사건들은 오로지 부분적으로만 주인공의 자발적인 에너지에 의존
한다.

❧

그러나 행동과 성격 간의 친밀한 관계를
더 분명하게 내놓을 필요가 있다

　다른 한편으로, 비극적 드라마는 개인의 운명을 재현한다. 행동
과 성격은 여기에서 보다 밀접하게 뒤얽혀 있다. 그 연관이 세세
한 부분까지 추적될 수 없어도, 그것은 일반적으로 우리가 극의 전
체를 주목해 보면 분명하다. 행동은 인물들과 이들이 처한 상황들
의 산물이다. 그러나 외부 상황들이 정신의 힘들을 전적으로 지배
하는 일은 드물다. "외부 사물들이 자신들에 맞춰 내적 성질들을
끌어낸다는 점"은 맞지만, 그에 못지않게 비극에서는 내적 사물들
이 자신들에 맞춰 외부적인 것을 끌어낸다는 점이 사실이다. 외부
세계와 내부 세계는 여기에서 다른 어떤 종류의 창작의 경우보다
더 가까운 상응 및 등치 관계 속에 있다. 우연의 요소는 거의 제거
되어 있다. 개연성 또는 필연성의 내적 유대는 사건들을 함께 묶는
다. 이런 불가피한 인과의 연속은 성격이 행동에다 자신을 표현할
때 꾸며 내는 고리이다. 한 인간의 행위들은 그의 바깥에 있는 것
이 된다. 그의 성격은 분리된 것으로서 그에 붙어 다니며 그를 쫓
아다닌다. 주인공을 덮치는 운명은 낯선 것이 아니라, 선악과 관련

하여 그에게 되튀는 자신의 자아이다. 헤라클레이토스가 말했듯이, "인간의 성격은 자신의 운명이다"(ēthos anthrōpō daimōn). 행동과 성격 간에 있는 이러한 결정적인 관계는 예술적으로 꽉 짜인 줄거리, 즉 비극의 구심적 단일성에 기인한다. 아리스토텔레스가 말하듯, 만일 비극이 삶에 대한 그림이라면, 그것은 다듬어진 삶에 대한 것으로서, 그 삶은 어떠한 일상적인 인간 삶보다 더 완결되고 더 의미 있다. 그리고 그것은 그 자체로 사물들의 영원한 법칙을 드러내고, 인간의 흥망성쇠에 관한 이야기를 전형적인 사례 속에서 요약한다.

**플롯은 고대의 드라마에서 성격을 압도했지만,
근대의 드라마에서는 그렇지 않았다는 반론에 대한 검토**

플롯이 비극의 첫째 요소라는 아리스토텔레스 이론과는 다른 의견이 때때로 변형된 형태로 표명된다. 플롯이 고대의 드라마에서 첫째 요소라는 점은 인정된다. 그러나 고대의 드라마는 운명의 드라마였다는 주장이 나온다. 그것은 성격을 제거했다는 것이다. 반면, 근대의 드라마에서 행동은 성격에 종속된다. 드 퀸시(T. P. De Quincy)가 바로 그런 주장을 한다. 그는 "인간은 운명의 꼭두각시로서 우리가 어떤 인물이라고 말하는 바를 효과적으로 제시할 수 없었을 것이다"라고 말한다. 왜냐하면 "성격의 중심축인 의지가 그리스 무대 위에 낀 어두운 운명론에 의해 제거되고 방해받고 말살되었기" 때문이다. "강력하고 정교한 성격은 … 운명의 맹목적인 작용에 의해 약화되었을 것이다. 아니, 좌절되고 중단되었을 것이다." 그러므로 그리스 드라마는 장대한 상황들은 제시하지만 어떠한 복잡한 동기들도 제시하지 못한다고, 비극적 인물들로 구성된 위엄 있는 그룹은 제시하지만 인간적 격정의 작용 —'내부 투쟁 또는 외부 투쟁'— 은 조금도 제시하지 못한다고, 그는 주장한다.

모든 민족 중 그리스 민족이, 그리고 모든 작가 중 아이스퀼로스가 인간으로부터 자유로운 행위를 박탈하고 인간을 맹목적인 운명의 희생물로 만들었다는 비난을 받아야 했다는 점은 이상하다. 아이스퀼로스의 드라마가 주는 핵심 교훈은 인간이 자기 운명의 주인이라는 점이다. 어디에도 인간의 정신적인 자유가 그보다 더 힘차게 주장되어 있지 않다.[26] 인간을 덮치는 응보는 잔인하거나 시샘하는 힘들에 의해 강요되지 않는다. 그것은 신들의 정의이고, 이들은 자신들의 법에 대한 반역 때문에 인간을 처벌한다. 고대의 비극에서 인간의 외적인 운들을 지정하는 초자연적인 힘들이 근대의 드라마에서보다 더 분명하다는 점은 사실이다. 그러나 그곳에서 성격은 말살되지 않고, 자유로운 개성도 삭제되지 않는다. 비극적 행동은 외부 사건들의 단순한 연속만은 아니다. 최고의 강제력이 사건들의 움직임을 예기치 못한 결과들로 이끌 수 있지만, 그 행동은 도덕적인 힘들의 투쟁, 서로 다투는 의지력들의

---

26 S. H. Butcher, *Some Aspects of the Greek Genius*, Ed. 3, London 1904, 108쪽 이하를 보라.

결과이다. 플롯은 성격을 압도하지 않는다. 바로 플롯을 매체로 하여 성격이 식별된다. 그리고 플롯은 성격이 지닌 힘들을 확인하는 시금석이다.

❦

근대의 드라마가 성격 묘사를 더욱더 강조하는 의미

하지만 어떤 의미에서, 우리는 근대의 드라마가 개인의 성격에 관한 묘사를 더욱더 강조한다고 말할 수 있다. 그리스 무대에서 성격의 전개는 비극작가가 가지고서 작업해야 하는 유연하지 못한 소재에 의해 방해를 받았다. 신에 바쳐진 관례에 의해 그는 핵심 개요가 이미 고정된 전설들의 범위 안에 틀어박혔다. 이 전설들은 먼 과거로부터 전해졌고, 그것들을 탄생시킨 조야한 시대의 흔적들을 지녔다. 그리스의 영웅 전설들은 민족 생활의 직물로 짜여 들어갔다. 그것들은 많은 연상에 의해, 토속적인 숭배와 친숙한 예술적 재현에 의해 사람들의 마음을 움직였다. 하지만 서사시적 이야기는 페리클레스 시대의 더 순수하고 더 반성적인 도덕성이 배척할 수밖에 없었던 요소들을 그 안에 지녔다. 전래의 전설들은 최선의 방식을 통해 새로운 윤리적 이상들로 개작되어야 했다.

이러한 작업을 수행하면서도 작가들은 플롯의 가능성들에 의해 제약을 받았다. 전설들에 담긴 위대한 사실들은 제쳐놓을 수 없었다. 영웅의 역사에 친숙한 청중은 대담하고도 놀라운 시도를 받아들일 준비가 되어있지 않았다. 성격 묘사 자체에 관련되는 한, 최대의 창작적 자유가 허용되었다. 같은 극작가가 단 한 사람을 비극의 연속물들에서 다양한 유형의 성격들을 일관되지 않게 지닌 인물로 제시할 수 있었다. 윤리적인 인물 묘사가 방해를 받았던 시점은 드라마의 인물들이 특별한 플롯의 틀에 조화롭게 맞춰져야 했을 시기였다. 이야기의 세부 사항들은 넓은 한계 내에서 변할 수 있었지만, 결말은 주어진 것이었다. 그리고 드라마에서 결말은 전체의 구조 ―사건들과 성격 모두― 를 좌우할 수밖에 없다. 많은 그리스 비극들의 약한 결말은, 그것의 복잡성과 비교해 볼 때, 플롯을 직접 통제하는 전통의 결과이다.

작가들은 종종 이야기의 내부 정신과 의미를 변경하며 신화들을 자유롭게 다뤘지만, 그들은 그 문제가 제시한 내재적인 난점들을 완전히 극복할 수는 없었다. 아이스퀼로스와 소포클레스는 고풍의 이야기들을 심화하고 교화하는 데, 과거의 영향으로부터 인물들을 해방시키는 데 성공했다. 에우리피데스에서 그런 경향은 너무 커졌다. 소재의 조직은 무너진다. 낡은 세계와 새로운 세계는 찢어지고, 영웅들의 행동은 사물의 보다 낡은 질서에 속하고, 성격이 묘사된 인물들은 작가 자신이 속한 세대의 자식들이다.

성격을 묘사하면서 그리스 작가가 누리는 자유는 주제 선택에 의해 그렇게 제한되었다. 이에 덧붙여, 한 가지 점을 더 살펴보자. 보통 다뤄진 주제들은 그 윤곽이 단순했고, 주제들은 분명하고 방해가 되는 개인적인 사건들로부터 자유로웠다. 선택된 전설들에서 인간 삶을 지배하는 영원한 법칙들의 작동은 뚜렷이 식별될 수 있었다. 드라마의 인물들은 그에 상응하여 단순했다. 그들의 개성은 어떤 결정적인 행위의 순간에 작가의 직접적인 직관에 의해 포착되었다. 조그만 부분이 그들의 이력으로부터 잘려 나오고, 그것은 전형적인 측면들 중 하나에서 인간 삶을 예시했다. 작가이자 예언자였던 아이스퀼로스는, 『자비로운 여신들』에서처럼, 대립적인 원칙들 간의 ─초기 시대의 무자비한 복수와 정의를 달래는 자비 간의─ 갈등을 드라마 형태로 내놓는다. 또는 『결박된 프로메테우스』에서처럼, 그는 우리를 멀리 떨어진 과거로 데려가서, 두 적대자 간의 싸움을 묘사하는데, 다른 섭리의 대변자들인 이들 각각은 신이다. 그리고 그는 신성한 힘이 더는 지혜와 자비심으로부터 분리되지 않을 때인 미래의 조화를 암시한다. 소포클레스도 경쟁관계에 있는 원칙들을 충돌시킨다. 『안티고네』에서 신의 법과 인간의 법은 대립하고, 가족에 대한 종교적인 의무가 시민적 복종의 요구들을 극복한다. 『필록테테스』에서 자연스런 진실함의 본능들은 마침내 공공선을 위한 책략적인 허위에 맞서 이긴다.

그리스 비극은, 그것의 가장 특징적인 사례들에서, 인간의 재난에 관한 이야기일 뿐만은 아니다. 그것은 위대한 원칙들에 관한 극, 경쟁하는 도덕적 힘들 간의 투쟁이다. 주인공들 자신은 그러한 힘들이 구체적으로 구현된 사람들이다. 종교, 국가, 가족, 이것들은 그리스인에게 더 높은 지속적인 실재들이었고, 그들의 삶이 추구하는 이상적인 목적들이었다. 그러므로 그리스 드라마에서, 애국심, 아내나 누이의 헌신 등 가정과 국가 주변에 한 덩어리로 달려 있는 모든 기본적인 감정은 주로 행동을 재촉하고 자기희생의 열정을 불러내는 동기들이다. 적어도 초기 비극작가들에서는, 순수하게 개인적인 격정들은 그러한 비극 주인공들에게 좀처럼 생기를 주지 않는다. 그들은 내적 불화와 자기모순으로부터 벗어나 있다. 그들이 추구하는 목적들은 객관적이다. 그리고 그것들은 사회 유기체의 변치 않는 실재에 대한 믿음에 의거한다. 이로써 인물들은 보편적인 의미와 타당성을 얻는다. 그들은 자기 시대와 나라에만 속하지 않고, 인류와의 동질성을 주장할 수 있다.

근대의 드라마는 우리를 창작적 감정의 또 다른 세계로 인도한다. 보다 풍부하고 보다 다채로운 내적 삶이 열린다. 개성에 대한 지각이 깊어진다. 인간 본성의 특이성들마저 극작가에게 소재가 된다. 셰익스피어에서 성격은 무진장 다양한 모습을 띤다. 성격의 양상들은 항상 변하고 있고, 불화의 요소들이 만나고 섞인다. 모순들은 심리적 분석에 쉽게 굴복하지 않는다. 우리는 그 모순들을 설명하려고 시도하지만, 추상물들만을 다루고 있는 우리 자신을 발견한다. 개인들이 자신들의 이야기를 우리 앞에서 공연하고, 풍부한 유기적인 삶 속에서 보이기 전까지, 우리는 그들이 가능적이고 실제적인 창조물들이라는 점을 느끼지 못한다. 인간 본성에 있는 깊이들에 대한 확실한 발견은 윤리적 묘사가 지닌 주관적인 측면을 부각시키고, 삶을 보는 주관적인 방식들을 부각시켰다. 사랑, 명예, 야망, 질투는 근대 비극의 우세한 주제들이다. 그리고 이것들 중에서도 사랑은, 모든 격정 중 가장 배타적인 것으로서, 다른 모든 동기를 지배한다.

하지만, 셰익스피어는 인간의 주관적 개성을 심화하면서도 삶의 객관적 목적들, 그리고 이에 상응하는 성격 양상들을 시야에서 놓치지 않는다. 그러한 인간 경험의 두 측면 사이에서 그는 올바른 균형을 유지한다. 특수한 감정들에다 그는, 그리스인들이 했듯, 보편성의 도장을 찍는다. 또한 그는 드라마화한 행동이 개인 성격의 묘사에 보조적으로 되는 것을 허용하지 않는다. 이보다 덜 깊게 탐구했지만, 인간 본성의 깊숙한 곳들을 탐구하고 더 드물고 더 비정상적인 감정 상태들을 재생했던 다른 작가들은 인간에 관한 병리학적인 연구 이상을 해낼 수 없었다. 그리고 그러한 연구는 극작가에게 매혹적인 만큼 위험하기도 하다. 정말로, 성격과 동기에 관한 의식적인 분석은, 병적인 조건들에 관한 연구가 더해지지 않는 곳에서조차, 근대에 생산된 많은 드라마 작품의 효과를 훼손했다. 괴테는 그 모든 창작 재능에도 불구하고 그러한 위험을 이겨내지 못했다. 개인적인 감정을 매개로 삶을 살피는 그의 반성적인 감정적인 인물들은 좀처럼 비극적 행동을 수행하는 데 필요한 의지의 에너지를 갖지 못한다. 그들은 타인들의 입을 통해 기술된다. 그들은 견줄 데 없는 아름다움에 관한 서정적 발언에서 자신을 드러낸다. 그러나 그 결과, 셰익스피어가 우리에게 역사 드라마들을 제공할 법한 곳에서, 괴테는 드라마적 전기(傳記)들을 제공할 뿐이다. 그리고 일반적으로, 근대의 내성적인 습관, 성격에 대한 심리적인 관심은 많은 드라마적 서정시를 생산했지만, 드라마는 드물게 생산했다.

개인 묘사를 더욱더 강조하는 모습은 또한 성장하는 성격을 연속적인 전개 단계 각각에서 드러내려는 로맨스 드라마의 경향에서 볼 수 있다. 그리스 비극은 주인공의 삶으로부터 몇 가지 의미 있는 장면을 선택한다. 그리고 이것들은 인과의 사슬에 의해 묶이고 단일한 인상적인 행동을 구성한다. 근대인들이 극 자체에 포함할 법한 많은 부분은 그러한 드라마 바깥에 놓이고, 행동에 앞서 그것을 설명하기 위해 필요한 상황들의 기반을 이룬다. 그리스 드라마의 전체 행동은 빈번히 근대극에서는 클라이맥스만을 이룰 것이다. 네 개의 드라마를 하루에 공연하는 그리스의 관행은 자연스럽게 극 각각의 길이에, 그리고 행동의 범위에 한계를 설정했다. 로맨스 드라마는 보다 포괄적인 재현에 목표를 두었다. 하나의 극이 그 범위와 영역에서 3부작의 크기에 가까웠다. 필립 시드니(P. Sidney) 경은 수년 동안에 일어난 일들을 몇 시간으로 압축하기 위해 시간을 재촉하는 빨라진 보조(步調)를 점잖게 비웃는다. "이제 그들은 시간을 더욱 아끼지 않는다. 왜냐하면 두 젊은 왕가의 자녀가 사랑에 빠지는 일은 흔하기 때문이다. 많은 난관을 거친 뒤, 그녀는 아이를 갖고, 아름다운 소년을 낳고, 그는 행방불명이 되고, 성인으로 자라고, 사랑에 빠지고, 다른 아이를 낳을 준비가 되고, 이 모든 것이 두 시간의 간격에 이루어진다."

　근대의 비극에서 드라마 주제는 빈번히 확대되어, 한 가지 행위가 마음속에 싹으로서 잠들고 있는 순간부터 그것이 행동으로 무르익고 전개되어 그 모든 결과가 나올 때까지, 그 전체 과정이 추적될 수 있을 정도가 된다. 행동이 포함하는 시기가 넓혀지고 외부 세계와의 관계가 보다 복잡해질 때, 인물들은 당연히 새로운 방향들로 발전하고 본질적인 변화들을 겪는다. 여기에서 더 넓은 범위가 드라마적 묘사를 위해 열렸다. 그것은 물론 전에 시도되지 않은 예술 영역은 아니었다. 그리스인들은 성격을, 플롯에 의해 형성되고 외부의 압력 하에 또는 내부로부터 작동하는 충동들에 의해 전개되는 것으로서 제시했다. 정말로, 모든 드라마는, 일정 정도, 외부 세계와 내부 세계를 지배하는 힘들의 작용과 반작용을 보여주어야 한다. 감정이 하나의 행위로 굳어지는 과정은 행위자의 마음에 그 흔적을 남길 수밖에 없다. 안티고네는 아주 긴장된 감정으로부터 자연스런 반발을 겪는다. 네오프톨레모스는, 변화를 통해 그가 한순간 잃었던 자신의 진정한 자아로 되돌아갈 뿐이지만, 행동의 과정 중에 변화된 인물이 된다. 프로메테우스조차도, 그의 확고부동함은 기품 있지만, 어떤 의미에서 그의 앞을 지나가는 개인들과 장면들에 의해 영향을 받는다. 처음부터 정복할 수 없는 것이었던 그의 의지는 마지막에 한층 더 반항적인 어조로 자신을 드러낸다.

　이 모든 사례에서 우리는 변화 과정에 있는 성격을 본다. 요컨대, 드라마 법칙들에 따라 어떤 행동이 발생하고 발전하는 곳에서, 성격은, 아니면 적어도 감정은, 그 행동과 일치하여 움직여야 한다. 그러나 성격의 발생과 움직임이 행동의 진행을 따라가는 정도는 아주 다양하다. 고대의 무대는 우리가 예를 들어, 맥베스에서 갖는 것과 같은 성격-전개의 완벽한 사례를 우리에게 제공하지 않는다. 그러한 전개 과정을 따라가는 일, 한 인간의 이력을 결정짓는 순간에 동석하는 일, 격정이 점점 분명해지고 의도가 형성되는 모습을 지켜보는 일, 그리고 최후의 순간까지 행위를 추적하는 일은 근대인들에 특별한 기쁨이다. 우리는 한 인간이 누구인지를, 어떻게 그가 그런 사람이 되었는지를 알길 바랄 뿐만 아니라, 그런 과

정의 각 단계를, 연쇄의 고리를 하나하나 보길 바란다. 그리고 드라마가 움직이는 단계적인 과정이 원래 인물 안에 완전한 변화를 일궈 놓았다는 점을 발견할 때, 우리는 더욱더 흥미를 갖는다. 이러한 의미에서 우리는 근대의 드라마가 성격 묘사를 새롭고 더 강하게 부각시켰다는 점을 인정할 수 있다.

그러나 우리가 근대의 드라마가 겪었던 모든 부차적인 구조적 변화를 고려했을 때, 우리가 한층 더 복잡한 정도의 플롯, 더욱 현저하게 된 성격의 주관적인 개인적인 측면들, 더욱 관심을 갖게 된 성격의 전개와 다양한 발전을 참작했을 때, 플롯과 성격은 그 본질적인 관계에서 아리스토텔레스가 『창작술』에서 개략하고 그것들이 그리스 무대에서 부여받은 위치를 여전히 갖는다. 플롯은 예술적으로 드라마의 첫째 필요조건이다. 왜냐하면 드라마는, 그것의 진정한 개념에서, 정해진 결말로 집중되는 노선들을 지닌 완결된 유형적인 행동에 대한 창작적 재현이기 때문이다. 그리고 그 재현은 행동과 성격이 각기 상대의 결과인 방식으로 인간 감정과 인간 의지로부터 전개된다.

***

그리스인들이 발견한 드라마의 예술적 원칙

그러한 드라마는 그리스의 창작물이었다. 아마도 그리스의 창자물 중 가장 위대한 것일 테다. 서사시 창작과 서정시 창작은 도처에서 독립적으로 일어났다. 드라마적 광경들은, 종교적이든 세속적이든, 모든 나라에서 문명의 모든 시기에서 발견된다. 『욥기(記)』와 같은 드라마적 서사시들과 『솔로몬의 노래』와 같은 드라마적 서정시들은 우리가 구약 성서에서 만나는 저술 형태에 속한다. 그리스 드라마의 초창기를 연상시키는 구성 요소를 지닌 서정적 드라마들은 중국과 일본에도 존재했다. 인도는 드라마로 통할 방대한 시들을 산출했다. 하지만 이 시들은 행동의 단일성을, 고유한 의미의 드라마가 함축하는 정신적 자유를 결한다. 그리스 드라마는 결코 이전에 완전하게 혼합되지 못했던 이 두 가지 요소의 조화로운 융합이다. 서정시에 근원을 두고 소재 면에서는 서사시적인 그것은 격렬한 감정의 표현이자 행동에 관한 이야기이다. 그것은 감정을 구현하지만, 이 감정은 차차 의지로 변하고 결국 행위들이 된다. 만일 감정에 대한 서정적인 발언이 그리스 비극에서 ―근원적인 요소였듯이― 주도적인 요소로 남았더라면, 비극적 드라마를 창작하는 일은 다른 어떤 민족에게 남겨졌을 것이다. 사실이 그렇듯, 그리스인들은 비극의 독특한 형태를, 그리고 그 구조에 관한 예술적 원칙을 불변의 상태로 정립했다.

10

희극의 일반화 능력

'이상화하다'라는 말의 의미.
어떤 의미에서 비극과 희극은 각각 삶을 이상화하는가

　아리스토텔레스에 따라, 우리는 창작이 인간 삶에 든 보편적인 요소에 대한 표현이라고 말한다. 또는 근대적인 동의어로 표현하자면, 창작은 삶을 이상화한다. 그런데, '이상화하다'라는 말의 의미는 두 가지여서, 얼마간 혼란을 일으켰다. 미학 저술가들은 일반적으로 그 말로써 대상을 그것의 영속적인 본질적인 양상에서, 그것의 참된 이상에 상응하는 형태로 ― 개별성에 붙은 한때의 우연성들로부터, 그리고 유형을 흐리는 방해적인 영향들로부터 벗어나 ― 재현한다는 것을 의미한다. 지엽적이거나 일시적인 것은 생략되든지, 아니면 종속적인 등급으로 분류된다. 특수한 것은 인간적인 것, 보편적인 것으로 넓혀질 때까지 확대된다. 이러한 의미에서 '이상적인 것'은 『창작술』에 나오는 '보편적인 것'이다. 그러나 그 말에는 더 대중적인 쓰임을 가진 또 다른 의미가 있다. 이 의미에 따르자면, 이상화된 재현은 이념의 표명 속에 방해적인 영향들이 없음을 함축할 뿐만 아니라 아름다운 것을 적극적으로 취득함을 함축한다. 대상은 어떤 행복한 특유의 순간에 포착된다. 그것이 지닌 우아함이나 힘의 선들은 보다 더 확고하게 그려지고, 그것의 아름다움은 고양되고, 그것의 중요성은 증가되지만, 원본에 대한 유사성은 존속된다. 그 단어의 두 가지 의미는 보다 높은 수준의 예술 영역들에서 서로 부합한다. 예술적 재현의 주제가 이미 그 자체로 웅대함이나 존엄함을 지닐 때, 그것의 지배적인 특징들은 부수적인 특징들을 억제함으로써 보다 두드러지게 될 것이다. 그리고 그 결과로서 일어나는 이상적인 형태는 아름다움의 요소들을 추가할 것이다. 비극에서 주인공들은, 인간의 본성에 충실하면서도, 수준과 기품 면에서 보통 사람보다 두드러진다. 이는 초상화가의 기술에 의해 실물과 유사한 것이 재생되면서도 이상화되는 것과도 마찬가지이다.[01] 우연적인 것을 제거하는 바로 그 행동에서, 실제 세계에 나타났던 것보다 보다 높은 수준의 미와 완전함이 발견된다. 따라서 비극은 주인공들의 모습에서 두 종류의 이상화를 결합한다. 그것은 보편화하고, 그럼으로써 미화한다.

이상화된 묘사는, 이미 주목했듯이,[02] 흠 없는 미덕을 지닌 인물들을 제시하는 데에 있지 않다. 아리스토텔레스의 비극 주인공은, 『창작술』13장에서 윤곽을 그렸듯이, 결코 결함이나 실패로부터 벗어나 있지 않다. 또한, 결점에도 불구하고 그를 이상적인 인물의 반열에 올리는 도덕적 기품을 지닌 아킬레우스의 사례는 창작적 성격 유형으로서, 아리스토텔레스가 이해한 이상화 과정이 모든 결점을 빠뜨리는 것을 함축하지 않는다는 점을 보여준다.[03] 일반적으로, 어떤 특정한 성질이나 일련의 성질들이 부각되어야 한다고 말할 수 있다. 어떤 위풍당당한 능력은, 그걸 과장함으로써 유형적인

---

01 『창작술』15장 1454b 10-11: "초상화가들은 실물에 고유한 형태를 재현할 때 실물과 비슷하게(homoious) 창작하면서도 실물보다 더 아름답게 그린다."

02 이 책의 5장 146쪽.

03 『창작술』15장 1454b 8-15.

인간 존재를 구성하는 성격의 균형에 방해되지 않는다면, 과장되어야 한다. 이상적인 것은 하찮고 우연한 것을 넘어선다. 대상의 진정한 이상에 상응하는 보편적 요소 덕분에, 그것은 개별적인 것의 한계를 초월한다. 악한이 주인공의 자리를 차지할 수는 없지만, 사악한 인물들조차도 아리스토텔레스의 이론에서 비극으로부터 전적으로 배제되지는 않는다.[04] 소포클레스의 것으로 알려진 말(autos men hoious dei poiein, Euripidēn de hoioi eisi)은 그것에 가끔 부여되는 해석, 즉 소포클레스의 인물들은 영웅적인 선함의 유형들인 반면, 에우리피데스의 인물들은 실생활의 남녀라는 해석의 의미를 갖지 않는다.[05] 그 말의 의미는 다음과 같다. 소포클레스의 인물들은 더 높

---

04 이 책의 5장 141쪽과 8장 239쪽.

05 『창작술』 25장 1460b 33-36: "게다가, 그린 바가 사실이 아니라는 비난을 어떤 작가가 받는다면, 그는 아마도 '해야 하는 대로'(hōs dei) 그렸다고 답변할 수 있을 것이다. 또한 소포클레스가 자신은 사람들을 '있어야 하는 대로(이상적으로, hoious dei)' 그렸다고 말한 것처럼, 아니면 에우리피데스가 '있는 대로'(사실적으로, hoioi eisin) 그렸다고 말한 것처럼, 비난을 해결해야 할 것이다." '자신은 사람들을 있어야 하는 대로 그렸다'(autos men hoious dei poiein)는 구절을 그대로 옮기는 데 얼마간 문제가 있다. 팔렌과 대부분의 편집자들은 '사람들을 …야 하는 대로'(hoious dei)에 '있다'(einai)가 생략된 것으로 보고, '사람들을 있어야 하는 대로'로 해석하지만, 엄밀하게 문법적으로 따지면 '재현하다 또는 그리다'(poiein)와 연결시켜 '작가가 사람들을 재현해야 하는 대로' 또는 '사람들을 그들이 그려져야 하는 대로'로 이해해야 한다. 1판(1895)에서 나는 이 후자의 견해에 기울었다.

그러나 전반적인 문맥과 25장의 같은 표현들(1460b 11: '그것들을 있어야 하는 대로', b 34: '…야 하는 대로', b 37: '더 나은 것', 1461b 10: '더 나은 것으로'는 전자의 해석을 강하게 지시한다. 더 나아가 이 해석을 지지해 주는 점은 (R. C. Seaton, On Aristotle's *Poetics* c. 25, in: *Classical Review* 11, 1897, 300-02쪽에 바로 주목되어 있듯이) 소포클레스에 대한 말이 그럼으로써 덜 거만한 형태로 표

은 드라마적 요구사항을 충족시킨다. 그들은 보편적인 인간 본성을, 이 본성의 보다 깊은 지속적인 양상에서, 대표한다. 그들은 이상적이지만, 이상적으로 인간적이다. 반면, 에우리피데스는 개인 특유의 성질들을, 일상적 현실의 하찮은 특징들을 재생했다.

'이상화한다'는 말의 두 가지 의미가 서로 만나고 근본적으로 같은 것을 말한다는 이유로, 그 두 의미를 구분하는 것에 대해 반대가 있을 수 있다. 한 대상이 비-본질적인 점들에서 벗어나고 보편적인 형태를 수용하는 한에서, 그것은 완전한 미의 모습으로 두드러질 것이라는 주장이 성립할 수 있다. 왜냐하면 모든 추함, 모든 불완전, 모든 악 자체는 본성에 속한 우연이자, 사물들이 자신들에 속한 진정한 이상에 도달하지 못하게 교란하는 방해물이기 때문이다. 보편적인 것을 재현한다는 것은, 그렇듯 궁극적으로 분석해 보면, 대상이 예술적 법칙들에 따라 옷을 입을 수 있는 가장 고상하고도 가장 아름다운 형태로 그 대상을 재현한다는 것을 함축한다. 어리석은 행위들과 흠들, 인간의 결점들과 불완전한 점들과 관계하는 희극은 그러한 추리에 의하면 그 대상을 이상화하거나 보편화

현된다는 점이다. 이러한 견해를 받아들여, 우리는 창작에서의 이상을 지시하기 위해 아리스토텔레스가 간결하게 문법을 경시하고 hoious dei를(그리고 이와 비슷하게 1460b 34의 〈hōs〉 dei를) 일종의 생략된 표현으로 사용했다고 설명해야 한다.

'있다'(einai)가 '…야 한다'(dei)와 연결되어 이해되어야 하더라도, '…야 한다'는 여전히 도덕적인 '당위'가 아니라 미적인 의무의 '당위'일 것이다. 하지만 이전에 보았듯이, 『창작술』에서 성격의 미적 이상은 완전한 도덕성은 아니더라도 높은 도덕성을 함축한다.

할 수 없다.

그런데, 악이나 불완전함은 우주의 필연적인 궁극적인 요소인 것으로 입증될 수도 있고 안 될 수도 있다. 그것은 철학이 따질 점이지, 예술이 수용할 점은 아니다. 예술은 인간 삶에 대한 포괄적인 그림을 제공하길 추구할 때, 그러한 결점들을 인간의 정상적인 소질에 속하는 것으로서 수용해야 한다. 정확히 어떤 점에서 불완전한 점들이 우연한 것, 비정상적인 것, 불규칙적인 것으로 간주되어야 할지, 그것들이 예술에서 꾸준한 구현을 받을 값어치가 없을 정도로 유형에서 눈에 띄게 벗어난 것으로서 간주되어야 할지의 문제에 대한 대답은 역사의 각 단계마다 다르고, 해당되는 특정 예술에 맞춰 다양한 적용을 허용할 것이다. 하지만 아마도 일정한 불완전한 점들은 항상 우리에게 공통된 인간성의 영속적인 특징들로 간주될 것이다. 이러한 결점들을 희극은 즐기면서, 삶과 성격의 근저에 놓인 불일치점들을 발견한다. 그리고 그것은 악을 그것의 본질적인 본성의 상태에서 제시하지 않고, 증오할 것이 아닌 웃어야 할 것으로서 제시한다. 이렇게 시야를 제한함으로써, 희극은 진지한 예술, 즉 비극에서는 자리를 찾아보기 힘든 일정 유형의 성격들에 예술적 표현을 제공한다.

더 나아가, 개인의 성격은, 그것만 보았을 때, 드라마에서 그것이 차지하는 위치에서 볼 때와 다르다는 점을 잊어서는 안 된다. 보편화된 성격은, 따로 보았을 때, 여전히 '추할' 수 있지만, 그것은 전체의 미에 공헌할 수 있다. 그런 의미에서 우리는 일종의 추상 작용에 의해 그것을 '추하다'고 계속 말할 수 있다. 아니면 달리 표현해서, 악은 그 본질적인 성격에서 볼 때 추할 수 있지만, 희극의 행위에서 무가치하고 우스운 것으로 보일 때, 더는 추하지 않다. 그것은 어떤 사실에 든 한 가지 아름다운 요소이다.

아리스토텔레스는 비극에 고유한 보편성과 희극에 고유한 보편성을 각기 따로 구별하지 않는다. 그것들 각각은, 창작 예술의 한 분야로서, 개별적인 것보다는 유형을 구현하고, 이런 한에서 그것들은 같은 기능을 갖는다.

❧

우스운 것이 주는 쾌감에 대한
플라톤과 아리스토텔레스의 설명

기원전 5세기의 아테네인은 희극을 창작적 일반화의 사례로서 꼽기 힘들었을 것이다. 옛 아티카 희극에서 개인 풍자를 크게 혼합한 경우는 오히려 희극적 웃음의 주성분이 타인의 좌절에 의해 제공된 악의적 쾌감이라는 견해를 시사했을 것이다. 그리고 실제로 플라톤(Platon)은, 『필레보스』에서[06] 희극에 의해 자극된 감정에 관해 제시한 정교한 분석을 통해, 어느 정도 그러한 가정 아래에서 논의를 진행한다. 그는 우스운 것이 주는 쾌감이 다른 사람의 불운을 보는 일로부터 솟아난다고 말한다. 하지만 이 불운은 남에게 해를 줄 수 없는 일종의 자기-무지이다. 일정한 악의가 여기에서 희

---

06 『필레보스』 48-50.

극적 즐거움의 본질에 속한다. 이것이 부적합하더라도, 우스운 것에 관한 완전한 설명으로 받아들여진다면, 그것은 우스운 것을 예술적으로 재현하는 주요 방식들 중 몇 가지에 대한 심오한 통찰을 보여준다. 플라톤은 선구적이면서도, 홉스(T. Hobbes)보다 더 깊이 나간다. 잘 알려진 홉스의 말은 여기에서 되새길 만하다. "웃음의 격정은 갑작스런 기쁨일 뿐이다. 그것은 우리의 허약함을 타인의 것과 또는 우리 자신이 이전에 가졌던 것과 비교함으로써, 우리 자신 안에 있는 어떤 탁월함을 갑작스레 파악하는 상황으로부터 일어난다."

악의적인 요소를 그 안에 담고 어떤 의미에서 타인의 굴욕을 함축하는 웃음은 우스운 것에 관한 아리스토텔레스의 생각을 충족시키지 못한다. 『창작술』에서 그가 내린 정의는 플라톤이 수행했던 것보다 한 걸음 더 나아간 분석을 보여준다. 그는 다음과 같이 말한다. "우스운 것(to geloion)은 고통을 주거나 파멸시키지 않는 일종의 실수 또는 추함이다. 가까운 예를 들자면, 희극의 가면은 추하고 뒤틀렸지만 고통을 주지 않는다."[07] 웃음의 대상에게 ―아니면 공감적으로 웃음의 주체에게 ― "고통을 주거나 파멸시키지 않는다"는 말은 지금 논의되고 있는 개념에 주목할 만한 공헌을 한다. 보다 더 중요한 점은 본질적인 성분인 것으로 플라톤에게 생각되었던 악의가 빠진다는 점이다.

따라서 순수한 우스운 것이 주는 쾌감은, 오늘날 어떤 사람들이

---

07 『창작술』 5장 1449a 33-36.

우리에게 말하듯, 가해진 고통에 대해 원시인이 무관심하게 느끼는 기쁨에 의해 설명되어서는 안 된다. 그 쾌감의 본질은 문명에 의해 약해지기도 했지만 궁극적으로는 일종의 조야한 웃음으로 귀착하는 악의적인 만족감에 놓여 있지 않다. 좋은 농담은 실제로, 악의로써 그것의 간을 맞춘다면, 조금 더 신랄해진다. 그러나 악의가 없어도 웃음은 유발될 수 있다. 그리고 아리스토텔레스에 따르면, 웃음을 유발하는 성질은 일정한 '추함', '결점', '흉함'이다. 일차적으로 신체적인 추함, 불균형, 비대칭에 적용될 수 있는 그 말들은 인간 본성의 약점, 어리석음, 허약성을 포함하고, 이는 그보다 더 심각한 악덕이나 범죄와는 구별될 것이다. 더 나아가, 아리스토텔레스의 미 개념에 들어오는 요소들을 고려해 볼 때, 삶의 부조화, 불합리, 엇갈린 의도, 실책, 불화, 불완전한 소통과 조정을 ―게다가 도덕적인 문제뿐만 아니라 지적인 문제에서― 포함하도록 그 표현의 의미를 확대하더라도, 우리는 그것의 의미를 부당하게 왜곡하지 않을 것이다.

　아리스토텔레스의 정의는 정말이지 아직 정확성도 떨어진다. 왜냐하면 우스운 것은 항상 부조화적인 것이지만, 부조화적인 것은 (여기에서처럼 제한되더라도) 항상 우스운 것은 아니기 때문이다. 부조화는 우스운 것이려면, 비슷하지 않음이 있었던 곳에서 예기치 못한 비슷함을 발견하거나, 비슷함이 있었던 곳에서 예기치 못한 비슷하지 않음을 발견하는 데로 귀착하는 전이(轉移), 분위기의 변화가 필요하다. 거기에는 항상 대조된 감정의 혼합이 있다. 그래서 우스운 것이 주는 쾌감은 아프지 않은 부조화를 보고 놀란 충격으로부터 발생한다. 그것은 때로는 악의와 때로는 공감과 연합하고, 때로는 이 둘과 떨어져 있기도 한다. 하지만 우리의 현재 목적을 위해서는, 아리스토텔레스의 정의는 전혀 완전하지 않지만, 그것은 부조화의 지각에 의해 일깨워지는, 그리고 악의적이거나 의기양양한 웃음을 유발하지 않는, 순수한 우스운 것을 인지한 장점을 지닌다는 사실을 주목하는 것으로 충분하다. 그 정의는 그가 개인 풍자와 화나게 하는 익살을 진정한 희극으로부터 배제한다는 점과, 그리고 창작의 일반화 능력에 관한 그의 이론과 잘 조화된다.

❧

아리스토텔레스는 희극을 창작이 지닌 일반화 능력의 사례로 선택한다

실제로, 아리스토텔레스는 그가 보편적인 것의 재현으로써 의미하는 바를 두드러지게 예시하는 사례로 희극을 선택한다.[08] 내가

---

08 『창작술』9장 1451b 9-15: "창작은 인물들에다 이름을 붙일 때 이러한 보편성(to katholou)을 목표로 삼는다. … 희극(kōmōdia)에서 이 점은 이미 분명하다. 왜냐하면 여기에서 작가는 먼저 개연성에 의거해 플롯을 구성한 다음에 특정적인 이름들이 삽입되기 때문이다. 그리고 이것은 풍자작가들이 특정 개인들에 대해 작품을 쓰던 것과 다른 방식이다."

나는 필사본들의 '그렇게 임의의 것들'(houtō ta tychonta) 대신 '임의의 것들이 아닌'(ou ē ouchi ta tychonta)을 추정하여 텍스트에 넣으려고 시도했다. "플롯이 먼저 구성된다. 그다음에 특징적인 또는 적합한 이름들이 인물들에 붙는다"(ou ta tychonta의 용법에 대해서는 『창작술』7장 1450b 37, 26장 1462b 13, 『정치학』8권 5장 1339b 32: '임의의 쾌감이 아닌' 참조). '그렇게'(houtō) 대신 부정어

그를 올바로 이해하고 있다면, 그는 역사적인 인명들의 사용을 버

('nequaquam', D. Margoliouth)를 가진 아랍어판은 나의 수정을 지지한다. 9장 1451a 36에서도 비슷한 실수로 인해 필사본 A°는 houtō로 되어 있지만, 이후 필사본들의 ou to가 맞다.

이렇게 수정해 볼 때, 그 구절에 담긴 내용은 다음과 같을 것이다. "인물들에게 이름을 붙일 때, 즉 역사상의 이름들(genomena onomata)을 채택하는 대신 직접 창안한 이름들(1451b 20: pepoiēmena)을 그들에게 부여할 때, 창작이 목표로 삼는 것은 이러한 보편성이다. 그런 경우 이름들은 의미가 있다. 그것들은 인물이 개인이 아닌 유형이라는 점을 지시한다. 이러한 일반화의 경향은, 비극에서는 좌절되었지만, 희극의 전개에서 분명해졌다." 플라톤은 『크라튈로스』 392-395에서 이보다 더 나아간다. 어원들을 기발하게 나열하면서, 그는 다양한 비극 영웅의 이름이 이들의 성격이나 운명과 맺는 내적 상응관계를 발견했다고 공언한다.

'이 점은 이미 분명하다'(ēdē touto dēlon gegonen)란 말에서 그때가 아리스토텔레스 당대의 희극을 가리키는지, 아니면 이전에 전개된 모든 희극 형태를 포함하는 의미인지 아주 분명하지는 않다. 풍자작가들(hoi iambopoioi, 5장 1449b 7-8 참조: "크라테스는 … 풍자 형식을 버리고")의 관행과 새로운 경향 간의 대조는 후자의 넓은 쪽을 가리킨다. 희극이 풍자 단계를 지났으므로, 일반화로의 움직임이 가시화되었다고 본다.

그리스 희극의 의미 있는 이름들은 최소한 두 부류로 나뉜다.

① 어원적으로 의미 있는 이름들: 아리스토파네스의 희극에 나오는 디카이오폴리스, 에우엘피데스, 페이테타이로스, 페이디피데스. 이 이름들은 '풍자 형식'(iambikē idea)의 잔재인 (소크라테스, 클레온 등의) 실명들과 나란히 공존한다. 이를 본보기 삼아 아마도 플라우투스는 봄보마키데스, 폴뤼마카이로플라기데스, 퓌르고폴뤼네이케스(또한 디필로스의 작품에 나오는 하이레시스테이케스 참조) 등의 이름을 만들었을 것이다. 이보다는 더 단조롭지만 여전히 같은 종류에 속하는 것들은 메난드로스의 작품에 나오는 우연한 병사들의 이름들, 즉 『미움받는 남자』의 트라소니데스, 『아첨꾼』의 비아스, 『삭발 당한 여인』의 폴레몬, 그리고 트라쉴레온이다.

② 관례상 일정한 부분들에 적합한 이름들로서 직업 또는 지위를 명시하는 이름들: 예를 들어, 크산티아스, 마나스(아리스토파네스뿐만 아니라 페레크라테스와 알렉시스에도 등장), 퓌리아스, 마니아, 모든 노예의 이름. 이와 비슷하게 플라우투스에서도, 필레마티움, 클뤼케리움, 팔라이스트라 등의 많은 매춘부(meretrices) 이름들은 꽤 확실하게 신 희극의 작가들로부터 유래한다. 그

리고 성격이나 직업이나 '기질'을 암시하는 이름들을 수용하는 희극의 경향을 지적하고 있다. 그것은, 그가 말하듯, 창작이 보편적인 것을 표현하기 위해 행한 노력의 일부였다. 이름은 개인이 속한

러한 이름들은, 아테나이오스로부터 판단하건대(xiii. 583D 이하), 일상생활에서 사용된 것들이었다. 다시, 플라우투스와 테렌티우스는 노인들(senes)의 이름으로 크레메스, 칼리데메스, 크라티누스, 데미포 등을 사용하고, 젊은이들(adulescentes)의 이름으로 카리누스, 팜필루스를 사용하는 데 동의한다.

플라우투스의 작품에서는 어원상 의미가 있고 대부분 적합한 수많은 이름들이 의미가 없는 이름들을 수적으로 능가한다. 테렌티우스에서는 그 비중이 반대다. 플라우투스와 테렌티우스의 용례로부터 그리스의 근원으로 되돌아가 주장할 때에는 세심한 주의가 요구된다. 예를 들어, 플라우투스의 작품에 그리스어의 인상을 풍기는 이름이 500개 정도 있지만(H. Rassow, *De Plauti substantivis*, Leipizig 1881), 많은 경우 잡종으로 만들어진 것이다. 테렌티우스의 작품에 나오는 이름들은 대부분 아티카 이름들이라 할 만한 것들이고, 신 희극의 평범한 인물들과 아마도 다소간 연결되어 있었다. 불행하게도, 아티카 (중기 및 신) 희극의 조각글들은 우리가 결론을 내리기에 충분한 이름들을 우리에게 제공하지 못한다. 메난드로스의 『농부』는, 테렌티우스의 작품에서는 다오스와 쉬로스가 우리에게 친숙한 평범한 노예 이름들이긴 하지만, 인물들에 어원적으로 적합한 이름들을 담고 있지 않다.

테렌티우스의 『형제들』에 대한 도나투스의 설명에 나오는 다음 구절은 앞에서 언급한 첫 번째 부류의 '임의적인 이름이 아닌 것들'을 예시한다. "인물들의 이름은, 적어도 희극들에서는, 근거(ratio)와 어원(etymologia)을 가져야 한다. 왜냐하면 희극작가가 노골적으로 내용을 날조하는 행위, 인물에 부적합한 이름이나 이름과 상반된 일을 부여하는 행위는 합당하지 않기 때문이다."

『창작술』 9장에서 필사본들의 독법을 그대로 둘 경우, 그 구절의 의미는 다음과 같을 것이다. "희극의 경우, 이 점은 이미 분명하다. 작가들은 … 먼저 플롯을 구성한다. 그리고 그런 다음에야 수중에 처음 들어오는 이름들을 인물들에 붙인다"('역사상의 또는 기존의 이름들'에 대립된 '임의의 이름들'). 이름들은 아무렇게나 주어진다. 그것들은 초기의 희극과 비극에서처럼 어떤 역사상 인물에 묶여 있지 않다. 어떤 알려진 개인과 연결된 채로 제한되어 있지 않다. 그리고 이 사실은 행동의 일반성을 내놓는 데 기여한다. 이 해석에서 임의의 것들과 보편적인 것(katholou)의 연결은 불가능하지는 않지만 다소 억지스럽다.

유형이 인지될 수 있도록 들릴 필요가 있었다. 신 희극에서와 아주 동일한 방식으로, 촌뜨기, 식객 등의 유형들이 친숙한 가면을 통해 무대 위에 알려져 있었다. 그리고 인물들의 이름뿐만 아니라, 중기 희극작가들에 의해 작성된 극들의 현존 제목도 일반화를 향한 노력을 마찬가지로 함축한다는 점을 덧붙일 수 있을 것이다. 그것들은 우리에게 테오프라스토스의 성격 묘사를 생각나게 한다. '투덜이'(ho Dyskolos), '트집쟁이'(ho Mempsimoiros), '참견이'(ho Polypramōn), '촌뜨기'(ho Agroikos), '외톨이'(ho Monotropos)가 그러한 것들이다. 다른 것들은 '권투선수'(ho Pyktēs), '전차몰이꾼'(ho Hēniochos), '병사'(ho Stratiōtēs), '화가'(ho Zōgraphos)처럼 직업이나 하는 일의 이름을 지닌다. 그리고 다른 것들은 '테살리아인들', '테바이인들', '코린토스인들'처럼 지역에 따라 불리고, 적어도 부수적으로는, 지역적 특색을 생생하게 전달하거나 풍자하는 것으로 받아들여질 수 있다.

여러 곳에서, 아리스토텔레스는 (i) 인간의 결함과 약점을 장난스럽게 건드리는 고유한 의미의 희극과 (ii) 개인 풍자 형식(hē iambikē idea)[09] 또는 독설(loidoria) 간의 구별을 지적한다. 이 극작의 한 종류는 보편적인 것의 재현이고, 다른 하나의 종류는 특수한 것의 재현이다. 그는 아리스토파네스를 이러한 맥락에서 명시적으로 언급하지는 않는다. 그러나 『니코마코스 윤리학』에서, 아테네의 정치적인 구(舊) 희극[기원전 5세기. 역자]은 섬세한 풍자(hyponoia) 대신 거친 말이나 욕설(aischrologia)을 사용하는 것으로서 중기 희극과 대

---

09 『창작술』 5장 1449b 4-9.

조된다.[10] 아리스토텔레스 자신은 분명히 개인적인 면모가 삭제되고 창작의 근본 법칙들과 일치하는 일반화된 성격 유형들을 제시하는 희극을 선호한다.

아리스토텔레스가 아리스토파네스의 재능과 상상력을 얼마나 파악했는지는 의문이다. 아리스토파네스의 드라마에 등장하는 인물들이 단순히 역사상의 개인들이고, 이들이 가차 없는 풍자의 대상이 되는 것으로 생각한다면, 그것은 공정한 판단이 아니다. 소크라테스, 클레온, 에우리피데스는 철학, 정치, 창작에서 일정한 움직임을 대표하는 유형들이다. 이것들에 역사적으로 유명한 이름들이 붙어 있다. 몇몇 명백한 특징들은 잘 알려진 인물들을 떠올리도록 차용된다. 그러나 드라마 인물들은 어떤 의미에서도 우리가 역사에서 알고 있는 사람들이 아니다. 그 인물들이 지닌 창작적 진리는 그저 그들이 지닌 전형적인 성질로부터 유래할 뿐이다. 실제로, 삶이나 성격에 대한 충실한 묘사를 시도하는 일은 아리스토파네스의 방식이 아니다. 그의 상상력은 추상적인 것을 구체화함으로써 작동한다. 뚜렷한 의인화에 대한 그의 애착은 부분적으로 그리스 무대의 선배작가들로부터 물려받은 것이다. 크라티노스[그리

---

10 『니코마코스 윤리학』 4권 8장 1128a 22-24: "우리는 이 점을 옛날의 희극과 요즈음의 희극에서도 볼 수 있을 것이다. 앞의 작가들에서는 추잡한 말(aischrologia)이 웃음을 주는 것이었지만, 뒤의 작가들에서는 넌지시 비꼼(hyponoia)이 더 웃음을 주는 것이었다." J. A. Cramer, *Anecdota Graeca*, Oxford 1839, 『희극에 관하여』 조각글 참조: "희극은 독설과 다르다. 독설은 숨김없이 기존의 악들을 낱낱이 훑지만, 희극은 이른바 암시(emphasis)가 필요하기 때문이다"(여기에서 emphasis는 아리스토텔레스의 hyponoia와 같다).

스 희극작가, 기원전 5세기. 역자]는 **법률들**(Nomoi)과 **부들**(Ploutoi)을 코러스로 도입했다. 그러나 아리스토파네스는 한 걸음 더 나아간다. 그는 구체화된 관념들을 충분히 생각한 것으로 보인다. 그는 바른 말과 그른 말을 의인화하고, 그것들을 법정의 소송인들로서 우리 앞에 데려온다. 그는 '구름 속에 있는' 철학자, 말벌 같은 기질의 재판관들, 공허한 희망을 지닌 인간과 같은 비유를 구체화한다. 이 같은 정신 성향은 시대의 세력들과 경향들에 구체적인 형태를 부여하고, 그것들을 실제 인물에다 구현하는 곳으로 그를 인도한다. 아리스토파네스의 극은 드라마화한 논쟁(agōn)이다. 그곳에서 개인들은 대립되는 원칙들을 대변한다. 왜냐하면 형태로 볼 때 극은 항상 싸움이 —비록 이것이 모의 싸움일 수 있을지라도— 일어나기 때문이다. 그러한 원칙들은 충돌되고, 그것들이 지닌 가장 비이성적인 결론들에 이르기까지 가공된다. 그리고 그 부분들의 정합성은, 더군다나 성격의 적합성은 거의 주목되지 않는다. 아리스토파네스의 희극은, 현실의 조건들이 무시되는 세계로 실제 인물들을 옮겨놓음으로써, 인물들로부터 아주 개별적인 특징적인 모든 점을 벗겨낸다. 그리고 그들에게 부류의 속성들을 입히거나 그들을 한 개념의 대표자로 만든다.

중기 희극[기원전 404~321년. 역자]에서, 그리고 신 희극에서 더욱, 우리는 창작적 일반화의 방식에 일어난 변화를 목격한다. 우리는 대담한 우화와 기괴한 성격 유형을 지닌 아리스토파네스의 환상적 세계를 떠난다. 이제 실생활에 대한 보다 면밀한 연구가, 동기에 대한 보다 섬세한 묘사가 있다. 비극처럼 시작과 중간과 결말을 가질 때까지, 행동은 단계적으로 힘과 일관성을 얻는다. 성격과 행동은 보다 친밀하게 결합된다. 인간의 전형적인 어리석음과 실패는 플롯으로 짜여 들어간다. 그리고 그곳에서 도덕적 개연성은 느슨하게 연결된 장면들과 사건들의 자의적인 연속을 대신한다. 인간의 광대한 특징들이 보다 산문적이면서도 보다 충실하게 표현된다. 더욱이, 헬레니즘의 위대한 이념들은 지엽적인 우연한 영향력으로부터 벗어나고 보편적인 인간 정서에 호소한다. 아리스토텔레스 시대에 방금 기술된 움직임은 부분적으로만 전개되었다. 그는 자신의 이론을 창작적으로 구현했던 메난드로스의 걸작들을 볼 만큼 살지 못했다. 그에게 그의 이상을 제시했던 중기 희극은 개인 풍자의 요소를 완전히 떨쳐내지 못했다. 그것은 이전에 공인(公人)들에 퍼부은 악담을, 작가와 철학자의 점잖은 조롱으로 대체했을 뿐이다. 하지만 아리스토텔레스는 희극이 나아가고 있었던 방향을 정확하게 식별했다. 그는 어쩌면 근거가 있는 자신의 원칙들과 법칙들에 의해, 이미 개시된 문학 운동을 진전시키는 데 공헌했을지도 모른다.

❧

비극에 고유한 일반화와 희극에
고유한 일반화를 구분해야 한다

우리는 『창작술』 10장에서 그가 비극과 희극에 각기 고유한 일반화를 구별하지 않는다는 점을 보았다. 희극에 바쳐진 논의가 조각만이 남아 있는 『창작술』처럼 그렇게 불완전한 저술에서, 우리는 그가 두 가지 형태의 창작의 차이를 그 측면에서 보지 못했다는 가정을 정당화하긴 힘들지만, 그가 그 구별을 빠트린 점은 중요하다. 하지만 비평가들은 자신들이 아리스토텔레스의 정통적 견해라고 생각하는 것에 대해 기발한 근거들을 제시한다. 레싱(G. E. Lessing) 에게는 아리스토텔레스의 권위가 예술에서 입법자의 권위나 다름 없었고,[11] 『창작술』이 "에우클레이데스의 『기하학 원론』처럼 절대 확실"했다. 그는 아리스토텔레스가 논쟁점에 대해 의견을 표명했 다는 점에 일단 만족하고, 희극의 인물들이 비극의 인물들과 정확 히 같은 의미에서 '일반적'이라는 결론을 길게 역설한다.[12] 그는 "희 극은 (보편적인) 종(種)들을 갖고, 비극은 개체들을 갖는다"는 디드로 (D. Diderot)의 말과, 이와 유사한 "희극은 모든 인물을 일반적인 것 으로 만들고, 비극은 특수한 것으로 만든다"는 허드(R. Hurd)의 관 찰을 부정한다.[13]

그러나 확실히, 위에 언급된 말들에서는 정확하게 표현되어 있 지 않지만, 비극의 일반화와 희극의 일반화는 실질적으로 구별된 다. 희극은 삶의 한 가지 측면에, 인간의 어리석은 짓들, 불완전한

---

11 이러한 전통은 J. C. Scaliger(1561)에까지 거슬러 올라간다. 다음을 보라. J. E. Spingarn, *A History of Literary Criticism in the Renaissance*, New York 1899, 141 쪽: "아리스토텔레스는 우리의 지배자이다. 모든 예술의 영원한 명령자이다" (Aristoteles imperator noster, omnium bonarum artium dictator perpetuus, in: J. C. Scaliger, *Poetica*, vii. ii. 1).

12 G. E. Lessing, *Hamburgische Dramaturgie*, 1767/68, Trans.(Bohn), 458-70쪽.

13 앞의 책, 468쪽.

점들, 모순된 점들에 주목하면서, 행위의 목적에 관련된 보다 진지한 주제들로부터 시선을 돌린다. 그것은 삶이 무익하고 뒤틀린 것처럼, 덧없고 무가치한 것처럼 보이는 순간들을 택한다. 그것은 삶의 부정적인 측면, 삶에 내재한 제약들을 내놓는다. 그것은 이상(理想)에 대한 지각이 외적인 유쾌함 아래에 상실되는, 또는 이상의 실현이 완전히 좌절되는 상황들을 전시한다. 그것은 삶의 본질적 요소들을 비현실적인 외관들로부터 분리하지 않는다. 그리고 비극적 진지함의 몇 가지 요소들이 그런 재현의 토대를 이룰 수도 있지만, 희극은 자신에 속한 엄밀한 한계 내에 머무를 때 비극처럼 완성된 완결된 행동, 보편적인 인간 본성의 이미지를 제시할 수 없다. 성격-묘사의 측면에서, 그것에 보통 속한 방법은 ―그것이 자신을 독립된 예술 유형으로서 주장하는 한에서― 지배적인 특징이나 주도적인 격정을 구현해서, 한 가지 속성이 (보편적) 인간이 되도록 만드는 것이다.

　그렇게 창조된 인물은 탐욕, 인간 불신 등의 전형적인 성질을 보이면서 거의 필연적으로 익살맞은 얼굴에 이르게 된다. 그것은 불가능한 단순함의 노선 위에서 고안된다. 본성상 유기적으로 다른 충동들 및 힘들에 연결되어 있는 한 가지 성질이 고립되고 과장된다. 그 과정은 추상의 과정이고, 희극적 인생관에 든 원래의 일면성에 상응한다. 몰리에르(J.–B. Molière)조차도 『타르튀프(위선자)』와 『알세스트(고지식한 자)』에서 생존 인물들보다는 추상적 성질들을 묘사한다. 그렇다고 희극이 일반화에 힘쓰는 가운데 특수한 것들을 억누른다는 얘기는 아니다. 일반적인 효과에 기여하는 것으로 만들어질 수 있다면, 어떠한 세부사항도 희극에 사소하지 않고, 어떠한 언명도 순간적이지 않고, 어떠한 욕구들도 너무나도 순수 이기적이지 않다. 그러나 그것이 강조하는 세부사항들은 비극이 허용하는 세부사항들과는 종류가 다르다. 삶에 잠깐 보이는 비현실적인 현상들에서 그것은 어디에서든 웃음의 소재를 발견한다. 어떤 의미에서 그것은 진실로 모든 것을 개별화하는데, 이에 못지않게 다른 의미에서 그것은 모든 것을 일반화한다. 희극은 순수 농담 활동으로서, 이 두 가지 측면을 윤리적 인물 묘사에서 드물게 결합해 낼 수 있다.

❧

하지만 근대의 드라마 예술은 두 종류의 창작을 가르는 선을 덜 선명하게 긋는다. 유머와 감정

근대의 드라마 예술은 비극과 희극을 가르는 선을 정말이지 고대 세계에서 그랬던 것처럼 그토록 선명하게 긋지는 않는다. 그리고 진지한 요소와 익살스런 요소가 상호 침투되어 섞여 있는 인물들이 창작되었다. 공감과 유머의 친밀한 동맹 ─고대에서는 아직 불완전했던 동맹─ 에 의해, 멀리까지 파급력 있는 결과들이 우스운 것의 범위와 의미에 영향을 주며 산출되었다. 유머는, 공감에 의해 보강되어, 시선을 보다 진지한 삶의 현실들에 돌린다. 그것은 수면 아래를 보고, 습관과 관습 때문에 우리가 지각하지 못했던 감춰진 부조화점들과 더 깊은 불화들을 재발견한다. 그것은 모든 곳

에서 웃음과 눈물, 이 둘을 위한 소재를 발견한다. 그리고 이제부
터는 파토스는 유머의 동반자가 된다. 유머작가는 풍자작가처럼
자신이 우월하다고 생각하여 사람들로부터 떨어져 서 있지 않다.
그는 자신에게 웃음을 유발하는 인간과 친근하다는 점을 인지한
다. 그는 자신의 주변에서 부서진 이상(理想)들을 본다. 그는 운명
의 아이러니를 관찰한다. 그는 불화와 불완전의 모습들을 의식하
지만, 그것들을 모두 흔쾌히 묵묵히 수용한다. 그리고 제 딴에 슬
퍼지기도 하고 즐거워하기도 한다. 유머는 비극과 희극이 만나는
지점이다. 그리고 『향연』에서 소크라테스가 한 말, 즉 비극의 재능
과 희극의 재능은 같다는 말은 최대한으로 정당화되어 왔다.[14]

근대의 희극은 주로 보다 심오한 종류의 유머를 통해서 일반화
능력을 획득했다. 유머 작가에게는 바보들의 세계에, 개별적인 어
리석음과 같은 것은 없고, 보편적인 어리석음만 있다. 유머는 유한
한 것을 제거한다. 콜리지(S. T. Coleridge)가 말하듯, "작은 것이 크게
되고, 큰 것이 작게 된다. 그 둘을 모두 파괴하도록. 왜냐하면 모든
것은 무한한 것에 비하면 동등하기 때문이다." 튼튼한 방비를 갖추
고 출정하는 로렌스 스턴의 소설 『트리스트램 샌디의 삶과 의견』의
토비 삼촌은 인류가 가진 온갖 어리석음의 축약판이다. 『돈키호테』
와 같은 최고의 유머 창작물들에서, 인간 삶의 모순이 축약되고, 생
각과 사실 사이, 마음과 몸 사이, 눈부신 백일몽과 깨어 있을 때의

---

14 플라톤의 『향연』 223d: "희극(kōmōdia) 창작의 능력과 비극(tragōdia) 창작의 능
력은 같은 사람에 속한다."

현실 사이의 불균형이 축약된다.

유머가 지닌 그런 일반화 능력은 사실 고대의 문학에서 미지의 것이 아니다. 아리스토파네스의 『새』는 멋진 반증 사례이다. 그러나 우리가 여기에서 주로 했던 것처럼, 개별적이면서도 이와 동시에 보편적인 성격에 대한 묘사에 우리의 시선을 제한한다면, 우리는 곧바로 차이를 인식한다. 돈키호테와 산초는 살아 있는 숨 쉬는 존재들이다. 이들 각자는 모순투성이이지만, 저마다 진실한 인격이다. 아리스토파네스의 극에서 배우들은 투명한 익살의 얼굴들이다. 반쯤은 기괴하게 구현된 모습들에서 개별적인 것은 전적으로 유형에 종속된다. 그리고 여기뿐만 아니라, 우리가 판단할 수 있는 한, 신(新) 희극의 보다 정밀한 사실주의적 예술에서도 그러하다. 이 신 희극에서 나이, 성, 가족관계, 사회적 조건의 차이는 주의 깊게 묘사되면서도, 공통된 인간성에 속한 강하게 부각된 특징들과 공존한다.

❧

순수 농담의 형태인 희극은 개인화된 이상들을 창조하고, 비극은 이상화된 개인들을 창조한다

다른 한편으로, 그리스 비극은, 최상 등급의 모든 비극처럼, 하나의 조화로운 재현 속에 개별적인 것과 보편적인 것을 결합한다. 희극은 개별적인 것을 유형에다 합체시키는 경향이 있는 반면, 비극은 개별적인 것을 통해 유형을 드러낸다. 요컨대, 순수 농담 형태

의 희극은 개인화된 이상들을 창조하지만, 비극은 이상화된 개인
들을 창조한다고 말할 수 있다.

11

/

그리스 문학에서 창작적 보편성

아리스토텔레스의 예술 법칙들은
그리스 예술과 문학의 정신을 반영한다

그가 구체적인 사실들로부터 출발한다는 점, 그리고 그의 규칙들이 대체적으로 그러한 사실들로부터 얻은 일반화라는 점은 아리스토텔레스의 방법이 지닌 특징이다. 첫째, 그는 그리스적 경험을 요약하는 그리스인이다. 그리스 예술과 창작의 보물창고가 그의 앞에 열려 있다. 우리에게는 남아 있지 않은 방대한 분량의 문학이 그의 손 안에 있었다. 그는 과거를 되돌아보며, 위대한 창작의 시기가 끝났다는 점, 그리고 적어도 예술적 창작의 최고 영역들에서 그리스의 재능은 그 힘의 정점에 이르렀다는 점을 의식했던 것으로 보인다. 비평을 통해 창작 문학의 전 영역을 개관하기 위한 시간이 무르익었다. 아리스토텔레스는 창작사가로서 주제에 접근하지만, 그의 일반화 능력을 발동하여 사실들 안에 있는 법칙을 추구한다. 그리고 다양한 종류의 창작에 대해 관찰된 결과들로부터 각각의 것이 지닌 본질적인 특성을 통찰한다. 만일 그의 법칙들이 대부분의 경우에서 그리스 예술의 규칙들일 뿐만 아니라 예술의 원리들이기도 한 것으로 입증되었다면, 그것은 첫째, 그리스 작가들이 보편적인 인간 본성에 호소하는 점들을 많이 지녔기 때문이고, 둘째, 아리스토텔레스가 자신 앞에 놓인 다량의 문학 작품으로부터 그러한 보편적인 요소를 뽑아내어 명확하게 말할 수 있었기 때문이다. 그가 발견하는 법칙들은 이미 그리스 재능이 이룩한 주요 산물들에 남긴 자국들이다.

우리는 아리스토텔레스가 그리스적 정신의 전통과 한계를 넘어서 순수 인간적인 또는 세계시민적인 관객의 태도를 취했다고 — 때때로 이렇게 아리스토텔레스를 대했다— 주장할 수는 없다. 몇 가지 점에서, 의심할 여지없이, 그는 자기 시대의 통용되는 생각에 모순되는 의견들을 표명한다. 그는 비극작가가 어떤 경우들에서는 잘 알려진 전설들 대신에 전적으로 가공된 주제들을 택할 수 있다는 점을 인정한다.[01] 그는 창작에 속한 최대의 본질적인 요소라고 널리 생각되었던 운율이 사실 본질적인 요소라고 하더라도 최소의 본질적인 요소라고 주장한다.[02] 그는 적어도, 드라마가 아직 새로운 발전들을 허용할지의 여부는 해결되지 않은 문제로 놔둔다.[03] 그러나 일반적으로 그리스적 경험은, 비록 어떠한 정합적인 창작 이론이 구성되거나 개별 작가들에 대한 판단이 내려질 수 있기 전에 가려내어지고 응축되고 해석되어야 했지만, 그가 제시한 이론의 출발점이자 토대였다는 점은 참인 것으로 남는다. 아리스토텔레스는 심지어 더 위대한 비극작가들을 모두 똑같은 권위를 가진 사람들로, 또는 그들의 모든 작품을 똑같은 예술적 표준들로 수용하지는 않는다. 그리고 『창작술』의 가르침들이, 만일 그것들에 반대되는 쪽을 가리키지 않는다면, 다른 2류 작가들은 아니더라도 아이스퀼로스, 소포클레스, 에우리피데스의 실행과 조화를 이루어야

---

01 『창작술』 9장 1451b 23-26.
02 이 책의 2장 47쪽 이하.
03 『창작술』 4장 1449a 7-9.

한다고 전제하는 것은 잘못이다. 그의 규칙들은 차별적인, 선별적인 원칙에 근거하고 있고, 예술적 탁월성을 판단하는 기준을 얼마간 함축한다.

아리스토텔레스가 설정한 원칙들은 다른 어떤 민족들이 내놓은 일정한 경향들을 배척하는 가운데 충실하게 그리스적 재능을 반영한다. 첫째, 순수한 사실주의, 즉 복제품을 실물로 오인하는 감각의 술수로 완성되는, 있는 그대로의 평범한 모방은 금지된다. 그리스 예술이 쇠퇴할 때에는 그런 종류의 재간이 유행했지만, 그것은 결코 그리스 예술의 전성기에 지지를 받지 못했다. 경기에서 세 번 우승했던 선수들의 기념 입상(立像)들을 세우는 관습조차도, 이집트에서 인물상(像)을 만드는 재료의 도움을 받아 죽은 자의 불멸성을 확보했던 관행의 결과로 나온 것처럼 사실주의에 이르지 않았다. 둘째, 순수한 상징주의, 즉 오리엔트 민족들의 상상력을 사로잡았고, 이집트와 아시리아 예술을 통해 그리스인들 자신에게도 알려져 있었던 환상적인 형태들은 금지된다. 인간의 머리와 새의 날개, 깃털을 지닌 사자의 몸통은 이상과 일치하지 않는 형태들에다 추상적인 속성들을 표현하려는 시도였다. 살아 있는 유기체의 구체적인 이미지 대신, 그 결과는 불가능한 복합물이다. 그것은 자연을 초월함으로써 자연의 법칙들을 어긴다. 다른 한편으로, 바다와 땅에서 일어난 불가능한 모험들, 마술의 배, 마법에 걸린 섬들, 돼지로 변한 사람들, 지하 세계의 광경을 담은 『오뒤세이아』는 창작적 진리에 관한 법칙들에 의거해 구성되어 있다. 그 전체는 인간 삶과 행동에 관한 충실한 재현이다. 그곳에서 비합리적인 요소들(ta aloga)은 핵심 인상을 방해하지 않는 부속물일 뿐이다. 그것들은 불가능한 것이 개연적인 것으로 되고 허구가 진실로 보일 정도로 생생하고 일관된 방식으로 상상력에 제시된다.

❧

오리엔트의 예술은 그의 탐구에 포함되지 않았다

정말로, 오리엔트 예술에 대한 적당한 관찰이 이루어진 후에 아리스토텔레스가 그러한 원칙들에 도달했을 법하지는 않다. 틀림없이, 아리스토텔레스는 그 예술의 외부적인 특징들, 그리고 그 예술의 영향을 받아 조형된 그리스 제작품의 사례들에 친숙했었겠지만, 그의 저술들에 동방의 작품들에 대한 명시적인 언급은 없다. 이러한 누락은 그가 조각에 관한 논문을 쓸 작업을 부과하지 않았다는 말, 그리고 그의 관심이 창작에만 있었다는 말로는 간단히 설명되지 않는다. 왜냐하면 그가 그리스의 조형 예술에 했던 것처럼, 동방의 조형 예술을 진지하게 생각했다면, 그리스의 본보기들에 관한 관찰을 통해 그가 회화와 조각에 관한 많은 분산된 언급을 무심코 하게 되었던 것처럼, 그 흔적이 얼마간 그의 저술들에 남았을 것이기 때문이다. 하지만 이국의 언어를 배운다는 것은, 그리스인에게 취미에 맞지 않아, 모든 것을 얻고자 하는 아리스토텔레스의 정신조차도 자신에 속한 문학을 제외한 다른 모든 문학에 대해 무지한 상태로 남은 것에 만족했다. 이와 비슷하게, 이국 예술의 상징주의를 연구하는 일도 노력의 낭비로 생각되었을지도 모른다.[04]

오리엔트 예술은 언뜻 보기에 합리적인 지성적인 창조물이 아니었다. 그것은 현실 세계에 대응물이 없었다.

❧

이성의 통제 아래에 있는 그리스적 상상력

고전기의 그리스적 상상력은 엄격한 이성의 통제 아래에 있다. 그것은 척도의 관념과 자기 억제력에 의해 제한되어 있다. 그것은 오리엔트의 상상력처럼 부유함이 넘치는 가운데 함부로 날뛰지는 않는다. 우리는 힘의 비축을, 자신이 가진 자원을 알고 이것을 과시함이 없이 힘들이지 않게 사용하는 절제된 힘을 항상 의식한다. 작가, 역사가, 예술가, 이들 각자는 원했다면 훨씬 더 많은 것을 할

---

04 그리스인들이 상징 예술을 거의 주목하지 않은 점은 이상하다. 디온 크뤼소스 토모스(기원후 100년쯤, *Olymp. Or.* xii. 404R)는 피디아스의 입에 올린 연설에서 신의 본성을 인간의 형태로 표현하는 그리스의 조형 예술을 옹호한다. 인간의 신체는 정말로 비가시적인 것의 상징물로서 기여하지만, 그것은 동물의 형태들에서 신성한 이미지를 발견하는 이민족들의 상징체계보다 더 고상한 상징체계이다. 필로스트라토스는 *Vita Apollonii*, vi. 19에서 그 점을 보다 상세하게 다룬다. 여기에서 아폴로니오스는 이집트에서 신들을 재현한 기괴한 형상들(atopa kai geloia theōn eidē)과 대조되는 그리스의 조각 방식을 지지한다. 그의 대화상대자 테스페시온은 이집트인들의 지혜는 이 점, 즉 그들이 신성을 직접 재생하려는 과감한 시도를 포기하고 상징물들(symbolika)과 우의(寓意)들(hyponoumena)에 의해 보다 인상적인 효과를 산출한다는 점에 주로 나타난다고 주장한다. 이에 대해 아폴로니오스는 개나 염소나 따오기 상을 만들듯 가시적인 재현물을 제공하지 않고, 신성에 형상과 형태를 부여하는 일을 ―더 나은 예술가인― 상상력에 맡겼더라면 그 효과가 더욱더 인상적이었을 것이라고 대답한다.

수 있었지만, 우리를 현혹시키고자 하지 않는다. 그들은 진실하게 보는 데에, 조화롭게 보는 데에, 그리고 본 것을 표현하는 데에 열중한다. 그들의 상상력이 미치는 소재들은 가능성과 합리성과 자연성의 법칙에 따라 융합되고 결합된다. 문학으로 우리에게 전해 내려온 대로의 그리스 신화는 그러한 합리성의 특징을 지닌다. 그곳에 그 이전 유형에 속한 흔적들 ―작가의 구성력이나 민족의 건설적인 재능의 손길이 닿지 않은 채 남은 조야한, 동화되지 않은 요소들― 이 있긴 하다. 그러나 그리스 신화를 다른 민족의 신화들과 비교해 보면, 우리는 그것이 터무니없고 기괴한 것으로부터 벗어나 있다는 점에 놀라지 않을 수 없다. 그리스인들은 자신들과 닮은 모습으로 신들을 창조하면서 자신들의 본성에 속한 절박한 본능을 따랐는데, 이 본능은 그들의 정신이 이뤄낸 모든 산물이 반은 세상의 것이고 반은 세상 바깥의 것, 또는 상징적인 속성들로 혼합된 잡종이 아니라, 조화롭고 지성적인 창조물이길 요구했다.

호메로스의 올림포스가 형성되는 모습을 관찰하는 것은 그리스 정신이 고유의 예술 풍조 아래 작동하는 모습을 보는 것과도 같다. 다수의 부족 ―아카이아인들, 아르고스인들, 미뉘아이인들 등의 부족들― 은 신성에 속한 모호한 전능함 말고는 특징이 없고 분화되지 않은 토속적 신들과 여신들을 저마다 갖는다. 우세한 민족들이 승리하고 이교(異敎)들이 융합되면서, 무의미한 혼돈이나 낡은 추상들로 끝났을 법한 기능들과 속성들의 재분배가 일어났다. 그리스인들의 경우 그렇지 않았다. 평범한 신성들의 잡다한 수집으로부터 벗어나, 호메로스의 신들은 그들 자신의 상(像)들로서 선명하고 조용하게 드러난다. 다른 민족들의 신들은 사람들의 실용적인 요구들을 표현한 것이거나 그들의 생각을 추상적으로 발설한 것일지도 모른다. 그리스인의 신들은 예술가 민족에 의해 자연과 일치하여, 하지만 자연을 완성하고 넘어서면서, 형성된다. 신화작가는 신들의 영역과 임무를 할당할 때 어떻게 본질적이지 않은 점이 모두 제거되는지에 주목한다. 한 신이 이미 다른 신들과 공동으로 갖는 속성들은 떨어져 나간다. 호메로스의 올림포스는 그 후 그리스 민족의 상상력에서 떠나지 않았던 이미지를 담은 생생한 표본들의 커다란 수집물이다.

공상이 보다 가볍게 작동하는 일이 그리스인들의 문학과 신화로부터 배제되어 있다는 주장은 맞지 않을 것이다. 그들만큼 현실과 동떨어져, 경쾌하고도 창작적인 허구들을 엮어내는 데 기쁨을 가진 민족은 없었다. 그리고 그 허구들은 아무것도 아닌 것으로 이루어져 있고, 아무 곳도 아닌 곳에서 끝났다. 거의 모든 그리스 작가는 그러한 민족적 취향을 얼마간 지닌다. 이 취향은 심지어 산문작가들 ―헤로도토스나 플라톤― 에서도 때때로 돌출한다. 한 영역, 즉 희극의 영역에서, 공상은 언뜻 보기에 제어되지 않은 최고의 영향력을 행사한다. 그것은 자신의 법칙들에 복종하고 자신의 불합리한 점들을 한껏 즐긴다. 그것은 세상을 뒤집어엎고, 인간과 신들은 그것의 명령을 따른다. 작가는 완전히 단념한 채로 축제의 기분에 굴복한다. 그는 진탕 마시고 떠들기를 주도하고 광기와 도취를 공유한다. 자신의 경로를 따라가자마자, 그는 넘치는 창작적 공상과 꺼지지 않는 웃음의 재능이 인도하는 곳이라면 어디든지 끌려

간다. 익살로부터 진지함으로 옮겨가는 일은 단숨에 일어난다. 장면들은 모두 한마디도 진지하게 받아들여지지 않은 채로 이어진다. 하지만 희극에도 제 정신의 막간들이 있다. 아니 그보다, 그것의 광기에는 조리(條理)가 있다. 그것의 최대 기형에도 그 밑에 얼마간 근거가 깔려 있다. 얼마간 지성적인 경향과 의도가 있다. 하지만 희극의 공상적 분방함은 그리스 문학에서만 두드러진다. 다른 분야에서 공상은 훨씬 더 제지되고, 더 유보된다. 그것은 갑작스런 일시적인 빛처럼, 지나가는 섬광처럼 헤치고 나아간다. 그것은 사유의 평온을 방해하지 않는다.

그리스인들 자신은 창작 재능을 광기의 한 형태로, 신들림으로 언급하는 데 익숙했다. 그것은 플라톤이 『이온』, 『파이드로스』, 『향연』에서 가르친 내용이다. 때로는 논리학자의 능력만으로도 작품을 구성하기에 충분하다는 태도로 글을 쓰는 아리스토텔레스조차도, "창작(poiēsis)은 신들린 것(entheon)이다"라고[05] 말한다. 다른 곳에서 그는 두 부류의 작가 −(a) 각각의 성격이 주는 인상을 나름 받아들일 수 있는 유연한 재능을 가진 사람과 (b) 자기 자신으로부터 상승하고 자신의 개인성을 잃는 탁월한 광란을 지닌 사람− 를 보다 엄밀하게 구분한다.[06] 또 다른 곳에서 우리는 '도취'나 정신착란

---

05 『연설술』 3권 7장 1408b 19.

06 『창작술』 17장 1455a 32-34: "그렇기 때문에 창작술은 잘 타고난 사람(euphyēs)이나 광기가 있는 사람(manikos)의 일이다. 한쪽은 어떤 인물의 틀이라도 받아들이는(변통성이 있는) 사람들(euplastoi)이고, 다른 쪽은 자신에 고유한 자아로부터 빠져나와 상승되는(도취적인) 사람들(ekstatikoi)이다." 필사본 B에는 '도취적인 사람들'(ekstatikoi)로 되어 있고, 다른 필사본들에는 '비판 능력이 있는

의 상태에 있을 때만큼 그렇게 글을 잘 쓰지 못했던 어떤 작가를 만난다.[07] 그렇게 작성된 작품들의 실례는 전혀 남아 있지 않다. 하지만 우리는 그리스의 위대한 작가들에 대해, 그들이 지닌 광기, 영감, 도취의 ―이 가운데 뭐라고 하든― 본성이 정확히 어떤 것이었든, 그들은 결코 이성의 통치로부터 벗어나지 않았다고 확실히 말할 수 있다. 그들은 변덕스럽지도 모순되지도 않았다. 그들의 상상력에 의한 창작물들은 가장 공상적인 형태로 나온 것들조차도 숨겨진 법칙에 복종했다.

사람들'(exetastikoi)로 되어 있다. 두 구절의 호응은 의심할 여지없이 '도취적인 사람들'일 때 가장 잘 유지된다. 한쪽의 사람들, 즉 잘 타고난 사람들은 변통성이 있는 사람들이다. 이들은 훌륭한 재능을 타고난 사람들, 천재의 변통성을 지닌 작가들로서 다른 인물들의 틀을 받아들이는 능력을 가지고 있다. 반면, 다른 쪽의 사람들, 즉 광기가 있는 사람들은 도취적인 사람들이다. 만일 '비판 능력이 있는 사람들'을 텍스트에 받아들이면, '한쪽'은 광기가 있는 사람들을, '다른 쪽'은 잘 타고난 사람들을 가리킬 것이다. '비판 능력이 있는 사람들'은 훌륭한 비판 본능, 예술적 판단, 유사성과 차이성을 포착하는 섬세한 능력을 의미할 것이다. 이러한 해석을 지지하여, '잘 타고난 사람'이 훌륭한 비판 능력이란 특수한 재능을 가진 사람을 의미한다는 주장을 들 수 있을 것이다. 다음 참조. 『니코마코스 윤리학』 3권 5장 1114b 6-8: "잘 판단하는 … 눈처럼 (목적에 대한 추구를) 가지고 태어나야 한다. 이것을 잘 갖춘 사람은 잘 타고난 사람이다." 그러나 어느 쪽이든 잘 타고난 사람은 광기가 있는 사람보다 더 의식적인 비판 능력을 갖는다. 애초 해독이 불가능한 것처럼 보였던 아랍어판은 지금은 ekstatikoi를 의문의 여지없이 확인해 주는 것으로 드러났다.

왜곡된 비평의 진기한 사례로서 (라팽을 추종하는) 드라이든(J. Dryden, *The Preface to Troilus and Cressida*, 1679)을 들 만하다. 그는 '창작의 광기'가 아리스토텔레스의 권위로부터 정당화되지 않도록 '광기가 있는 사람의 일이 아니라 잘 타고난 사람의 일'(euphyous, ou manikou)로 텍스트를 고쳐 읽는다.

07 『자연학적인 문제들』 30권 1절 954a 38: "시라쿠사 출신의 마라코스는 도취 상태에 있었을 때 훨씬 더 나은 작가였다."

✌

그리스적 재능의 건전성은
그것의 보편성과 밀접하게 연결되어 있다

램(C. Lamb)의 논문 '진정한 재능의 건전성'(The Sanity of True Genius)은 셰익스피어뿐만 아니라 그리스의 창작으로부터도 예시될 수 있을 것이다. "위대한 기지(또는 우리의 근대적인 방식으로 말하자면, 재능)가 정신이상과 필연적으로 연결되어 있다는 입장이 유효하다는 것과는 동떨어져, 그와 반대로, 가장 위대한 기지(機智)들이 항상 가장 건전한 작가들임이 드러날 것이다. … 그러나 진정한 작가는 깨어 있으면서 꿈을 꾼다. 그는 주제에 의해 사로잡히지 않고, 그것을 지배한다. … 그가 인간성으로부터 가장 멀어져 있는 것으로 보이는 곳에서, 그는 그것에 가장 충실한 사람으로 발견될 것이다. 자연의 영역을 넘어서는 곳으로부터 가능한 존재들을 불러내는 경우, 그는 그것들을 일관성의 법칙에다 복종시킨다. 그가 아주 자연을 배반하고 버리는 것으로 보일 때조차, 그는 그러한 탁월한 지도자에 아름답도록 충실하다." 그리스적 재능의 완벽한 건전성은 그것의 보편성과 친밀하게 연결되어 있다. 정신이상은 일종의 혼돈된 개인주의가 아닌가? 미친 사람은 이기주의자이다. 그는 자신의 공상들을 모든 사물들의 척도로 여긴다. 그는 자신이 받은 인상들을 고치거나, 그것들을 타인의 것들과 비교하거나, 그것들을 외부 사실과 조화시키지 않는다. 한 사람이 지닌 건전성의 시금석은 그의 정신이 보편적인 것과 맺는 관계이다. 우리는 어떤 사람이 지닌 생각들이 그 자체로 정합적인 전체를 이룰 뿐만 아니라 외부 세계의 법칙들 및 사실들과, 그리고 보편적인 인간 이성과 잘 들어 맞을 때 그가 건전하다고 말한다. 이 모든 점은 창작의 노력은 보편적인 것을 향해 있고, 그 노력은 인간 본성의 영속적인 가능성들을, 우연적인 것들보다는 본질적인 것들을 재현한다는 아리스토텔레스의 이론과 일치하지 않는가? 한편으로, 작가는 닥치는 대로 또는 어림짐작으로 창작하지 않는다. 일어났던 일을 단순히 기록하지도 않는다. 그는 내적 개연성이나 필연성의 법칙에 따라 일어날 법한 일을 말한다. 창작의 연속성은 사실의 경험적 연속성이 아니라 생각의 논리적 연속성 또는 이해가능한 연속성이다. 그것은 우연을 제거하고, 인물들과 사건들에서 단일성과 의미를 발견한다.

그리스 창작에서 여성의 성격을
묘사한 부분에 나타난 창작적 보편성

모든 위대한 창작과 예술은 그러한 보편성의 법칙을 충족시키지만, 아마도 그리스인들의 창작과 예술만큼 그렇게 완벽하게 충족시키지는 않을 것이다. 그리스 창작에서 여성의 성격을 묘사한 사례를 하나 들어보자. 호메로스와 비극작가들의 여자 주인공들은 넓은 의미에서, 그리고 명백히 인간적이다. 실생활에서 여성은 남성보다 덜 개성적이다. 여성은 특이성에 덜 빠지고, 오히려 일반적인 유형에 일치한다. 그러나 그것은 여성이 사회의 관습적인 규칙들에 보이는 복종 때문이라고 말할 수 있을 것이다. 이 복종은 성격의 토대에 미치지 못하는 인위적인 원인들에 기인한다. 그러나 내적으로 기이한 여성도 또한 드물다. 심층으로 들어가면, 외적으로 —스타일에서든 태도에서든— 차이나는 그 모든 특징에도 불구하고, 여성의 성격이 여성성의 기본 유형들로 환원될 수 있다는 점을 우리는 발견한다. 그러한 본질적인 유형들은 적다. 처녀, 아내, 어머니, 딸, 누이는 삶을 결정하는 커다란 관계들이다. 그것들은 성격의 토대를 이룬다. 우연은 그 성격을 변경할 수 있고, 상황들은 그것에 특수한 표현을 각인하여 이런저런 주도적인 특징을 부각시킬 수 있다. 그러나 그 유형이 주조되는 이상적인 거푸집은 그대로 남아 있다. 감정의 보다 깊은 샘들이 일단 움직이면, 상황들은 옆으로 밀려나고, 한 여성의 행동은 거의 확실하게 예측될 수 있다.

그리스인들이 여성의 성격을 묘사하는 데에서 거의 모든 위대한 근대인들보다 우월한 것은 아마도 인간 본성의 보편적인 측면을 —이 측면은 여성에서 일차적이고 근본적이다— 포착하고 표현하는 그들의 능력에 기인할 것이다. 그들은, 콜리지(S. T. Coleridge)가 셰익스피어에 대해 말하듯, "인간 감정의 핵심적 진행을 따른다." 개인성의 통속적인 주제넘은 요소들은 내던져진다. 그리고 인물들이 순수하게 개인적인 면모의 옷을 벗는 만큼, 그에 비례해서 그들은 관심과 고상함을 얻는다. 페넬로페, 나우시카아, 안드로마케, 안티고네, 이피게니아는 요즈음 일 년 동안 발간된 수십 편의 소설에 나오는 여주인공들보다 훨씬 덜 복잡한 존재들이다. 그들이 지닌 아름다움과 진실은 정확히 그들의 전형적인 인간성에 놓여 있다. 보편적인 의미를 얻으면서, 그리스 문학의 여성들은 추상적인 유형들로 점차 희미해지지도 않았다. 성격의 보다 섬세한 차이들은 굵직한 선을 그려내는 단순함에 의해 배제되지 않는다. 우연적인 것을 버리면서, 그들의 개별성은 지워지지 않고, 오히려 깊어지고 풍부해진다. 왜냐하면 어떤 인물을 창작적으로 만드는 것은 무질서한 감정이나 복잡한 동기가 아니라 의지의 힘이나 사랑의 힘이기 때문이다. 안티고네와 같은 창작적 존재에 대한 주의 깊은 연구를 통해, 그리스 예술의 일반 원칙을 예시하는 수많은 미묘한 특징은 드러난다. 이러한 특징들에 의해 매우 다양한 세부 사항이 ― 이것들이 전체적 인상에 기여하고 계획의 통제적 단일성에 종속되어 있는 한― 허용된다.

창작과 철학이 보편적인 것과 맺는 관계

수세기 동안 그리스 문학과 관련한 논쟁이 변함없이 작가들과 철학자들 사이에 있었다. 철학자들은 창작이 모두 허구이고, 비도덕적인 허구이기도 하다고 말한다. 반면, 철학은 좋은 것과 참인 것을 추구한다. 지혜로운 사람들이 창작에 대해 품은 옛날의 반감을 물려받은 플라톤은 자신의 이상 국가에서 작가들을 추방했다. 아리스토텔레스는 그런 싸움을 무마시키려고 했다. 그는 창작과 철학이 만나는 지점을, 이것들이 보편적인 것과 맺는 관계에서 발견한다. 그가 그 둘 간의 정확한 차이에 대해 파악한 점을 설명했더라면 우리에게 좋았을 것이다. 분명히, 그는 창작을 철학에 합병하려고 하지 않았다. 그의 일반적인 이론 노선들을 따라, 우리는 다음만큼은 확언할 수 있다. 「창작은 보편적인 것을 표현하는 데 목표를 두는 한에서 철학과 비슷하다. 그러나 철학과 달리, 그것은 감성적이고 상상적인 형태의 매체를 사용한다.」 이러한 의미에서 창작은 구체적인 철학, '삶에 대한 비평', 만물에 대한 비평이다. 이것은 전적으로, 호메로스, 아이스퀼로스, 셰익스피어, 단테의 작품과 같은 보다 높은 수준의 상상적 창작물에 대해서만 참이다. 그들의 작품에는 인간과 삶과 세상에 대한 해석이 있다. 사물들에 대한 연결된 설계와 견해가 있다. 이것은 체계화되거나 의식적으로 전개되지 않고, 작가의 생각의 토대로서, 작품의 단일성에 본질적인 요소로서 잠복해 있다. 작가들은 —그리고 워즈워스처럼 삶 전체는 아니더라도 삶의 일정한 양상들을 상상의 형태로 진실로 표현할 수 있는 하위의 작가들도 마찬가지로— 나름대로 철학자들이다. 그들은 자신이 지닌 일관적인 균형 잡힌 지혜를 구현한다.

※

창작과 역사.
'신화' 또는 영웅사는 그리스 작가들이 개별적인 것으로부터
보편적인 것으로 올라갈 때 삼는 주요 수단 중 하나이다.
이 보편적인 것을 수단으로 삼아 그들은 현실적인 것을 이상화한다

창작과 철학 간에는 오래 묵은 불화가 있었다. 창작과 역사의 경

우는 그와 달랐다. 이 경우, 처음에 대립이 없었다. 베이컨(F. Bacon) 은 "창작은 가공의 역사이다"라고 말한다. 그리스인들에 속한 많은 창작은 실제 역사라고 불릴 수 있을 것이다. 그것은 정확한 세부 사항이나 개인적인 모험담의 기록이라는 점에서는 참이 아니지만, 사건들의 보다 큰 윤곽들에 대한 표시라는 점, 그리고 민족이 이룬 과거 행위들의 이상적 형태에 대한 구현이라는 점에서는 참이다. 아리스토텔레스 자신도 신화들을 역사로 언급한다. 신화들이 서술하는 사건들은 사실들(ta genomena)이다. 영웅들의 이름은 '역사적'(genomena)인 이름으로서, 가공적인 이름(pepoiēmena)에 대립된다.[08] 이런 의미에서 그리스 비극은 역사적인 것이었다. 그러나 그 것의 사실들은 당대의 역사나 동시대의 사건들로부터 끌어온 것이 아니었다. 비극작가는 그리스 민족의 최초 역사가였고 민족의 사고(史庫)의 수호자였던 서사시작가의 계승자였다. 호메로스는 ―우리에게는 아니지만― 그리스인들에게는 트로이아 전쟁을 상세하게 충실하게 기록한 사람이었다는 점은 사실이다. 국가 간의 영토 분쟁에서 그의 시구가 증거로서 인용되고 수용되는 모습을 생각할 때 우리는 웃음이 나올지도 모른다. 하지만 호메로스의 작품들은 여전히 최고의 가치를 지닌 역사적인 문서이다. 게다가 그것은 작가 시대의 삶을, 작가도 그 일부인 영웅 사회의 감정과 태도를 반영하는 것일 뿐만 아니라, 그리스의 대중적 전통들을 보존하는 것이기도 하다. 수년 전만 해도 그리스의 전설에 나오는 역사가 전설일

---

08 『창작술』9장 1451b 15-23. 이 책의 3장 76-78쪽.

뿐, 더는 아무것도 아니라고 말하는 것이 유행이었다. 예술과 고고학은 실체적인 진실에 관련하여, 매일 새로운 증거를 더하고 있다. 많은 유적답사와 발굴은 그리스와 소아시아의 전통적 접촉 지점들을 복원하고 있다. 얼마 지나지 않아 태양-신화로 변형되었던 유명한 왕조들은 다시 역사 현실로 튀어나온다. 트로이아, 티륀스, 미케네는 확실한 기초 위에 놓여 있다. 그 도시들의 지난 위대함, 왕가 혈통, 이웃 국가들과의 관계는 창작적 상상력의 꿈들이 아니다. 존재하지 않거나 발견될 수 없는 것으로 생각되었던 진실의 핵이 새롭게 적용된 역사적 방법들에 의해 발굴되고 있다.

　요컨대, 헬라스 민족은 자신들의 역사를 대중적인 신화를 통해 놀랍도록 충실하게 영속시킨 것으로 드러난다. 신화는 창작을 본능적인 언어로 가졌던 옛 민족의 구전 문학이었다. 그것은 그들의 철학이자 역사였다. 그것은 그들의 무의식적인 인생관을, 인간과 신에 관련된 일들에 관한 성찰을 간직했다. 그것은 그들이 자신들의 과거에 대해, 도시, 가족, 그들 부족의 지리상 이동과 조상들의 개척에 대해 알았던 모든 사항을 기록했다. 신화는 그리스인들에게 우리가 이해하는 전설만은 아니었다. 작품에서 일어난 일들이 어쩌다 실제 사건들인 경우에도 작가는 여전히 작가이거나 제작가라는 점을 아리스토텔레스는 주목한다. 왜냐하면 몇 가지 실제 사건들은 그것들을 창작의 주제로 만드는 개연성과 가능성의 도장을 내부에 지니기 때문이다.[09] 신화에 기록된 '실제 사건들'은 그러한

09 『창작술』9장 1451b 27-32.

것이었다. 그것들은 예술적인 민족의 상상력의 손길이 닿은 이름 없는 작품으로서, 작가의 손에 준비되어 있다. 그리고 많은 경우 그것들은 그것들이 놓인 창작적 주형(鑄型)으로부터 고쳐 만들어질 필요가 거의 없었다. 진실과 허구는 여기에서 서로 융합되어 있었고, 그렇게 모인 전체는 웅대한 역사였다. 이것은 과거를 창작적인 것으로 만드는 이상화 수단이었다. 그것은 먼 곳에 상상적인 도피처를 제공하여 청중들을 지금의 현실로부터 벗어나도록 만들었다. 그것은 그들을 고차적인 존재의 영역에 올려놓았다. 이 영역에서 현재의 심란함은 ―멀리 떨어져 있지만 많은 연상에 의해 그들의 흥미를 끌었던― 한 시대의 전율적인 이야기들 속에 잊혔다. 아테네인들은 프뤼니코스(Phrynichos)에게 그의 작품 『밀레토스의 함락』 때문에 벌금을 물렸다. 그 이유는 이 작품이 재현한 사건이 신화적이지 않고 역사적이어서가 아니라, 최근의 뼈아픈 역사이었기 때문이다. 요정의 나라가 스펜서(E. Spenser)에게 "고통과 피곤한 소동에서 벗어난, 세상의 달콤한 숙소"였듯이, 그리스인들은 창작을 비참하고도 힘든 삶으로부터의 도피처로 보았다. 희극작가 티모클레스(Timocles)는 비극의 효과를 설명하면서 그리스의 공통 감정을 표현한다.

"제 자신의 수난을 잊게 되고
타인의 재난이 주는 매력에 빠진
정신은 가르침과 기쁨에 휩쓸린다."[10]

진정한 역사 감각을 지닌 그리스의 창작과 예술은 현재를 고립된 지점으로 택하지 않고, 그것을 과거에 투영했다. 그리고 이 과거의 반쯤 지워진 윤곽은 상상력에 의해 회복되었다. 신화는 여러 세대를 묶어주는 황금의 고리였다. 핀다로스(Pindaros)의 송시(頌詩)들은 그에 대한 적절한 사례이다. 이 작가는 경기 우승자 개인으로부터 출발하여, 사건에 역사적인 조망과 배경을 부여함으로써, 관심을 개인적인 차원 위로 특수한 경우를 넘도록 올린다. 우승자의 행운은 그의 집안의 역사와 연결되고, 과거의 시도와 승리와 연결된다. 작가는 조상들의 업적에서 멈추지도 않는다. 공통의 조상인 헤라클레스에 대한 언급은 그를 라케다이몬에서 테살리아로 데려갈 것이다. 그는 가족과 도시 바깥으로 나가, 단번에 식민지로부터 모국까지, 도시로부터 나라까지, 개인적인 관심으로부터 헬라스 전체의 관심까지 둘러본다. 이렇듯, 송시는 행사적인 작품 이상의 것

---

10 Timocles, *Dionysiazousai*: A. Meineke, *Fragmenta Comicorum Graecorum*, Berlin 1839/57, ii. 800. 다음 참조. Hesiodos, *Theogonia*, 98-103행:

> "누군가가 최근에 불상사를 당하여
> 그 슬픔에 마음이 시들어간다 하더라도 무사 여신들의
> 시종인 가인이 옛사람들의 영광스런 행적과
> 올림포스에 사시는 축복받은 신들을 찬양하게 되면 그는 금세
> 슬픔을 잊고 더 이상 자신의 불상사를 생각지 않기 때문이다.
> 여신들의 선물이 금세 그의 마음을 다른 곳으로 돌려놓았던 것이다"(천병회 옮김).

다음 참조. Iamblichos, *De mysteriis*, G. Parthey(ed.), Berlin 1857, i. 11. 39: "그렇기 때문에, 우리는 희극(kōmōdia)과 비극(tragōdia)에서 타인에 속한 감정을 관람하면서 우리 자신의 감정을 잠재운다."

이다. 그리고 주제는 전개되면서 보다 넓은 의미를 얻는다. "우승자는 민족의 영예로운 화신으로 변형된다. 그리고 현재는 신화적 과거의 거울에 비치고, 확대되고, 조명된다."[11] 송시는 개인적인 것으로부터 보편적인 것으로 뚜렷하게 상승한다.

그것이 그리스의 이상주의를 이룬다. 현실 세계와 상상 세계는 그리스인들에게 독립된 영역으로 서로 분리되어 있지 않았다. 창작의 숨결은 경험의 사실들과 과거의 전통들에 불을 붙였다. 그리스 예술에서 이상은 현실에 대립된 것이 아니라, 오히려 현실의 충족과 완성이었다. 이 둘 각각은 같은 토양에서 솟아났다. 하나는 만발한 꽃이고 다른 하나는 그것의 싹이었다.

---

11 B. L. Gildersleeve, *The Olympian and Pythian Odes: Pindar*, London 1892, Intr. xviii쪽.

참고문헌

다음은 『창작술』의 주요 원전 편집, 번역, 기타 관련 저술을 출간 연대순으로 정리한 목록이다.

텍스트

Aldine text, in *Rhetores Graeci*, Venice 1508.

Trincaveli: Greek text, Venice 1536.

Casaubon, I.: edition of Aristotle, Leyden 1590.

Heinsium, D.: recensuit, Leyden 1610.

Reiz: *De Poetica Liber*, Leipzig 1786.

Tyrwhitt, T.: *De Poetica Liber. Textum recensuit, versionem refinxit, et animadversionibus illustravit Thomas Tyrwhitt*, (Posthumously published), Oxford 1794.

Buhle, J. T.: *De Poetica Liber*, Göttingen 1794.

Hermann, G.: *Ars Poetica cum commentariis*, Leipzig 1802.

Gräfenham, E. A. W.: *De Arte Poetica librum denuo recensuit, commentariis illustravit, etc.*, Leipzig 1821.

Vahlen, J.: *Aristotelis de Arte Poetica Liber: recensuit*, Berlin 1867.

_____ *Aristotelis de Arte Poetica Liber: iterum recensuit et adnotatione critica auxit*, Berlin 1874.

Christ, W.: recensuit, Leipzig 1878 and 1893.

Vahlen, J.: *Aristotelis de Arte Poetica Liber: tertiis curis recognovit et adnotatione critica auxit*, Leipzig 1885.

Margoliouth, D.: *Analecta Orientalia ad Poeticam Aristoteleam*, London 1887.

Heidenhain, F.: *Averrois Paraphrasis in librum Poeticae Aristotelis Jacob Mantino interprete*, Leipzig 1889.

La Poétique d'Aristote, Manuscrit 1741 Fonds Grec de la Bibliothèque Nationale. Préface de M. Henri Omont. Photolithographie de MM. Lumière, Paris 1891.

Bywater, I.: *Aristotelis de Arte Poetica Liber*, Oxford 1897.

Tucker, T. G.: *Aristotelis Poetica*, London 1899.

주석서

Robortello, Fr.: *In librum Aristotelis de Arte Poetica explicationes*, Florence 1548.

Maggi, V. [Madius]: *In Aristotelis librum de Poetica explanationes*, Venice 1550.

Vettori, P. [Victorium]: *Commentationes in primum librum Aristotelis de Arte Poetarum*, Florence 1560.

Piccolomini, A.: *Annotationi nel libro della Poetica d' Aristotele, con la traduttione del medesimo libro in lingua volgare*, Venice 1575.

Winstanly, T.: *Commentary on Poetics*, Oxford 1780.

Ueberweg, F.: *Aristotelis Ars Poetica ad fidem potissimum codicis antiquissimi Ac (Parisiensis 1741)*, Berlin 1870.

Moore, E.: Vahlen's text with note, Oxford 1875.

Brandscheid, F.: Text, German translation, critical notes and commentary, Wiesbaden 1882.

라틴어 번역

Valla, G.: Latin translation, Venice 1498.

Latin translation, with the summary of Averroes (ob. 1198), Venice 1515.

Pazzi, A. [Paccius]: *Aristotelis Poetica, per Alexandrum Paccium, patritium Florentinum, in Latinum conversa*, Venice 1536.

Goulston, T.: Latin translation, London 1623, Cambridge 1696.

Ritter, Fr.: *Ad codices antiquos recognitam, latine conversam, commentario illustratam edidit Franciscus Ritter*, Cologne 1839.

이탈리아어 번역

Segni, B.: *Rettorica e Poetica d' Aristotele tradotte di Greco in lingua vulgare*, Florence 1549.

Castelvetro, L.: *Poetica d' Aristotele vulgarizzata*, Vienna 1570, Basle 1576.

Metastasio, P.: *Estratto dell' Arte Poetica d' Aristotele e considerazioni su la medesima*, Paris 1782.

프랑스어 번역

Dacier, A.: *La Poétique, traduite en Français avec des remarques critiques*, Paris 1692.

Batteux: *Les quatres poétique d' Aristote, d' Horace, de Vida, de Despréaux, avec les traductions et des remarques par l' Abbé Batteux*, Paris 1771.

Saint-Hilaire, J. B.: *Poétique traduite en français et accompanée de notes perpétuelles*, Paris 1858.

영어 번역

Twining, T.: *Aristotle's Treatise on Poetry, Translated: with notes on the Translation, and on the original; and two Dissertations on Poetical and Musical Imitation*, London 1789.

Pye, H. J.: *A Commentary illustrating the Poetics of Aristotle by examples taken chiefly from the modern poets. To which is prefixed a new and corrected edition of the translation of the Poetic*, London 1792.

Wharton, E. R.: Vahlen's text with English translation, Oxford 1883.

독일어 번역

Stahr, A.: *German translation, with Introduction and notes*, Stuttgart 1860.

Susemihl, F.: *Aristoteles Ueber die Dichtkunst, Griechisch und Deutsch und mit sacherklärenden Anmerkungen*, Leipzig 1865 and 1874.

Ueberweg, F.: German translation and notes, Berlin 1869.

Gomperz, T.: *Aristoteles' Poetik. Uebersetzt und eingeleitet*, Leipzig 1895.

연구서

Raumer, Fr. v.: *Ueber die Poetik des Aristoteles und sein Verhältniss zu dem neuern Dramatikern*, Berlin 1829.

Egger, M. E.: *Essai sur l'histoire de la Critique chez les Grecs, suivi de la Poétique d'Aristote et d'extraits de ses Problèmes, avec traduction française et commentaire*, Paris 1849.

Bernays, J.: *Grundzüge der verlorenen Abhandlungen des Aristoteles über Wirkung der Tragödie*, Breslau 1857.

Stahr, A.: *Aristoteles und die Wirkung der Tragödie*, Berlin 1859.

Liepert, J.: *Aristoteles über den Zweck der Kunst*, Passau 1862.

Bernays, J.: *Zwei Abhandlungen über die Aristotelische Theorie des Drama*, Berlin 1880.

Vahlen, J.: *Beiträge zu Aristoteles' Poetik*, Vienna 1865.

Spengel, L.: *Aristotelische Studien IV*, Munich 1866.

Teichmüller, G.: *Aristotelische Forschungen. I. Beiträge zur Erklärung der Poetik des Aristoteles. II. Aristoteles' Philosophie der Kunst*, Halle 1869.

Reinkens, J. H.: *Aristoteles über Kunst, besonders über Tragödie*, Vienna 1870.

Döring, A.: *Die Kunstlehre des Aristoteles*, Jena 1870.

Bénard, G.: *L'Esthétique d'Aristote*, Paris 1887.

Gomperz, T.: *Zu Aristoteles' Poetik*, I. (c. i-vi), Vienna 1888.

Prickard, A. O.: *Aristotle on the Art of Poetry. A Lecture with two Appendices*, London 1891.

Carroll, M.: *Aristotle's Poetics* c. xxv. in the Light of the Homeric Scholia, Baltimore 1895.

Gomperz, T.: *Zu Aristoteles' Poetik*, II, III, Vienna 1896.

Spingarn, J. E.: *A History of Literary Criticism in the Renaissance*, New York 1899.

Saintsbury, G.: *A History of Criticism*, Vol. I. Edinburgh and London 1900.

Finsler, G.: *Platon und die Aristotelische Poetik*, Leipzig 1900.

Courthope, W. J.: *Life in Poetry: Law in Taste*, London 1901.

Carroll, M.: *Aristotle's Aesthetics of Painting and Sculpture*, Geo. Washington University 1905.

Knoke, F.: *Begriff der Tragödie nach Aristoteles*, Berlin 1906.

논 문

Spengel, L.: Ueber Aristoteles' Poetik in: *Abhandlungen der Münchner Akad. philos.- philol. Cl. II*, Munich 1837.

Weil, H.: Ueber die Wirkung der Tragoedie nach Aristoteles, in: *Verhandlungen deutscher Philologen* 10(1848), 131쪽.

Bywater, I.: Aristotelia, in: *Journal of Philology*, 5(1873), 117쪽 이하, 14(1885), 40쪽 이하.

Vahlen, J.: Hermeneutische Bemerkungen zu Aristoteles' Poetik, in: *Sitzungsberichte der K. preussichen Akademie der Wissenschaften zu Berlin* 19(1897), 21(1898).

Bywater, I.: On certain technical terms in Aristotle's *Poetics*, in: *Festschrift Theodor Gomperz dargebracht zum siebzigsten Geburtstage*, Wien 1902, 164쪽 이하.

Tkač, J.: Ueber den arabischer Kommentar des Averroes zur *Poetik* des Aristoteles, in: *Wiener Studie*n 24(1902), 70쪽.

부처의 『아리스토텔레스의 창작예술론』(4판, 1907년)이 나온 지 100년이 넘었다. 그간 발간된 텍스트 편집, 번역서, 연구서, 논문집으로 대표적인 것들을 간단히 추가한다. 상세한 참고문헌은 Schmitt(2008), 139~91쪽을 참고하길 바란다. [역자]

Kassel, R.: *Aristotelis De Arte Poetica Liber*, Oxford 1965. (텍스트 편집)

Halliwell, S: *Aristotle's Poetics*, London 1986. (연구서)

_____ : *The Poetics of Aristotle*, London 1987. (번역 및 해설)

Rorty, A.(ed.): *Essays on Aristotle's Poetics*, Princeton 1992. (논문집)

Schmitt, A.: *Aristoteles. Poetik* (Aristoteles. Werke in deutscher Übersetzung Bd. 5), Berlin 2008. (번역 및 해설)

찾아보기

❧

.

Aristotle

**아리스토텔레스의
창작예술론**